PASTOR · WETTBEWERBS-ALPHABET

WETTBEWERBS-
UND
WARENZEICHENRECHT

Systematischer Kommentar

zum Warenzeichengesetz, zum Gesetz gegen unlauteren Wettbewerb und den dazugehörigen Bestimmungen des Bürgerlichen Gesetzbuches, des Handelsgesetzbuches, der Pariser Verbandsübereinkunft, des Madrider Markenabkommens und des Madrider Herkunftsabkommens, zum Zugabe- und Rabattrecht sowie Kartellrecht

begründet von

PROF. DR. EDUARD REIMER †

Präsident des Deutschen Patentamtes

CARL HEYMANNS VERLAG KG

Köln · Berlin · Bonn · München

WETTBEWERBS- UND WARENZEICHENRECHT

Ergänzungsband

Wettbewerbs-Alphabet

Literatur, Rechtsprechung und Fälle des Wettbewerbsrechts

von

DR. WILHELM L. PASTOR

Oberlandesgerichtsrat beim Oberlandesgericht Köln

CARL HEYMANNS VERLAG KG

Köln · Berlin · Bonn · München

Zitierweise: Pastor, Wettbewerbs-Alphabet

1971 ISBN 3 452 17213 9
Gedruckt in der GALLUS Druckerei, Berlin
Printed in Germany

Vorwort

Über 5000 Stichwörter und über 8500 Zitate aus den wichtigsten juristischen Fachzeitschriften und Entscheidungssammlungen sind im vorliegenden Buch über aktuelle Fragen und Fälle des Wettbewerbsrechts in alphabetischer Ordnung zusammengestellt. Damit ist nicht nur für den praktischen Juristen, der sich mit Wettbewerbsfragen befaßt, sondern vor allem für die Werbung treibende Wirtschaft ein bisher vielfach vermißtes Nachschlagewerk geschaffen. Auf einfache Weise und ohne langwieriges Nachschlagen in Kommentaren läßt sich nun feststellen, welche Abhandlungen, Aufsätze und Entscheidungen zu einem konkreten Problem aus der Wettbewerbspraxis bestehen, die Erläuterungen, Hinweise und Anregungen zu geben vermögen.

Der Verfasser, der seit langem auf dem Spezialgebiet des Wettbewerbsrechts tätig ist und durch sein im gleichen Verlag erschienenes Werk »Der Wettbewerbsprozeß« weithin bekannt wurde, hat die in vielen Jahren für seine Richterpraxis gesammelten Notizen über Literatur und Rechtsprechung – hier vor allem über die wichtigsten Entscheidungen des Bundesgerichtshofs – zum vorliegenden Stichwörterverzeichnis erweitert. Hierbei sind Literatur und Rechtsprechung zugleich ihrem Inhalt nach verarbeitet und zahllose bedeutsame Fragen, die als Nebenpunkte einer Entscheidung oder als Teilabschnitte einer Abhandlung weder in den Leitsätzen noch sonst in Erscheinung treten, als Stichwörter festgehalten.

Der Verlag legt dieses Verzeichnis als Ergänzungsband zum derzeit in 4. Auflage erscheinenden systematischen Kommentar »Wettbewerbs- und Warenzeichenrecht«, der von Eduard Reimer begründet wurde, vor.

Der Verlag

Abkürzungen

AbzG	Gesetz betreffend die Abzahlungsgeschäfte
AG	Aktiengesellschaft
ähnl.	Ähnliche
angem.	Angemeldet
Anw. Bl.	Anwaltsblatt (Jahr und Seite)
Arch. für Presserecht	Archiv für Presserecht (Jahr und Seite)
Art.	Artikel
AV	Allgemeine Verfügung
AWD	Außenwirtschaftsdienst des Betriebsberaters (Jahr und Seite)
BArbG	Bundesarbeitsgericht
Baumbach-Hefermehl	Wettbewerbs- und Warenzeichenrecht, Band I 10. Aufl., Band II 9. Aufl.
BB	Der Betriebsberater (Jahr und Seite)
Betrieb	Der Betrieb (Jahr und Seite)
bezgl.	Bezüglich
BFH	Bundesfinanzhof
BGB	Bürgerliches Gesetzbuch
BGBl.	Bundesgesetzblatt
BGH	Bundesgerichtshof
BGHZ	Entscheidungen des Bundesgerichtshofs in Zivilsachen (Band und Seite)
BJM	Bundesminister der Justiz
BKA	Bundeskartellamt
BPatGE	Entscheidungen des Bundespatentgerichts (Band und Seite)
BVerfG	Bundesverfassungsgericht
BWM	Bundesminister für Wirtschaft
C+C	Cash und Carry
DAR	Deutsches Autorecht (Jahr und Seite)
DBGM	Deutsches Bundesgebrauchsmuster
DBGMa	Deutsches Bundesgebrauchsmuster angemeldet
DBP	Deutsches Bundespatent
DBPa	Deutsches Bundespatent angemeldet
DNotZ	Deutsche Notar-Zeitschrift (Jahr und Seite)
DÖV	Deutsche öffentliche Verwaltung (Jahr und Seite)
DP	Deutsches Patent
DRiZ	Deutsche Richterzeitung (Jahr und Seite)
DVO	Durchführungsverordnung
DVBl.	Deutsches Verwaltungsblatt (Jahr und Seite)
Eichmann	Die vergleichende Werbung in Theorie und Praxis, 1967, Carl Heymanns Verlag
EWG	Europäische Wirtschaftsgemeinschaft
EWGV	Vertrag der Europäischen Wirtschaftsgemeinschaft vom 25. 3. 1957
ff.	Folgende
GG	Grundgesetz
GmbH	Gesellschaft mit beschränkter Haftung
GmbHRdsch	Rundschau für GmbH-Recht (Jahr und Seite)
GmbH & Co	Gesellschaft mit beschränkter Haftung und Compagnie

GmbH & Co KG	GmbH & Co Kommanditgesellschaft
v. Godin-Hoth	Wettbewerbsrecht, 1957
GoltdArch.	Goltdammers Archiv (Band und Seite)
GRUR	Gewerblicher Rechtsschutz und Urheberrecht, Zeitschrift der Deutschen Vereinigung für gewerblichen Rechtsschutz und Urheberrecht (Jahr und Seite)
GRUR Ausl.	Gewerblicher Rechtsschutz und Urheberrecht, wie vorstehend, Auslandsteil (Jahr und Seite)
GRUR int.	Gewerblicher Rechtsschutz und Urheberrecht, wie vorstehend, internationaler Teil (Jahr und Seite)
Gutachten	Gutachten des Gutachterausschusses für Wettbewerbsfragen (Nr. und Jahr)
GWB	Gesetz gegen Wettbewerbsbeschränkungen
Herst. Pat.	Hersteller Patent
HGB	Handelsgesetzbuch
HWG	Heilmittelwerbegesetz
i. R.	Im Rahmen
JMBl. NRW	Justizministerialblatt für Nordrhein-Westfalen (Jahr und Seite)
JR	Juristische Rundschau (Jahr und Seite)
JurA	Juristische Ausbildung (Jahr und Seite)
JuS	Juristische Schulung (Jahr und Seite)
JW	Juristische Wochenschrift
JZ	Juristenzeitung (Jahr und Seite)
Kfz.	Kraftfahrzeug
KG	Kommanditgesellschaft
LebMG	Lebensmittelgesetz
LKW	Lastkraftwagen
MA	Der Markenartikel, Zeitschrift zur Förderung der Qualitätsware (Jahr und Seite)
MDR	Monatszeitschrift für Deutsches Recht (Jahr und Seite)
Mitt.	Mitteilungen des Verbandes Deutscher Patentanwälte (Jahr und Seite)
MuW	Markenschutz und Wettbewerb, Zeitschrift für Marken-, Patent- und Wettbewerbsrecht (bis 1927: Jahrgänge gekennzeichnet mit römischen Ziffern; ab 1927/1928: Jahr und Seite)
nachst.	Nachstehend
NdsRpfl.	Niedersächsische Rechtspflege (Jahr und Seite)
n. F.	Neue Fassung
NJW	Neue Juristische Wochenschrift (Jahr und Seite)
Nr.	Nummer
NRW	Nordrhein-Westfalen
oHG	Offene Handelsgesellschaft
Pastor in *Reimer*	*Reimer*, Wettbewerbs- und Warenzeichenrecht, Band 3, Das wettbewerbsrechtliche Unterlassungs- und Schadensersatzrecht, 1971
Pat.	Patent
PatG	Patentgesetz

RabG	Rabattgesetz
RdA	Recht der Arbeit (Jahr und Seite)
Reimer	Wettbewerbs- und Warenzeichenrecht, 4. Aufl.
RGZ	Entscheidungen des Reichsgerichts in Zivilsachen (Band und Seite)
Rpfl.	Der Deutsche Rechtspfleger (Jahr und Seite)
RWP	Recht in Wirtschaft und Praxis (Blatt-Nr.)
s.	Siehe
S.	Seite
Sammelblatt	Sammelblatt für Gesetze, Verordnungen und Bekanntmachungen des Bundes, der Länder und der Besatzungsmächte (Jahr und Seite)
SchlHA	Schleswig-Holsteinische Anzeigen (Jahr und Seite)
SSV	Sommerschlußverkauf
Tetzner	Kommentar zum Warenzeichengesetz, 1958
Tetzner	Kommentar zum Gesetz gegen den unlauteren Wettbewerb, 2. Aufl.
u.	Und
u. dgl.	Und dergleichen
& Co.	Und Compagnie
UFITA	Archiv für Urheber-, Film-, Funk- und Theaterrecht (Band und Seite)
UWG	Gesetz gegen den unlauteren Wettbewerb
VersR	Juristische Rundschau für die Individualversicherung (Jahr und Seite)
VO	Verordnung
vorst.	Vorstehend
w.	Weitere
Wettbewerb	Mitteilungen der Zentrale zur Bekämpfung unlauteren Wettbewerbs (Jahr und Seite)
int. Wettbewerb	Internationaler Wettbewerb, wie vorstehend (Jahr und Seite)
WRP	Wettbewerb in Recht und Praxis (Jahr und Seite)
WuW	Wirtschaft und Wettbewerb, Zeitschrift für Wirtschaftsrecht und Marktorganisation (Jahr und Seite)
WuW/E OLG	Wirtschaft und Wettbewerb, wie vorstehend, Entscheidungen der Oberlandesgerichte
WSV	Winterschlußverkauf
WZ	Warenzeichen
ZfV	Zeitschrift für Versicherungswesen (Jahr und Seite)
ZR	Zivilregister (Aktenzeichen des Bundesgerichtshofs: mit Nr. und Jahr)
ZugVO	Zugabeverordnung

Abbruch der Geschäftsbeziehungen, Drohung mit — WRP 1957, 97 und 120
Abfangen von Kunden auf der Straße GRUR 1954, 409; GRUR 1960, 431 = WRP 1960, 155
Abgrenzungsvereinbarungen bezgl. des Schutzumfanges eines WZ BB 1967, 94
Abkürzungen, Firmen — WRP 1955, 183
—, Irreführung durch Firmen — BB 1965, 1379
Abonnement, Spenden — Wettbewerb 1969, 32
Abonnentenwerbung für Tageszeitungen WRP 1968, 158
Absatzgebiet, Kollision durch Erweiterung des — BB 1966, 672
Absatzrecht, *Burmann,* 1970, Deutscher Fachschriften-Verlag
Absatzsystem, Freiheit der Gestaltung des — WuW 1970, 640
Abschlußvertreter WRP 1968, 188
Abschlußzwang eines Monopolisten WuW 1968, 425; (einer Zentralgenossenschaft:) Wettbewerb 1957, 52
Absprachen im Kartellrecht BB 1970, 1148
Abstand, Mit — der bekannteste Wettbewerb 1966, 39
Abstandseinwand GRUR 1969, 355 = MDR 1969, 547
Abstandsrechtsprechung des BGH GRUR 1963, 607
Abstimmung, Unverbindliche — und GWB Betrieb 1967, 789
Abtretungen, Mehrfach — von Forderungen BB 1960, 141
Abwehr gegen Inserenten-Boykott BB 1966, 96
Abwehr-Boykott von Gewerbetreibenden BB 1965, 560
Abwehreinwand und Vorratszeichen BB 1969, 1408
Abwehrhandlungen gegen grauen Markt Wettbewerb 1962, 72
Abwerben, sittenwidriges — WRP 1955, 12 und 133; Wettbewerb 1956, 53; 1957, 107 und 109; GRUR 1961, 92; NJW 1961, 2000; WRP 1962, 18; BB 1962, 186; 1964, 530; 1965, 179; 1965, 15; VersR 1965, 235; BB 1966, 206; GRUR 1961, 92
—, Maßnahmen zur Verhinderung eines — BB 1960, 135
—, planmäßiges — NJW 1961, 2000
—, Vereinbarungen gegen — Wettbewerb 1957, 44
—, von Abonnenten WRP 1961, 270; NJW 1961, 1773
—, von Angestellten WRP 1955, 133; (von Arbeitern:) Gutachten Nr. 4/1955
—, von Arbeitskräften Wettbewerb 1957, 4 und 107; 1958, 90; Betrieb 1961, 98 und 135; WRP 1961, 18, 161 und 238; 1962, 135
—, von Beziehern eines Sammelwerkes BB 1961, 955
—, von (Bier)Verkaufsstelleninhabern BB 1965, 644
—, von Kunden, durch früheren Angestellten MDR 1954, 487; Wettbewerb 1956, 88; 1958, 59; WRP 1957, 199; Betrieb 1960, 1451; 1961, 113; (BGH-Bierfahrer:) GRUR 1970, 182
—, von Lieferanten, wenn Angestellter sich selbständig macht MDR 1970, 395
—, von Verbandsmitgliedern GRUR 1968, 205
Abwerbungsschutz Betrieb 1964, 1298 und 1334
Abstimmung, Unverbindliche — und GWB Betrieb 1957, 983
Adlon WRP 1958, 253
Adreßbuch Wettbewerb 1957, 86; 1967, 22

A

A

—, Schutz eines — GRUR 1962, 504
Adreßbuchausschnitte WRP 1958, 274
Adreßbuchwesen, Unlautere Werbung im — Wettbewerb 1957, 51; WRP 1965, 423
AG, Angabepflichten für Geschäftspapiere nach EWG-Recht BB 1969, 1112
»ag« (agg) als Endung Wettbewerb 1955, 54; BB 1955, 518; Wettbewerb 1957, 28
Agenturvertrag, Rechtsnatur des — von Werbeagenturen WRP 1956, 166; 1969, 306
Agyn (BGH) BGHZ 44, 60 = GRUR 1965, 672 = WRP 1965, 301
Ähnlich Wettbewerb 1956, 43 und 54; 1955, 61
Akademie Wettbewerb 1969, 18; (Fern—:) Gutachten Nr. 7/1956
Akademische Titel in der Werbung BB 1965, 1379
—, Dr.-Titel — s. diesen
—, in der Firma BB 1965, 1379
AKI (BGH) BGHZ 37, 1 = GRUR 1962, 470
Akteneinsicht (BGH) I BGHZ 42, 19 = GRUR 1964, 548;
—, II BGHZ 42, 32 = GRUR 1964, 602
Akteneinsicht in Patentakten Mitt. 1962, 48 und 94; Mitt. 1962, 121; Mitt. 1963, 83; GRUR 1963, 65 und 558; GRUR 1963, 129; Sammelblatt 1968, 1402; MDR 1970, 1008; GRUR 1970, 623
—, im patentamtlichen Verfahren Mitt. 1962, 94; Mitt. 1963, 67 u. 83
—, beim Patentnichtigkeitsverfahren BB 1970, 819
Aktion, Konzertierte — BB 1968, 1085
—, »— Kinder in Not« WRP 1970, 37
Akustisches Werbematerial Wettbewerb 1960, 34
Alle, »X zieht — an« Wettbewerb 1956, 31
—, »tragen X-Kleidung« Wettbewerb 1960, 20
Alleinauftrag bei Maklern BB 1966, 799
Alleinstellung in der Werbung Betrieb 1963, 574
Alleinverkaufsabrede WRP 1964, 64
Alleinstellungswerbung *Eichmann* S. 137 ff; GRUR 1953, 16; WRP 1961, 297; GRUR 1961, 11; WRP 1962,65 und 133; Betrieb 1963, 574; (durch Stadtnamen:) BB 1964, 281
Alleinverkaufsabrede WRP 1964, 64
Alleinvertriebsabkommen (Alleinvertriebsverträge) MA 1963, 11; WRP 1967, 110; (Kündigung:) WRP 1958, 309; (bei Handelsvertreter:) BB 1964, 151
—, EWG und — JZ 1954, 621; AWD 1962, 128; Betrieb 1962, 241; BB 1965, 1330; NJW 1966, 1585; MA 1966, 89; Betrieb 1966, 1261; WuW 1966, 777; WRP 1967, 110; 1970, 49
—, in pharmazeutischer Industrie: Die pharmazeutische Industrie 1967, 710
—, in Frankreich GRUR Ausl. 1963, 157
—, in Tankstellenverträgen BB 1953, 307 und 609; 1967, 942
—, mit absolutem Gebietsschutz NJW 1966, 2249; WRP 1969, 441
—, und Gruppenfreistellungen AWD 1966, 333; 1967, 175
—, und Art. 85 EWGV MA 1965, 113; WRP 1970, 303 und 383
—, und Gebietsschutz nach EWGV MA 1965, 122
—, wirtschaftliche Bedeutung MA 1963, 11
—, zweiseitige — WuW 1966, 463
Alles kauft bei x Wettbewerb 1954, 13
—, ohne Anzahlung Wettbewerb 1960, 22

—, spricht für X Wettbewerb 1962, 21
Allgemeinheit im Wettbewerbsrecht WRP 1967, 71; GRUR 1969, 322
—, geschützt durch § 1 UWG BB 1967, 305
Allgemeininteresse, Schutzwürdiges — und § 3 UWG GRUR 1968, 248
Almglocke (BGH) BGHZ 34, 299 = GRUR 1961, 347 = WRP 1961, 248
»Alt« als Firmenzusatz WRP 1968, 312
Alterswerbung WRP 1960, 238; GRUR 1963, 363; BB 1967, 261
»Älteste« Fabrik Wettbewerb 1960, 36
Ambulantes Gewerbe, Behinderung durch ortsansässige Gewerbetreibende Wettbewerb 1957, 19
Amtlich zugelassen WRP 1957, 76
Amtliche Bekanntmachung Wettbewerb 1957, 54
Amtliche Verkehrszeichen und Werbung Wettbewerb 1967, 19
Aneignung fremder Arbeitsergebnisse BB 1964, 1276
Anerkannte Großhandlung Wettbewerb 1957, 73
Anerkennungen, Fingierte — Wettbewerb 1959, 60; (Anerkennungsschreiben:) Gutachten Nr. 5/1953
Anfang, »Wir machen den —« Wettbewerb 1956, 37
—, »Einer muß den — machen« Wettbewerb 1956, 11
Anfertigung, Eigene — Wettbewerb 1957, 76; 1960, 45
Angebote der Woche Wettbewerb 1957, 65
—, unter Fernsprechnummer Wettbewerb 1957, 63
Angebote, Anzeigen— von Waren, die nicht oder nicht genügend vorhanden sind WRP 1955, 150; 1959, 303
Angélique II (BGH) GRUR 1969, 413 = WRP 1969, 341
Angestellter, früherer — und Verwendung erworbener Kenntnisse WRP 1960, 183; NJW 1960, 207 und 1064
Angestelltenbegriff nach § 622 BGB n. F. MDR 1969, 881
Angora-Ausrüstung WRP 1970, 227
Anlehnen, an fremde Werbung Betrieb 1955, 913
—, an fremde Firma GRUR 1955, 588
Anlieger-Werbung BB 1963, 483
Anlocken (»Fußleidende gesucht«) Wettbewerb 1963, 18
Anmeldung verwechslungsfähiger Warenzeichen GRUR 1954, 290
Annähernd Wettbewerb 1956, 64
Annäherung, Unlautere — an fremde Leistung WRP 1968, 125; NJW 1970, 1348
Anonyme Werbung (durch Telephon) WRP 1956, 104
Anordnung des BKA, Vorwegnahme der Hauptsache Betrieb 1965, 95
Anrechtsscheine Wettbewerb 1956, 37
Anreißerische Werbung NJW 1955, 145; WRP 1959, 324
Anschwärzen WRP 1956, 9; 1957, 19; 1959, 304; 1960, 157
—, zu Zwecken des Wettbewerbs WRP 1959, 304
Ansicht, »8 Tage zur —« Wettbewerb 1967, 49
Ansprechen von Straßenpassanten Wettbewerb 1955, 35; NJW 1955, 146; GRUR 1960, 431 = WRP 1960, 155; NJW 1965, 628; WRP 1965, 95; (bei Unfall:) BB 1968, 1448; WRP 1971, 94
—, an der Unfallstelle VersR 1969, 1099
Anstelle Wettbewerb 1966, 28
Anwaltsberatung und UWG BB 1967, 92
Anzapfen von Lieferanten Wettbewerb 1961, 1 und 57
—, von Firmen Wettbewerb 1969, 13

A

Anzahlungskredit BB 1963, 1321
Anzeigen, Redaktionell gestaltete — BB 1958, 788; GRUR 1960, 147; 1962, 34; BB 1963, 746 und 831; WRP 1963, 17; GRUR 1964, 37; BB 1967, 974; WRP 1969, 45, 460 und 497; Wettbewerb 1969, 45; Archiv für Presserecht 1964, 446; 1969, 832; GRUR 1969, 287 = WRP 1969, 193; MDR 1970, 673
—, in Tageszeitungen Wettbewerb 1956, 31
—, Füll — Wettbewerb 1958, 20
—, getarnte — BB 1967, 974; MDR 1970, 673; (Chiffre—:) Gutachten Nr. 5/1952
—, Kleinanzeigen Wettbewerb 1958, 55
—, Schutzfähigkeit des Formats und der Plazierung von — Wettbewerb 1956, 31
Anzeigenaufnahme, kostenlose — WRP 1967, 461
Anzeigenaufträge, Kostenlose — WRP 1967, 461
Anzeigenblatt, Kostenlose Verteilung eines — mit redaktionellem Teil NJW 1955, 1682; Wettbewerb 1957, 5; GRUR 1969, 287 und 291
Anzeigenvertreter Betrieb 1970, 1625
Anzeigenwerbung, Eigene — einer Zeitung Wettbewerb 1955, 52
Anziehen, »X zieht alle an« Wettbewerb 1956, 31
Apfel-Madonna (BGH) BGHZ 44, 288 = GRUR 1966, 503 =WRP 1966, 134
Apollo, als Werbezusatz Wettbewerb 1970, 7
Apotheke (BGH) BGHZ 34, 53 = GRUR 1961, 301
Apotheke, Berliner — BB 1964, 1144
Apothekerkammer (BGH) BGHZ 41, 194 = GRUR 1964, 693 = WRP 1964, 388
Apothekerkammer, Werberichtlinien der — WRP 1966, 203
Appetitzügler (BGH) BGHZ 45, 102 = GRUR 1966, 312
Äquivalente und Patent MDR 1970, 414
Arbeitsgemeinschaft Wettbewerb 1955, 80
Arbeitsplatzwechsel, Bekanntgabe eines — durch den Angestellten BB 1968, 1011 = WRP 1968, 446
Arbeitstagung Wettbewerb 1956, 101
—, eines Herstellers für Einzelhandelskunden WRP 1960, 21
Architekt, Ausschreibungen und § 1 UWG NJW 1969, 663
Architekturbüro WRP 1955, 97
Arctos (BGH) GRUR 1960, 186 = WRP 1960, 79
Arko (BGH) GRUR 1961, 535
Artikel, Der bestimmte — in Geschäftsreklame und Bezeichnungen GRUR 1953, 396; Wettbewerb 1957, 62
Arzneifertigwaren (BGH) BGHZ 22, 168 = GRUR 1957, 131 = WRP 1957, 117
Arzneimittel und Warenzeichen GRUR 1955, 451 = WRP 1955, 50
—, und Patentgesetz Mitt. 1963, 33
Ärzte, Provisionen an — Wettbewerb 1955, 60; (Wettbewerbsabreden von —:) NJW 1970, 1974
Arztnamen in Firmen und in der Werbung GRUR 1961, 288 = WRP 1961, 113
Arztwerbung WRP 1970, 39
Asbest-Keramik Wettbewerb 1957, 17
Astra (BGH) GRUR 1960, 137 = WRP 1960, 23
Astrawolle (BGH) GRUR 1957, 228 = WRP 1957, 275
Aufbewahrungspflicht, Neue handelsrechtliche — (Mikrofilme) BB 1965, 757 und 1717

Aufklärung (»Wir klären auf«) Wettbewerb 1967, 48
—, der Kunden und Kundenfang MA 1965, 820
Aufklärungspflichten i. R. des § 3 UWG BB 1965, 178
Auflagenhöhe, Werbung mit — WRP 1968, 279; GRUR 1968, 433; BB 1970, 1274; BB 1964, 104 = WRP 1964, 54
—, Gegenüberstellung der — mit derjenigen der Konkurrenz Wettbewerb 1970, 1; BB 1970, 1274
Aufmachungshilfen (Etiketten, Banderolen) BB 1963, 791
Aufmerksamkeitsreklame Wettbewerb 1957, 9 und 70
Aufnahmerecht in Wirtschaftsverbände WRP 1955, 146
Aufrechnungsverbote für Handelsvertreter Betrieb 1969, 1229
Aufschlag, »Ohne —« WRP 1957, 193 und 284
Aufstellen eines Verkaufswagens vor dem Konkurrenzgeschäft WRP 1968, 141
Aufwertung, DM—, Begriff, Inhalt und Folgen BB 1969, 1374
Auktion Wettbewerb 1956, 58
Aus Alt wird Neu Wettbewerb 1963, 14
Ausflugsfahrten mit Werbung BB 1968, 120 und 1011; WRP 1970, 27, 32, 35 und 408; s. auch Werbefahrten
Ausgesuchter Kundenkreis Wettbewerb 1958, 5
Ausgleichsanspruch des Handelsvertreters, s. Handelsvertreter
Auskunft, Falsche — durch ungeschultes Personal Wettbewerb 1968, 41; GRUR 1969, 51 = WRP 1958, 332
Ausland Schreibweise JMBl. NRW 1965, 253; 1969, 265
Ausland, Wettbewerb im — von Inländern GRUR 1955, 411 = WRP 1955, 43; WRP 1960, 220; BB 1964, 239; NJW 1964, 969; (Wettbewerb im Ausland:) GRUR 1958, 190 = WRP 1958, 17
—, Inlandsverletzungen durch Handlungen im Ausland WRP 1968, 209
—, unlautere Werbung im — MA 1952, 88; BGHZ 35, 329 = GRUR 1962, 243 = WRP 1962, 13
—, unlauterer Wettbewerb im — WRP 1970, 77
—, unlauterer Wettbewerb durch ausländische Presseerzeugnisse WRP 1968, 209
Ausländer, Werbung durch — Wettbewerb 1958, 63
Ausländische Firmen, Kennzeichnung und Schutz im Inland GRUR 1969, 357; 1970, 315
Ausländerwerbung im Inland für Wettbewerbshandlungen im Ausland WRP 1970, 150
Ausländische Bezeichnungen für deutsche Waren BB 1963, 1033
Ausländische Tatumstände im Zeichenrecht GRUR 1968, 492
Auslandsfirmen, Gründung inländischer Tochtergesellschaft und inländisches Firmenrecht WRP 1968, 95; GRUR 1969, 357
Auslandsmarke und Warenzeichenanmeldung WRP 1969, 345
Auslandspatent, Hinweis im Inland auf — WRP 1969, 122
Auslandsware mit deutscher Herstellungsmarke Wettbewerb 1967, 1; (Bezeichnung als —:) Gutachten Nr. 11/1950
Auslandszeichen, Schutz der — im Inland WRP 1969, 209
Auslandszeitschriften und Inlandsverletzungen WRP 1968, 209
Auslaufmodelle Wettbewerb 1960, 23
Auslieferungslager, Wettbewerb 1959, 53

A

Ausnutzung fremder Arbeitsergebnisse BGHZ 5, 1 = GRUR 1952, 516; BB 1963, 744; GRUR 1969, 581 und 618
—, fremder Leistungen GRUR 1965, 179; s. auch Sklavische Nachahmung
—, fremden Vertragsbruchs s. hierzu Preisbindung; WRP 1961, 311; 1962, 210; GRUR 1964, 128; NJW 1962, 1487; BB 1968, 1450
—, ungeschützter Erfindungen Betrieb 1950, 57
Ausschließliche Geschäftsbeziehungen, Zwang zu — BB 1966, 1037
Ausschließlichkeitsbindungen, langfristige — BB 1964, 482
—, nach GWB Betrieb 1957, 1091 und 1118; (nach Art. 85 EWGV:) WRP 1970, 251
Ausschließlichkeitsklausel, in Tankstellenverträgen BB 1953, 307 und 609; 1967, 942; 1968, 886
—, für Zulieferer (Auto) WRP 1959, 139
Ausschließlichkeitsverträge BB 1951, 295; JZ 1954, 621; WRP 1964, 327; 1966, 17; 1970, 229; s. auch Alleinvertriebsabkommen
—, im EWG-Recht WRP 1967, 110; 1970, 303
Ausschreibungsbedingungen, Nichteinhaltung der — Wettbewerb 1957, 50
Außenhandel, Deutscher — und Wettbewerb nach internationalem Privatrecht GRUR 1960, 464; WRP 1960, 220; BGHZ 35, 329 = GRUR 1962, 243 = WRP 1962, 13
Außenleuchte (BGH) GRUR 1958, 30 = WRP 1957, 330
Außenseiter, s. Preisbindung
—, und Preisbindung JZ 1963, 273; MA 1964, 12
—, Verkauf re-importierter Ware unter Preis, wenn ausländischer Lieferant nicht gebunden ist GRUR 1968, 272; BB 1969, 1060
—, wenn ausländischer Lieferant nicht bekannt ist BB 1969, 1060
Außenwerbung BB 1951, 649; 1956, 324; WRP 1957, 197; WRP 1958, 350; (für NRW:) BB 1954, 422 und 852; 1966, 1204; 1967, 1182
—, an Bundesstraßen BB 1963, 1453
—, an Gebäuden WRP 1963, 378; BB 1964, 13 und 1280; WRP 1965, 450; BB 1966, 1204; WRP 1966, 162; BB 1967, 6 und 1182; BB 1968, 478
—, und Gemeinderecht BB 1963, 1355; 1968, 773
—, Schutz vor Abänderungen WRP 1966, 162
Äußerungen Dritter, Wiedergabe ist eigene Äußerung GRUR 1961, 191; GRUR 1962, 45 = WRP 1961, 307
Ausspannen, s. Abwerben
Ausspielungen GRUR 1929, 889;
—, und ZugVO GRUR 1932, 556
Ausstattung, Hinweis auf frühere — MDR 1963, 473
Ausstattungsanwartschaft, Wettbewerblicher Schutz einer — BB 1968, 1056 und 1064; WRP 1968, 435; (BGH) GRUR 1969, 190 = WRP 1968, 369; GRUR 1949, 422; 1953, 527
Ausstattungsschutz für Verbände BB 1964, 492
—, Firmenbestandteil und — GRUR 1955, 488
—, Gegenstand des — GRUR 1957, 603 = WRP 1957, 308
—, und Serienzeichen GRUR 1969, 190 = WRP 1968, 369
Ausstellung, Rechtsschutz auf — GRUR 1928, 309; 1931, 102
Ausstellungsregelung, internationale — und Art. 85 EWGV WuW 1969, 407

Ausstellungspriorität GRUR 1959, 402
Ausstellungsvertrag Wettbewerb 1956, 126
Austausch von Werbeprospekten Wettbewerb 1957, 105
Ausverkauf, s. Räumungsverkauf
—, als Selbstzweck MuW 1931, 421
—, Eröffnung eines neuen Geschäftes durch nahen Angehörigen vor Schluß des — SchlHA 1963, 16
—, und Geschäftsübergabe BB 1962, 318
—, und Versteigerung WRP 1970, 83
—, Wanderlager und — WRP 1964, 225 und 305
Ausverkaufsanzeige Wettbewerb 1959, 14
Auswahl, »Ganz große —« Wettbewerb 1958, 94
Auszeichnungs-Medaille, Werbung mit — Wettbewerb 1958, 52
Auszeichnungspreis (BGH) GRUR 1969, 620 = WRP 1969, 492
Auto-Auktion Wettbewerb 1956, 58
Auto-Börse BB 1966, 1244
Auto-Haus BB 1966, 1242
Automaten-Aufstellungsvertrag BB 1968, 524, 526
Automobil-Club, Neuer Deutscher — DAR 1969, 238
Autorität, Fremde — in der Werbung Wettbewerb 1961, 13; BB 1960, 812; Wettbewerb 1963, 13 und 14; Gutachten Nr. 4/1953; NJW 1963, 656; Wettbewerb 1970, 33
Autovermietung Wettbewerb 1958, 86
—, und Kaskoversicherung Wettbewerb 1961, 40; WRP 1968, 34

A

B

Backhilfsmittel (BGH) GRUR 1967, 309 = WRP 1967, 126
Badedas (BGH) GRUR 1967, 485 = WRP 1967, 396
Bademoore WRP 1967, 142
Baisse-Klausel in Verträgen BB 1966, 385
Balkan-Restaurant BB 1967, 1101
Bambi (BGH) GRUR 1960, 144 = WRP 1960, 17
Banderolen BB 1963, 791
Bank Wettbewerb 1955, 21
Bankgarantie BB 1969, 206
Bankgeschäfte, Betrieb von — und § 1 UWG GRUR 1968, 705
Bar DÖV 1963, 879
—, Expreß— (für Schuhe) NJW 1964, 512 = BB 1964, 284
—, Hähnchen— WRP 1966, 110
—, Schuh— NJW 1964, 512 = BB 1964, 284; BB 1967, 1017
Bare, »— 1000 DM zahle ich« Wettbewerb 1955, 44
Bärenfang (BGH) GRUR 1963, 270 = WRP 1962, 404
Bargeld, Angebot von — an Kaufinteressenten Wettbewerb 1969, 33
Barpreise ab Lager GRUR 1966, 567
Barrückkauf, von Reisenden der Herstellerfirma BGH Z 23, 365 = GRUR 1957, 365 = WRP 1957, 134
Basis-Gesellschaft BB 1964, 1135
Bauboden NJW 1961, 1774
Bau-Chemie (BGH) GRUR 1966, 263 = WRP 1966, 139
Baumwolle, Erstklassige — Wettbewerb 1959, 62
Bedarfsweckung Wettbewerb 1956, 33
Bedienungspersonal, Mitvermietung von — BB 1968, 809
Bedingungen, Wettbewerbsfördernde — WRP 1968, 206
Beeinflussung bei Auftragserteilung Wettbewerb 1960, 54
Beförderung, eigener Güter mit gemietetem LKW BB 1964, 1027
Begleitende Mark, s. Marke
Begriffe, Neue wettbewerbliche — und ihre Auslegung GRUR 1955, 154
Behauptungen, Versteckte — und Wettbewerbsverstoß Betrieb 1960, 631 und 659
Behinderung, Unbillige — BB 1967, 1059
Behinderungswettbewerb Wettbewerb 1957, 24; WRP 1965, 7; 40; 44; 97; MDR 1967, 989
—, durch Aufstellung eines Werbeschildes Wettbewerb 1963, 16
—, durch Verkauf in der Nähe des Konkurrenten Wettbewerb 1965, 30
—, durch Vermietung von Regalen BB 1964, 1024
Behördenerlaß, Werbung mit — WRP 1956, 304
Behördenhandel Wettbewerb 1956, 14; MDR 1963, 506
Bekannt in der BRD Wettbewerb 1957, 68
Bekannte, »Die bekannte ...« Wettbewerb 1957, 39
Bekannteste, »Der bekannteste ...« Wettbewerb 1957, 39
Bekanntmachung, Amtliche — in der Werbung Wettbewerb 1957, 54
Bekleidungshaus, Führendes — Wettbewerb 1956, 63
Belästigende Werbung Wettbewerb 1957, 33
Belästigungswettbewerb BB 1968, 1448; VersR 1969, 1090
Beliebteste GRUR 1955, 54; Wettbewerb 1955, 38
Benutzung eines Bestandteils eines Warenzeichens WRP 1969, 178
Benutzungszwang, von Warenzeichen GRUR 1968, 486; Betrieb 1968, 1655; NJW 1968, 1809; Mitt. 1969, 1; WRP 1969, 57; MA 1969, 385;

GRUR Int. 1969, 14; GRUR 1970, 391, 439 und 447; (Durchsetzung:) MA 1970, 56
—, Abgrenzungsvereinbarung und — MA 1969, 385;
—, Erfüllung des — durch firmenmäßige Benutzung Mitt. 1970, 61
—, Umgehung des — WRP 1969, 178
—, und Verwirkung MuW 1931, 298
Benzin, markenloses NJW 1961, 151 und 797; GRUR 1962, 9
—, in Markenqualität Wettbewerb 1968, 35
—, Verkauf unter Selbstkosten WRP 1970, 314
Berlin GRUR 1952, 253; BB 1966, 1248; NJW 1969, 1539
Berliner Apotheke BB 1966, 1144
Berliner Eisbein (BGH) BGHZ 28, 203 = GRUR 1959, 153 und 204 = WRP 1959, 191
Berliner Immobilien BB 1968, 1249
Berliner Weiße WRP 1968, 431
Berühmung, als unerlaubte Handlung BB 1965, 1499
Berühmt, Wann ist eine Marke (Warenzeichen) —? GRUR 1953, 92
Berühmte Marke, Absoluter Schutz — WRP 1968, 155; MA 1969, 63
Beschaffenheitsangabe als Herkunftsangabe GRUR 1955, 484 = WRP 1955, 193
—, der Ware, gefolgert aus dem Warenzeichen GRUR 1969, 546 = WRP 1969, 375
—, und Zeichenschutz GRUR 1956, 101
—, und warenzeichenmäßige Benutzung GRUR 1955, 484 = WRP 1955, 193
—, Rückentwicklung einer Herkunftsangabe zur — GRUR 1957, 128 = WRP 1957, 74
—, Warenzeichen als — GRUR 1969, 415 = WRP 1969, 343
Besichtigungen, nach Ladenschluß GRUR 1969, 88
Besichtigungsfahrten Wettbewerb 1959, 42 und 70; (an andere Orte:) NJW 1955, 1681; 1969, 2052; s. auch Zugabe, Kostenlose Fahrten
Besonders preiswert Wettbewerb 1957, 127
Besser Wettbewerb 1960, 7
—, »X ist —« RGZ 131, 77; *Baumbach-Hefermehl* § 1 Anm. 27 und § 31 Anm. 4; *Tetzner* § 1 Anm. 136; *v. Godin-Hoth* § 2 Anm. 30 d
—, »Flaschenbier ist — als Faßbier« Wettbewerb 1958, 10
Bessere, »Wenn es — gibt, dann bei X« Wettbewerb 1958, 35
—, »X bietet —« WRP 1969, 427
Besseren, »Es gibt —« Gutachten Nr. 15/1950
Besseres, »Nichts — als Bier« Wettbewerb 1961, 66
—, »Es gibt nichts —« WRP 1955, 151
Bestände, US— BB 1964, 195
Bestandteile, Bedeutung schutzunfähiger — beim Warenzeichen und Verwechslungsgefahr BB 1969, 458
Bestätigungsschreiben, kaufmännisches; Umfang der Vermutung der Zustimmung NJW 1964, 589 = BB 1964, 191; BB 1964, 371; NJW 1964, 1223
—, Unbeantwortetes — BB 1968, 398; 1969, 329
—, bei telephonischer Offerte BB 1970, 983
Bestattung BB 1963, 1399
Bestattungshaus Wettbewerb 1957, 34 und 72
Bestattungsinstitut, Werbung für — WRP 1955, 206 = GRUR 1955, 541; Wettbewerb 1958, 29
—, Besuch im Trauerhaus Wettbewerb 1956, 51; 1957, 34
Bestattungsunternehmen und Firmenzusatz VersR 1960, 985

B

B

Beste, Das — BB 1970, 776
—, Das — vom Besten Wettbewerb 1959, 8
—, Immer nur das — GRUR 1965, 363
—, »Nimm das —, nimm x« Wettbewerb 1957, 98
—, Der — Deutsche Wettbewerb 1955, 75
—, Die — Ware GRUR 1963, 484
—, »X ist die —« GRUR **1955, 50**
—, Gütermann's Nähseide ist die — GRUR 1955, 50; Wettbewerb 1955, 18; MA 1954, 515 = NJW 1954, 1936
Beste Qualität Wettbewerb 1957, 99
Bestechung im Wettbewerb Betrieb 1962, 1397; GRUR 1968, 587 = WRP 1968, 292
Besten, »Am — gleich zu X« Wettbewerb 1958, 96; 1960, 59; 1966, 27
—, »Den — X entspricht« Wettbewerb 1960, 48
—, Die — Schuhe der Welt JW 1931, 454
Bester Schutz Wettbewerb 1956, 67
Bestell-Nr. und Typenbezeichnung GRUR 1956, 553
Betonzusatzmittel (BGH) GRUR 1962, 45 = WRP 1961, 307
Betriebsbesichtigungen Wettbewerb 1956, 42
—, mit kostenlosem Mittagsessen Wettbewerb 1961, 2
Betriebsbußen BB 1968, 801
Betriebsgeheimnisse GRUR 1955, 424; GRUR 1955, 402; WRP 1955, 274; GRUR 1957, 1; Festschrift für *Nipperdey* Band I S. **415**; **WRP** 1960, 24; 1962, 138; GRUR 1969, 548; 1970, **6 und 589**
—, Dauer der Pflicht der Wahrung eines — eines Angestellten GRUR 1955, 402
—, Recht und Schutz der — GRUR 1957, 1; NJW 1963, 2251; GRUR 1970, 5
—, im Strafprozeß BB 1963, 1160
—, und Verrat Wettbewerb 1958, 34
Betriebsmusik BB 1966, 1424
Betriebsräte, Einschaltung in der Werbung Gutachten Nr. 1/1950 und Nr. 5/1955; Wettbewerb 1956, 43; 1957, 112; 1962, 82; 1963, 13, 14; 1970, 33
Betriebsreisen WRP 1957, 224
Betriebsschädigende Publikationen Betrieb 1963, 367
Betriebsstillegung und Wiederaufnahme BGHZ 6, 138 = GRUR 1953, 34; BGHZ 21, 67 = GRUR 1957, 25 = WRP 1956, 279; GRUR 1957, 428; GRUR 1959, 541 = WRP 1959, 276; BGHZ 34, 345 = GRUR 1961, 420 = WRP 1961, 254
—, Verkehrsgeltung des Namens während — BB 1961, 501
Betteln, bei Lieferanten Wettbewerb 1965, 4
Bewerbelisten, bei Behörden BB 1964, 107
Bewirtung von Kunden Wettbewerb 1958, 18 und 25
Bezugnahme, erkennbare WRP 1960, 78
—, nicht erkennbare Wettbewerb 1958, 41
Bezugsbindungen WRP 1970, 371
Bezugsverpflichtung, ausschließliche — für alkoholfreie Getränke BB 1961, 157; 1963, 1078
Bienenhonig mit Heilkraft Wettbewerb 1959, 8
Bier WRP 1960, 111
—, Champagner-Weizenbier GRUR 1969, 611 = WRP 1970, 64
—, »Ein neues —« Wettbewerb 1957, 108
—, Exportbier Wettbewerb 1957, 108

—, »Faßbier ist besser als Flaschenbier« Wettbewerb 1958, 10
—, Flaschenbier, Handelsmarke WRP 1959, 91
—, Händlermarke Betrieb 1951, 444
—, Kölsch-Bier GRUR 1970, 517 = WRP 1970, 354 = BB 1970, 859
—, Malztrunk WRP 1958, 219
—, Müller-sche Flaschenbiere Wettbewerb 1957, 56
—, Süßbier (BGH) GRUR 1960, 240 = WRP 1960, 127
—, »wird ausgeschenkt« WRP 1962, 302
Bierbezeichnungen, Wettbewerbsregeln BB 1968, 227
Bierbezug (BGH) GRUR 1966, 277 = WRP 1966, 169
—, (BGH) GRUR 1969, 474 = WRP 1969, 378
—, II (BGH) GRUR 1970, 195
Bierbezugsvereinbarung (BGH) GRUR 1960, 349
Bierbezugsvertrag (BGH) GRUR 1960, 307 = WRP 1960, 52
Bierbezugsverträge (BGH) GRUR 1954, 164; WRP 1970, 113 = NJW 1970, 279
—, ausschließliche Bezugsverpflichtungen NJW 1952, 344; WRP 1970, 113 und 241; BB 1970, 1170 und 1191 = MRD 1970, 910 = NJW 1970, 2157 = WRP 1970, 384
—, Ausschließliche — Europäischer Gerichtshof WRP 1968, 88; BB 1965, 809; BB 1970, 48; s. nachst.
—, bei Stubenläden WRP 1965, 179
—, Eindringen in den Kundenkreis, wenn Angestellter sich selbständig macht MDR 1970, 395
—, langjährige — und Rechtsgültigkeit MDR 1969, 757; BB 1970, 1419; (20 Jahre:) Betrieb 1970, 2167 = NJW 1970, 2243; WRP 1970, 384 = NJW 1970, 2157
—, Nichtigkeit bei Zugabeverstoß? NJW 1955, 386
—, Schadensersatz bei Nichterfüllung BB 1968, 353
—, Zukäufe von gebundenen Gastwirten Betrieb 1969, 1010
—, Schriftform, Notwendigkeit der — BB 1970, 683; WRP 1970, 241, 256 und 383; WRP 1970, 113 = NJW 1970, 279; (für Nebenabreden:) BB 1970, 1190 = NJW 1970, 2157 = WRP 1970, 384
—, und Beachtung durch andere Brauereien GRUR 1957, 219 = WRP 1957, 7; NJW 1969, 1293 und 1810
—, und Handelsbrauch BB 1963, 1078
—, Verträge zugunsten Dritter und — WRP 1970, 113; BB 1970, 1190 = NJW 1970, 2157 = WRP 1970, 384
—, Wechsel des Lieferanten BB 1966, 755
Bierexport (BGH) GRUR 1968, 587 = WRP 1968, 292
Bierlieferungsverträge, Urteil des Europäischen Gerichtshofs WRP 1968, 88
—, **Rechtsfragen** NJW 1968, 1880; (Kündigung:) BB 1960, 836; NJW 1968, 1880; (Berufung auf Nichtigkeit:) BB 1968, 642; (Vertragsstrafe:) NJW 1969, 461; (und EWG-Recht:) WRP 1968, 88 und 211
—, mit Darlehnsvermittlung NJW 1968, 1880
—, Respektierung in der Branche Betrieb 1969, 2021
Bierschänke, Vortäuschung einer bayerischen — Wettbewerb 1965, 24
Bilanz, Unterschied von Handelsbilanz und Steuerbilanz Rpfl. 1970, 174
Bild, Recht am eigenen — WRP 1961, 92; BB 1965, 1121
Bilderrätsel, Absatz durch — Wettbewerb 1963, 2

B

Bildnisschutz UFITA 47, 162
Bildpostkarte Wettbewerb 1958, 147
Bildwerbung, Abbildung fremder Geschäftshäuser und Stadtgebäude Wettbewerb 1957, 6 und 25
Bildzeichen, Schutz der — GRUR 1960, 283
Billig, spottbillig Gutachten Nr. 1/1951
Billiger (»80 Pfennige —«:) Wettbewerb 1959, 51; (»Alle Waren 30 % —«:) Wettbewerb 1970, 11
—, bis 40 % — Wettbewerb 1960, 14
—, — einkaufen Wettbewerb 1960, 37
—, bis zu 50 % — Wettbewerb 1959, 8
—, »Kein Unterschied, nur —« Wettbewerb 1959, 17
—, »Noch —, noch besser« Wettbewerb 1956, 39
—, viel — Wettbewerb 1959, 11
—, »Warum ist dieser X —?« Wettbewerb 1961, 24
—, 20 % bis 30 % — Wettbewerb 1960, 57
Billigsten, Am — Wettbewerb 1957, 28
Biochemische Verfahren GRUR 1969, 115
—, Fragen der Offenlegung GRUR 1969, 115
»Bis«-Werbung (bis zu x-% billiger) WRP 1962, 22; BB 1964, 16
Bisher Wettbewerb 1956, 40
Bisher ..., jetzt ... WRP 1960, 47; 1963, 20; BB 1960, 756; s. auch Preisgegenüberstellungen
Bitter, Bezeichnung »—« für alkoholfreie Getränke MDR 1968, 246
Blankowechsel und guter Glaube BB 1966, 603
Bleiarbeiter (BGH) GRUR 1963, 478 = WRP 1963, 247
Bleistiftabsätze (BGH) GRUR 1966, 92 = WRP 1966, 24
Blickfangwerbung WRP 1956, 217 und 338; Wettbewerb 1956, 111 und 45; GRUR 1951, 126; WRP 1958, 55; Wettbewerb 1958, 6; Gutachten Nr. 3/1959; Wettbewerb 1960, 12; WRP 1963, 26; 1967, 460; BB 1969, 106
—, bei Plakaten Wettbewerb 1956, 111
—, für Heimarbeit Wettbewerb 1957, 9
—, für hochwertige Wirtschaftsgüter WRP 1969, 448
Blickfangreklame, anreißerische BB 1969, 106
Blind- und Blockbuchung bei Kinounternehmen WRP 1957, 43
Blindenseife (BGH) GRUR 1959, 143 = WRP 1959, 23
Blindenware-Vertriebsgesetz BB 1965, 967
Blinkfüer (BGH) GRUR 1964, 77 = WRP 1963, 393
Blockeis (BGH) GRUR 1962, 159
—, II (BGH) GRUR 1965, 373 = WRP 1965, 139
Blumen, »— verblühen« Wettbewerb 1956, 21
—, in alle Welt WRP 1968, 340
Bluse, »Die —« Wettbewerb 1958, 48
Bomben, »Wie — schlagen die Preise ein« Wettbewerb 1957, 102
Bonus, Jahresumsatz BB 1964, 781
—, und Skonto BB 1965, 311
Börse BB 1961, 1026; 1965, 803; 1968, 311
—, als Firmenzusatz WRP 1967, 204
—, Autobörse BB 1964, 1244
—, Baumaschinenbörse Wettbewerb 1962, 78
—, Camerabörse BB 1965, 803
—, Schuhbörse BB 1964, 1144
Boxprogrammheft (BGH) BGHZ 27, 264 = GRUR 1958, 549 = WRP 1958, 269
Boykott GRUR 1950, 380; WRP 1956, 110; Wettbewerb 1956, 107; WRP 1960, 157; WuW 1970, 162

B

—, Aufforderung zum — gleich »Liefersperre« i. S. des § 26 Abs. 1 GWB WRP 1969, 417
—, Abwehr und Sperre GRUR 1965, 440
—, aus anderen als wirtschaftlichen Zielen MDR 1952, 295; WuW 1953, 232; Betrieb 1969, 697; NJW 1969, 2095
—, durch Verbraucherverbände BB 1961, 613
—, und Marktinformation WRP 1966, 294
Boykottaufruf und GG NJW 1965, 2345; 1966, 869
Boykottverbot WuW 1961, 170
Bratpfanne (BGH) GRUR 1966, 553 = WRP 1966, 346
Braucht, — dringend Wettbewerb 1958, 84
Bremer Kaffee WRP 1956, 241
Briefbögen als Werbemittel Betrieb 1954, 457
Briefverschlußmarken Wettbewerb 1961, 58
Brillant (BGH) GRUR 1969, 694 = WRP 1969, 408
Brilliant, synthetischer — Wettbewerb 1966, 41
Brotkrieg (BGH) BGHZ 44, 279 = GRUR 1966, 392 = WRP 1966, 58
Brunnenlimonade GRUR 1967, 73
Brutto für netto WRP 1960, 272; BB 1965, 1047; 1966, 265
BSW (BGH) GRUR 1967, 371 = WRP 1967, 96
Buchauszug, Handelsvertreter und — BB 1964, 409; 1965, 434; 1968, 1353; MDR 1968, 673
Bucheinsicht BB 1963, 1450
—, durch Treuhandgesellschaft BB 1963, 351 und 1080; 1970, 187
Büchereinachlaß (BGH) GRUR 1968, 95 = WRP 1967, 367
Buchführung, Ordnungsmäßigkeit der — BB 1966, 789
—, von Gebrauchtwagenhändlern BB 1970, 13
Buchgemeinschaft (BGH) GRUR 1955, 95
—, II (BGH) BGHZ 28, 1 = GRUR 1959, 38 = WRP 1958, 337
Buchhandel und Rabattrecht WRP 1958, 131
Buchstaben, Schutz von — MuW XXII, 35
—, und Zahlen GRUR 1954, 331; GRUR 1956, 208 = WRP 1956, 199
Buchstabenverbindung und Verkehrsdurchsetzung BB 1964, 491
Buchwerbung WRP 1957, 76
Bundeskartellamt, Jahresberichte 1959: BB 1960, 499; 1960: BB 1961, 585; 1961: WRP 1962, 183; 1962: WRP 1963, 185; 1963: NJW 1964, 1839; 1964: WRP 1965, 417; 1965: WRP 1966, 287; 1966: JZ 1967, 747; 1967: BB 1968, 601; 1968: GRUR 1967, 407; 1969: WRP 1970, 243
Bundespatentgericht Mitt. 1963, 125
Bundeswerbewoche BB 1961, 1044
Buntstreifensatin (BGH) BGHZ 35, 341 = GRUR 1962, 144 = WRP 1962, 51
Bürgermeister, Einschaltung des — Wettbewerb 1958, 58
Bürokratie Wettbewerb 1960, 61

C

Camera-Börse BB 1965, 803
Candahar (BGH) GRUR 1969, 601
Capitol WRP 1957, 270
Catarina Valente (BGH) BGHZ 30, 7 = GRUR 1959, 430 = WRP 1959, 234
C+C-Betriebe WRP 1961, 132; 1962, 306; Wettbewerb 1962, 78; WRP 1966, 251; 1967, 33; 1968, 38
Champagner-Weizenbier (BGH) BGHZ 52, 216 = GRUR 1969, 611
Champi-Krone (BGH) GRUR 1969, 615
Chefeinkäufer Wettbewerb 1969, 7
Chem. Fabrik Wettbewerb 1958, 24
Chemie WRP 1962, 410
Chemisch, nicht — behandelt WRP 1960, 21
Chemische Erfindungen GRUR 1957, 264
Chemische Reinigung WRP 1963, 210
Center BB 1965, 303; s. im übrigen Zentrum
Centrale BB 1966, 1244
Centralshopping BB 1968, 311
Chérie (BGH) GRUR 1960, 256
—, Mon — (BGH) BGHZ 34, 1 = GRUR 1961, 181; Mon Chérie II GRUR 1961, 283 = WRP 1961, 229
Chic, Wegweiser zum — Wettbewerb 1956, 90
Chiffre-Anzeigen Betrieb 1951, 719; Gutachten Nr. 5/1952; WRP 1956, 104; Wettbewerb 1956, 40; 1957, 38, 63 und 98; 1958, 4 und 76; 1963, 40; NJW 1969, 1257
Climax (BGH) GRUR 1964, 682
Colle de Cologne (BGH) GRUR 1969, 479 = WRP 1969, 280
Colonia (BGH) GRUR 1958, 544 = WRP 1958, 221
Constanze (BGH) BGHZ 3, 271 = GRUR 1952, 410; — II BGHZ 14, 164 = GRUR 1955, 97
Container-Verkehr, Haftungsfragen bei Beschädigung und Verlust BB 1970, 1118; (Beförderungsmittel oder Verpackung?:) MDR 1970, 1016
Cum laude GRUR 1950, 18
Cupresa-Seide (BGH) BGHZ 13, 245 = GRUR 1955, 38
Cuypers (BGH) BGHZ 34, 345 = GRUR 1961, 420 = WRP 1961, 254

D

Dahlke (BGH) BGHZ 20, 346 = GRUR 1956, 427
Damenoberbekleidung, Kennzeichnungspflicht WRP 1967, 464
Dankschreibenwerbung Wettbewerb 1958, 51; NJW 1963, 1681 Anm. zu Nr. 12
Darlehnsangebot bei Kaufwerbung Wettbewerb 1961, 56
Daten (z. B. 20. Juli) in der Werbung GRUR 1955, 588
Datenverarbeitung, s. Programme
—, Juristische — NJW 1962, 273; JZ 1970, 433
Dauerelastisch WRP 1956, 77; 1959, 150
Dauer-Service WRP 1970, 159
DBP Wettbewerb 1955, 81; BB 1951, 317; GRUR 1951, 188; 1952, 97
DBPa BB 1965, 1328; WRP 1966, 24
DBP angem. GRUR 1956, 492; WRP 1960, 134
—, nach dem Vorabgesetz GRUR 1968, 131
—, wenn abgelaufen Wettbewerb 1958, 75
DBGM Betrieb 1950, 81; BB 1951, 317
DBGMa Wettbewerb 1956, 47
DDR, Folgen einer Anerkennung für Warenzeichen- und Firmenrecht WRP 1970, 281
—, Deutschland als Rechtsbegriff und — DVBl. 1970, 437
—, Anerkennung der — und Auswirkung WRP 1970, 281
Dentist WRP 1959, 27
Dentistenwerbung NJW 1954, 1937
Depotrecht BB 1969, 816
Depotstimmrecht, Ausübung BB 1967, 1315
Derzeit, »Der — modernste x« Wettbewerb 1955, 74
Deshalb, »Weil für X, — nur XX« Wettbewerb 1956, 24
Dessinbezeichnung WRP 1968, 193
Detektiv zur Überwachung des Wettbewerbs des Konkurrenten WRP 1970, 154
Deutsch, in der Werbung Wettbewerb 1956, 56; BB 1964, 572 und 573
—, Gesamtdeutsch, Regelung d. Präsidenten d. BPA Mitt. 1968, 2
—, als Firmenzusatz BB 1963, 1397; DAR 1969, 238; WRP 1970, 255
—, als Zusatz für Titel und Zeitschriften WRP 1958, 282
—, bei Taxi's BB 1966, 1247
—, für gewerbliche Schutzrechte BB 1968, 145
—, für Werbeveranstaltungen eines einzelnen Unternehmers WRP 1962, 128 = GRUR 1962, 315
—, Unterscheidung der Nationalität GRUR 1965, 290; WRP 1970, 255
Deutsch-französisches Abkommen NJW 1969, 2083
—, und Geschäftszeichen NJW 1969, 2087 = GRUR 1969, 615
Deutsch-französisch-italienisches Abkommen WRP 1965, 428; GRUR 1969, 611 = WRP 1970, 64; GRUR 1969, 615 = WRP 1969, 486
Deutsche Erzeugnisse in englischer Sprache BB 1966, 6
Deutsche Illustrierte (BGH) GRUR 1959, 45 = WRP 1959, 54
Deutsche Miederwoche (BGH) GRUR 1962, 315 = WRP 1962, 128
Deutsche Zeitung (BGH) GRUR 1963, 378 = WRP 1963, 211
Deutsches Erzeugnis Wettbewerb 1958, 61
Deutschland (Bezeichnung) AV JMBl. NRW 1966, 26
—, als Firmenzusatz BB 1968, 312
DGM angem. BB 1963, 1318
Diabetiker-Lebensmittel, unrichtige Angaben WRP 1966, 75
Diapositiv-Werbung im Kino Wettbewerb 1956, 10 und 25
Dia-Rähmchen GRUR 1958, 288
Dia-Rähmchen II GRUR 1962, 509

D

Dia-Rähmchen III GRUR 1966, 218
»Die« Bluse Wettbewerb 1958, 58; »Die ... des Jahres« WRP 1970, 318
»Die« Gaststätte WRP 1961, 272
Dienstleistungsmarken (Dr. Scholl) Mitt. 1969, 70; BGHZ 42, 44 = GRUR 1965, 33; GRUR 1955, 127
Dienstleistungsproben (Unterrichtsstunden), Kostenlose — und § 1 UWG WRP 1970, 143
Diffamierung Wettbewerb 1958, 64
DIN-Normen im Lieferantenverkehr BB 1970, 17
—, Zeichen auf Konservendosen Wettbewerb 1968, 15
Dingliche Benutzungsrechte in der Wirtschaft BB 1967, 1177
Diplom Wettbewerb 1960, 67
Diplomingenieur als Geschäftsbezeichnung MDR 1965, 729
Diplom-Kosmetikerin WRP 1964, 30 und 89
Direkt
—, ab Fabrik ohne Großhandel BB 1953, 158; Wettbewerb 1958, 85; WRP 1958, 275; Wettbewerb 1960, 67; WRP 1963, 320; Wettbewerb 1963, 3
—, ab Großhandel WRP 1963, 321
—, ab Großlager Wettbewerb 1958, 79
—, durch Transit-Zollager Wettbewerb 1958, 28
—, und Sonderangebot BB 1963, 1234
—, Werbung mit — MA 1963, 97
—, vom Fabrikanten WRP 1963, 317
—, vom Hersteller Wettbewerb 1959, 46; BB 1960, 809; 1962, 204; JuS 1962, 65; WRP 1962, 408; 1964, 239 und 246; Wettbewerb 1964, 32; GRUR 1965, 192; (zum Verbraucher:) WRP 1963, 317
—, vom Lager Wettbewerb 1959, 69
—, »zu Ihnen« Wettbewerb 1955, 82
Direkt-Händler Betrieb 1961, 1316
Direkt-Importe für Jedermann Wettbewerb 1958, 43
Direktpreis WRP 1960, 274
Direktverkauf WRP 1956, 238; WRP 1956, 189 = BB 1956, 917; BB 1956, 1049; Wettbewerb 1956, 21; WRP 1957, 203; BGHZ 27, 369 = GRUR 1958, 555 = WRP 1958, 276; BGHZ 28, 55 = GRUR 1958, 557; WRP 1959, 189, 285 und 328; 1960, 27 und 36; BB 1960, 610; 1961, 307 und 313; WRP 1962, 203; 1963, 253; 1965, 45; GRUR 1961, 67
—, bei Markenartikeln WuW 1957, 359
—, beim Versandhandel WRP 1970, 398; 1971, 93
—, beim Möbelhandel WRP 1963, 259
—, vom Großhandel BB 1966, 223
—, von Handelsvertretern WRP 1969, 325
—, Pseudoeinzelhändler BB 1960, 809
—, Sittenwidrigkeit Wettbewerb 1959, 31; WRP 1959, 285; 1960, 27; BB 1960, 809; 1961, 313; 1962, 204
Direktverkäufe Wettbewerb Sonder-Nr. v. 15. 8. 1957, S. 3
Direktverkäufe (BGH) BGHZ 28, 55 = GRUR 1958, 557
—, Rechtsprobleme WRP 1961, 67; 1963, 253; JuS 1962, 65
—, Vereinbarungen gegen — WRP 1956, 237
—, und täuschende Werbung Betrieb 1961, 1185
Direktverkäufer (»— X«) Wettbewerb 1958, 65
Direktverkaufspreis des Großhandels Wettbewerb 1960, 18
Disagio BB 1964, 1367
Discount (Begriffsbestimmung und System) WRP 1962, 74; Gutachten BB 1962, 402; WRP 1963, 134; 22 und 24; 86; 95; 263; 338 und 367; BB 1963, 205, 248, 364, 1233 und

D

1396; MA 1963, 97; BB 1964, 158; WRP 1964, 44; Wettbewerb 1964, 31
—, als Firmenzusatz WRP 1966, 393
—, als Preiszusatz WRP 1966, 393; 1969, 388
—, als Unternehmertyp BB 1963, 1234
Discountangebot, Echtes — BB 1963, 1233; WRP 1963, 338
Discounthaus WRP 1962, 402; Wettbewerb 1962, 78; WRP 1963, 23, 44, 64, 221 und 338; 1964, 44; BB 1963, 1233; 1964, 159 und 574
—, mit geographischer Bezeichnung BB 1964, 1145
Discountgeschäft = Einzelhandelsgeschäft Wettbewerb 1962, 74
—, und Zusatz »Großhandel« Wettbewerb 1962, 74
Discountmöbel BB 1964, 1146
Discountpreis, Werbung mit — durch Einzelhandel WRP 1963, 338, 367 und 86; BB 1964, 158; 1971, 144
—, Echter — BB 1963, 1234
—, Super — BB 1963, 1234
Discountverkauf und Sonderveranstaltung WRP 1962, 101
Diskriminierung (Allgemeines) Betrieb 1960, 227; WuW 1960, 81; WRP 1956, 110; NJW 1960, 1229
—, der Lieferanten durch anreißerische Angebote? WRP 1957, 6
—, durch abfällige Äußerungen über die Ware Dritter BGHZ 3, 271 = GRUR 1952, 410; GRUR 1962, 45
—, durch Absatzsystem WuW 1970, 640
—, von Einkaufsgenossenschaften WRP 1962, 1
—, durch preisbindende Unternehmen BB 1965, 651
—, durch unterschiedliche Rabatte BB 1966, 598
—, durch wahrheitsgemäße herabsetzende Werbung GRUR 1962, 45
—, fremder Betriebssysteme Wettbewerb 1956, 97
—, im öffentlichen Meinungskampf BB 1969, 107
—, Preisbindung und — MA 1967, 336
—, Vereinbarung einer Nicht-Diskriminierung WRP 1959, 311; WuW 1960, 81;
—, von Lieferanten WuW 1966, 3
Diskrimierungstatbestände WuW 1965, 106
Diskriminierungsverbot WuW 1961, 587; MA 1961, 279
—, und Wettbewerbsregeln WRP 1967, 379
Display-Artikel WRP 1966, 391
—, mit Zweitnutzen WRP 1966, 391
Dixan GRUR 1967, 613 = WRP 1963, 436
Doch, »Ich habe — gekauft« Wettbewerb 1955, 25
Doktortitel (BGH) GRUR 1959, 375 = WRP 1959, 180
Dolex (BGH) GRUR 1961, 413
Doppel-Mocca WRP 1958, 304
Doppelgebinde und Rabattverstoß WRP 1969, 164; 1970, 30
Doppelsteinhäger GRUR 1951, 126
Doppelt gebrannt WRP 1955, 151
Dortmund grüßt (BGH) GRUR 1964, 38 = WRP 1963, 345
Dozent Wettbewerb 1955, 80
DP angem. WRP 1956, 164; Wettbewerb 1959, 1; GRUR 1964, 144 = WRP 1963, 400
DBP Wettbewerb 1955, 81; Betrieb 1950, 81; GRUR 1951, 188; GRUR 1957, 372 = WRP 1957, 201
—, wenn abgelaufen Wettbewerb 1958, 75
DBP angem. BB 1954, 758; GRUR 1955, 33; Wettbewerb 1955, 21; 1959, 1

D

Dr.-Titel in Firmenbezeichnungen Wettbewerb 1955, 88; 1958, 8; WRP 1957, 44; 1958, 85 und 179; 1959, 180; GRUR 1959, 375; GRUR 1961, 288 = WRP 1961, 113; NJW 1965, 254; BB 1970, 318 = NJW 1970, 704
—, in abgeleiteter Firma GRUR 1970, 320
—, für chemische Reinigung Wettbewerb 1955, 28
—, für pharmazeutische Erzeugnisse Wettbewerb 1955, 88
—, Marktdrogerie, Dr. X — Wettbewerb 1955, 28
—, ohne Fakultätsbezeichnung NJW 1970, 704
Dreitannen (BGH) BGHZ 32, 133 = GRUR 1961, 33 = WRP 1960, 314
Dresdner Christstollen Wettbewerb 1963, 23
Dritter, Äußerungen — und Benutzung in der Werbung MA 1955, 307; Wettbewerb 1966, 12
Drittgrößtes (z. B. Fachgeschäft) der Welt WRP 1963, 62
Drittverträge, Auswirkung von UWG und WZG auf — GRUR 1968, 348
Drogerie (BGH) GRUR 1968, 604 = WRP 1968, 364
—, BB 1965, 736; WRP 1961, 261 und 272; BB 1968, 439; WRP 1969, 43
Drogist WRP 1961, 261 und 272; BB 1968, 439
—, Werbung für Sonnenbrillen Wettbewerb 1955, 21
Drohung, mit Abbruch von Geschäftsbeziehungen WRP 1957, 97 und 120
—, mit Preiskrieg BB 1967, 1390
Druckschriftentitel und Warenzeichen WRP 1970, 140
Dumping WRP 1968, 419
Dun-Europa (BGH) BGHZ 10, 196 = GRUR 1954, 271
Durchschnitts-Weintrinker WRP 1968, 73
Durchstrichene Abbildungen Wettbewerb 1960, 33

Ebenbürtig Wettbewerb 1961, 6
Echt (Begriffsbestimmung:) *Reimer* § 3 Anm. 18 S. 623; BB 1963, 1234; GRUR 1953, 396
—, als Beschaffenheitsangabe, die sich aus einer Herkunftsangabe entwickelt hat RGZ 137, 290; GRUR 1957, 128
—, als Herkunftsangabe, die sich aus einer Beschaffenheitsangabe entwickelt hat GRUR 1953, 396; 1954, 72
—, vor Warenbezeichnungen GRUR 1967, 30; WRP 1970, 155
Echt Emmentaler Wettbewerb 1959, 45
Echt skai (BGH) GRUR 1963, 539 = WRP 1963, 276
Echte Goldstücke Wettbewerb 1957, 101
—, Konfitüren BB 1966, 1078
—, Leistung Wettbewerb 1957, 12
Echter Discountpreis BB 1963, 1234
—, Rum WRP 1964, 134; 1966, 375
Echtes Discountangebot BB 1963, 1233
Edeka-Schloß-Export (BGH) GRUR 1967, 100 = WRP 1967, 264
Eheversprechen (BGH) BGHZ 37, 187 = GRUR 1962, 652
Ehrentafel, Krieger — Wettbewerb 1956, 13
Ehrenurkunde, über betriebseigene Wettbewerbe Wettbewerb 1963, 12
Ehrlich, »Unsere Devise: —« Wettbewerb 1958, 95
Eiche pol. Wettbewerb 1956, 69
Eidechs Wettbewerb 1956, 103
Ei fein (BGH) GRUR 1958, 86 = WRP 1957, 361
Eigene Anfertigung Wettbewerb 1957, 76
Eigene Herstellung Wettbewerb 1955, 81; 1958, 23
Eigene Vorzüge, Hervorhebung der — BB 1968, 1134
Eigene Werkstatt Wettbewerb 1957, 92
Eigenhändler, Frage der Anwendbarkeit des HGB BB 1963, 1194
—, Ausgleichsanspruch BB 1961, 809; 1969, 12 und 1370
Eigenschaften der Ware, Werbung mit — BB 1965, 300
Eigentumsvorbehalt, Verlängerter — (Zusammenstellung:) BB 1969, 1106
Eigenwerbung, getarnt als Fremdwerbung BB 1964, 1023
Eindringen in fremden Kundenkreis Wettbewerb 1957, 15
Eine, »Nur —« Wettbewerb 1958, 20
Einer, »— muß den Anfang machen« Wettbewerb 1956, 11
Einfuhr-Umsatzsteuer BB 1967, 1243
Einführungsangebot (BGH) GRUR 1966, 214 = WRP 1965, 438
—, und Verkauf unter Selbstkosten WRP 1965, 438
—, und Sonderveranstaltung Wettbewerb 1966, 12
—, und Nebenleistungen Wettbewerb 1966, 12
Einführungspakete GRUR 1965, 542 = WRP 1965, 257
Einführungswerbung und Probepakete BB 1965, 514
Einheitswaren-Bons Gutachten Nr. 4/1949
Einigungen, Betriebliche — BB 1969, 101
Einkaufsausweise und Direktverkauf BB 1961, 313
Einkauf-GmbH (für Schreiner) Wettbewerb 1967, 45
Einkaufspreis, Verkauf unter — BB 1968, 314
Einkaufsbeschränktes Geschäft (nur für Behörden), Werbung eines —

E

E

als ob es ein Geschäft für jedermann wäre Wettbewerb 1966, 2
Einkaufsgemeinschaften (für Ladenschlußgesetz) WRP 1968, 378
—, als Wiederverkaufspreis WRP 1966, 419
Einkaufsquelle für jedermann NJW 1964, 484
Einkaufsschecks Wettbewerb 1961, 11
Einkaufszentrum Wettbewerb 1964, 46
Einladung zu Werbeveranstaltungen WRP 1964, 51
Einmal, »Das gibts nur —« Wettbewerb 1960, 15
—, »Das war —« Wettbewerb 1956, 87
Einmalig Wettbewerb 1957, 41; 1960, 15; WRP 1960, 185; GRUR 1968, 150
Einmalige Einkaufsgelegenheit Wettbewerb 1962, 71
Einmaliges Sonderangebot Wettbewerb 1955, 92; 1957, 67
Einmanngesellschaft und GmbH JZ 1953, 161 und 724
Einpfennig-Süßwaren (BGH) BGHZ 34, 264 = GRUR 1961, 588 = WRP 1961, 162
Einrichtungshaus Wettbewerb 1958, 16; 1961, 55; WRP 1961, 8
Einrichtungsschau Wettbewerb 1958, 85
Einsichtnahme in Geschäftsbücher WRP 1963, 283
Eintritt frei Wettbewerb 1957, 100
Einzelhandel, Werbung mit der Bezeichnung — (BGH) BGHZ 16, 83 = GRUR 1955, 406
Einzelhandelsbezeichnung neben Großhandelsbezeichnung WRP 1961, 47; NJW 1963, 863; Wettbewerb 1968, 47
Einzelhandelsgeschäft erweckt den Eindruck einer fabrikeigenen Filiale WRP 1958, 26
Einzelhändler WRP 1962, 307
—, als Letztverbraucher i. S. des RabG BGHZ 50, 169 = GRUR 1968, 595 = WRP 1968, 440
—, Beschäftigung von Herstellerpersonal Wettbewerb 1959, 88
—, und Kundenausweise BB 1960, 801, 804
—, Pseudo — BB 1960, 810; MDR 1961, 508
—, Wann ist — Beauftragter des Großhändlers? WRP 1962, 23 = NJW 1962, 112
Einzelkaufmann und oHG NJW 1970, 705
Einzigartig Wettbewerb 1961, 59
Einzige, »Der — mit . . .« Wettbewerb 1958, 96
—, »Die — in X« BB 1965, 271
Eis-Praline (BGH) GRUR 1958, 492 = WRP 1958, 239
Elegance parisienne Wettbewerb 1956, 111
Elektro-Haus BB 1963, 1398
ELEKTROL (BGH) GRUR 1964, 28
Elektronik WRP 1963, 339
Elektronische Rechenprogramme, Schutz der — BB 1967, 945; s. im übrigen Daten
Emaille Wettbewerb 1955, 66
Emaillefarben WRP 1955, 69
Emaillelack (BGH) BGHZ 27, 1 = GRUR 1958, 444 = WRP 1958, 140 und 178. BB 1955, 620; WRP 1955, 69; 1956, 272
Empfehlung, als Wettbewerbsbehinderung GRUR 1951, 112
—, durch Stadtwerke Wettbewerb 1964, 38
—, und gleichförmiges Verhalten WRP 1966, 91
—, Verbandsempfehlungen BB 1961, 885
—, von Schulheften Wettbewerb 1957, 46
Empfehlungsverbot (§ 38 Abs. 2

GWB) und Meinungsfreiheit WRP 1964, 6
—, und BGH BB 1960, 384
—, und Markttransparenz WuW 1960, 477
Empfohlener Richtpreis, s. Richtpreis
—, Begriff WRP 1970, 276
—, als angemessener durchschnittlicher Verbraucherpreis WRP 1970, 275
—, empfohlener Verkaufspreis GRUR 1965, 97
Endlich, »— Abhilfe« Wettbewerb 1955, 83
—, ein fehlerfreies Gerät *v. Godin-Hoth* § 3 Anm. 5
Endverbraucher (Abgrenzung) Wettbewerb 1955, 78; MA 1962, 481
Englische Sprache, Deutsche Erzeugnisse in — BB 1966, 6
Englisch Lavendel (BGH) GRUR 1959, 365
English Lavender (BGH) GRUR 1956, 187 = WRP 1956, 108
English Drops Wettbewerb 1958, 19
Enteignung, DDR — WRP 1959, 178
Entschädigung nach Patent— Offenlegung (§ 24 Abs. 5 PatG) NJW 1968, 1358; GRUR 1968, 667; 1969, 110
Epigan (BGH) BGHZ 45, 173 = GRUR 1966, 432 = WRP 1966, 277
Erdener Treppchen (BGH) GRUR 1963, 430 = WRP 1963, 244
Erfinderbegriff BB 1969, 1102
Erkundigen Sie sich! Wettbewerb 1958, 95
Erneuerungsmarken WRP 1967, 107
Ernst Abbe (BGH) GRUR 1959, 368 = WRP 1958, 178
Eröffnungsverkauf Wettbewerb 1964, 46
—, nach Umbau Wettbewerb 1955, 67
Eröffnungswerbung Wettbewerb 1962, 70
Ersatzteile, Vertrieb von — Wettbewerb 1956, 83
—, Bestimmungshinweise und — MuW 1930, 418
—, für fremde Erzeugnisse GRUR 1931, 594; 1968, 698
—, Originalersatzteile, s. diese
—, sklavischer Nachbau von — GRUR 1969, 698
—, Verpflichtung zur Lieferung von — NJW 1970, 1852 und 2049
—, Werbung Wettbewerb 1961, 34
Ersatzteilherstellung und Nachahmung BB 1966, 1203; WRP 1969, 50
—, und Irreführung BB 1966, 672
Ersatzteilnummer der Automobilfabriken GRUR 1949, 405
Erschleichen von Großhandelsrabatten Wettbewerb 1958, 17
Erste (in der Werbung) WRP 1956, 46 und 103; GRUR 1957, 285 = WRP 1957, 173
Erster, »Aus — Hand« Wettbewerb 1956, 111
Erstes Kulmbacher (BGH) GRUR 1957, 285 = WRP 1957, 173
Erweiterungsbauten, Hinweis auf — Wettbewerb 1957, 126
Erzeugerbetriebe (§ 100 GWB) NJW 1970, 1485
Erzeugnisse, Landwirtschaftliche — im GWB und EWGV NJW 1970, 148
—, neuartige und ihre Bezeichnung WRP 1969, 241
ESDE (BGH) BGHZ 34, 91 = GRUR 1961, 294 = WRP 1961, 192
Essenzlimonade (BGH) GRUR 1958, 294
Essig, Biologischer — MA 1951, 421
Etablissement-Bezeichnungen WRP 1969, 58; GRUR 1963, 430 = MDR 1963, 563
Etiketten BB 1963, 791
Euro(zeichen) Begriff: WRP 1964, 382; BB 1966, 515; GRUR 1969,

E

379; MA 1963, 237; Mitt. 1963, 121; MDR 1958, 502; GRUR 1970, 36; WRP 1971, 2
—, als Firmenzusatz BB 1968, 313; WRP 1970, 254; (Eurochix:) WRP 1968, 121; NJW 1970, 2171; WRP 1971, 2
—, bei pharmazeutischen Waren Betrieb 1966, 657; (bei pharmazeutischer Fachzeitschrift:) GRUR 1970, 141
—, als Hinweis auf internationale Güterichtlinien BPatGE 2, 217
—, Inhalt GRUR 1969, 379; WRP 1970, 255
—, in der Rechtsprechung MA 1963, 237; MA 1966, 71; GRUR 1969, 379; WRP 1970, 255
—, bei Spirituosen GRUR 1970, 461 = WRP 1970, 254 = NJW 1970, 1364
—, bei Textilien WRP 1970, 222
—, Vorstellungsinhalt WRP 1970, 255
Europ (Zeichen) MA 1963, 237; Mitt. 1963, 121; s. auch Euro
EU-MED (BGH) GRUR 1965, 110 = WRP 1964, 410 = JR 1964, 771
Europa Wettbewerb 1963, 42; BB 1966, 1247
Europa-Marke Mitt. 1961, 44
Europäisches Format Wettbewerb 1963, 42
Europäischer Gerichtshof, Übersicht WRP 1970, 377
Europäische Unternehmen, Zusammenfassung von — NJW 1970, 1569
—, und Art. 85 Abs. 1 EWGV WRP 1970, 303
EWG, Wettbewerbsbeschränkungen und Art. 85, 87 Betrieb 1969, 1541; AWD 1970, 337
—, Kartellrecht, sachlicher Anwendungsbereich JurA 1970, 5
—, EWG-Rechtssystem AWD 1970, 304
—, EWG-Kartellrecht und nationales Recht JurA 1970, 521
—, EWG-Richtlinien AWD 1970, 304
—, Nachprüfbarkeit von Schiedssprüchen auf Verstöße gegen EWG-Recht AWD 1969, 214; NJW 1969, 823
—, unlauterer Wettbewerb in der — WRP 1970, 321
Exceptio pacti BB 1969, 116; GRUR 1954, 187; s. auch Nichtangriffsklausel
Experte WRP 1968, 238
Export-Bier Wettbewerb 1957, 108
Exportkartelle AWD 1970, 99
Exportverbot und Art. 85 EWGV AWD 1968, 58
—, und Preisbindung MA 1962, 599
Expreß-Bar (für Schuhe) BB 1964, 284; 1967, 1017
—, Mocca WRP 1969, 342
Extra-Klasse Wettbewerb 1960, 57

F

Faber (BGH) GRUR 1969, 690 = WRP 1969, 443
Fabrik in Werbung MuW 1932, 70; Wettbewerb 1955, 26; (Leitsätze:) Wettbewerb 1957, 61; 1959, 56; WRP 1960, 347; BB 1969, 1103; Wettbewerb 1970, 4
—, als Firmenzusatz WRP 1966, 125
—, älteste — Wettbewerb 1960, 36
—, ab — WRP 1956, 133; Wettbewerb 1959, 53; (bei Möbeln:) BB 1951, 513; WRP 1955, 189
—, Chem. — Wettbewerb 1958, 24
—, Direkt ab — WRP 1958, 275; Wettbewerb 1960, 67
—, Kleiderfabrik BB 1966, 1245
—, Möbelfabrik Wettbewerb 1955, 26
—, Schraubenfabrik WRP 1960, 322
—, Spezialfabrik Wettbewerb 1957, 37
—, Teppichfabrik Wettbewerb 1958, 6
Fabrikabgabepreis Wettbewerb 1957, 112
Fabrikant, Vom — direkt zum Verbraucher WRP 1963, 317
Fabrikarbeit, »Keine eintönige —« Wettbewerb 1961, 20
Fabrikation WRP 1957, 45 und 61; Wettbewerb 1970, 7
—, Hinweis auf eigene — Wettbewerb 1957, 7; WRP 1961, 242
Fabrikationsbetrieb BB 1969, 1106
Fabrikauslieferungslager WRP 1957, 272; 1959, 328; Wettbewerb 1959, 30; Betrieb 1961, 1315
Fabriken Wettbewerb 1957, 32
—, »Aus unseren —« WRP 1964, 276
Fabrikeigene Filiale Wettbewerb 1958, 95; WRP 1958, 26
Fabriklager (es darf kein fremdes sein) Wettbewerb 1957, 32
Fabrikmarken MuW XXVI, 375; WRP 1957, 345; Wettbewerb 1957, 117; MA 1962, 972; 1968, 494
—, als Gütezeichen Wettbewerb 1958, 92
—, internationale Registrierung BGBl. 1968 I S. 1001
—, Irreführung durch — Wettbewerb 1957, 117
—, Kennzeichnung zugekaufter Ware MA 1962, 499
Fabrikneu WRP 1955, 88; Wettbewerb 1955, 73
Fabriknummer, Vertrieb eines Erzeugnisses nach Entfernung der — BB 1968, 849; 1969, 1369; WRP 1969, 385; GRUR 1970, 248
Fabrikpreis, Weit unter — Wettbewerb 1955, 88
Fabrikreste Wettbewerb 1960, 4
Fabrikverkauf Wettbewerb 1957, 39
Fachausdrücke als Warenzeichen WRP 1968, 400
Fachdrogerie WRP 1969, 43
Fachgeschäft Gutachten Nr. 6/1951; MA 1952, 545; Wettbewerb 1957, 53
—, »Das — für ...« WRP 1970, 367
—, Das große — Wettbewerb 1956, 16; 1958, 60
—, »Das ganz große — der Stadt« Wettbewerb 1958, 113
—, »Erhältlich in jedem —« als Herstellerwerbung BB 1960, 1302
—, Größtes — am Platze Wettbewerb 1955, 23
—, Lederfachgeschäft Wettbewerb 1957, 53
—, »mit der größten Auswahl« Wettbewerb 1955, 23
Fachkräfte, gelernte — Wettbewerb 1962, 23
Fachkunde WRP 1958, 262
Fachmann GRUR 1954, 404; Wettbewerb 1957, 60; WRP 1959, 303; NJW 1959, 2217
—, »bewahren vor Schaden« Wettbewerb 1958, 40
—, »beraten« Wettbewerb 1961, 34
—, Heizungsfachmann Wettbewerb 1960, 12

F

—, »Kaufe beim —« Wettbewerb 1959, 29
—, Sonderfachmann im Bauwesen BB 1968, 651
Fachmännische Werbung (Drogist für Brillen) Wettbewerb 1955, 21
Fachverband, Werbung mit Zugehörigkeit zu einem — BB 1966, 262
Fachverein, Vorspann in der Werbung durch — Wettbewerb 1955, 77
Fachzeitschrift, »Größte —« WRP 1958, 25; 1963, 62
—, Rechtsberatung GRUR 1957, 226 = WRP 1957, 154
Fachzeitschriftentitel WRP 1958, 282
Factory-Vertrag BB 1967, 1301
—, und verlängerter Eigentumsvorbehalt BB 1969, 1106
Fahrausbildung, Kfz. — zu Sonderpreisen für Lehrlinge, Schüler und Studenten Wettbewerb 1968, 42
Fahrgelderstattung für Fahrt zum Warenhaus NJW 1970, 1134 = WRP 1970, 182; 1971, 94; s. im übrigen Zugabe, Kostenlose Fahrten
Fahrlehrer-Verband (BGH) GRUR 1968, 710 = WRP 1968, 325
Fahrschule (BGH) GRUR 1967, 530 = WRP 1967, 222
—, Gabelsberger — BB 1964, 1145
—, Grundgebühr und RabG NJW 1970, 1377; WRP 1970, 395; GRUR 1971, 81
—, Gesamtpreis BB 1967, 345
—, »Keine Pflichtfahrten« WRP 1968, 376
—, und RabG WRP 1968, 380
—, und GWB (Abreden gemeinsamer Gestaltung des Fahrschulbetriebes) WuW 1970, 377
Fahrschulwerbung WRP 1965, 229; 1968, 376; BB 1968, 1134
Fahrten von Fahrschulen WRP 1968, 379
—, kostenlose Wettbewerb 1959, 70; s. auch Zugabe, Kostenlose . . .
—, an andere Orte NJW 1955, 1681
—, zum Selbstbedienungsladen außerhalb der Stadt NJW 1970, 247
Falsche Publikumsvorstellungen und Schutzwürdigkeit BB 1965, 1243
Falschreklame GRUR 1965, 521
Fälschung, Vorwurf der — GRUR 1968, 262 = WRP 1968, 190
Farben GRUR 1954, 294; WRP 1956, 93; 1957, 306; 1966, 77 und 93; WRP 1966, 225; (für Zeichenelemente:) MA 1961, 235; (im Kennzeichnungsrecht:) Mitt. 1959, 293
—, Hausfarben WRP 1955, 139; BB 1964, 1230; 1966, 469; WRP 1966, 225 und 231; WRP 1965, 336
—, Landesfarben in der Werbung Wettbewerb 1956, 77
—, Ausstattung an — und Farbverbindungen Betrieb 1965, 968; BB 1966, 722; WRP 1966, 77; GRUR 1969, 541
—, Beschränkung auf schwarz-weiß bei Warenzeichen BGHZ 24, 257 = GRUR 1957, 554 = WRP 1957, 304
—, Frühjahrsmoden WRP 1966, 231
—, Kennzeichnungsschutz GRUR 1959, 410; Festschrift *Möhring* 1965, S. 225
—, als Warenzeichen WRP 1966, 231
—, Verkehrsfarben und Werbefarben BB 1965, 1210
Farbenurteil des Eur. Gerichtshofs BB 1969, 1185
Farbenzusammenstellungen GRUR 1957, 369 = WRP 1957, 306
Farbumkehrfilme (BGH) BGHZ 51, 163 = GRUR 1969, 496 = WRP 1969, 232
Farina (BGH) GRUR 1952, 239
Farina-Belgien (BGH) BGHZ 14, 286 = GRUR 1955, 150

Farina-gegenüber (BGH) BGHZ 14, 156 = GRUR 1955, 43
Favorit (BGH) GRUR 1967, 419
—, II (BGH) GRUR 1968, 382 = WRP 1967, 363
Feinste, »Feinste Damenarmbanduhr« Wettbewerb 1958, 74
Feinster RGZ 66, 175
Feldstecher (BGH) GRUR 1961, 538 = WRP 1961, 214
Fernsehansagerin (BGH) BGHZ 39, 124 = GRUR 1963, 490
Fernsehinterview (BGH) GRUR 1964, 208 = WRP 1964, 237
Fernsehprogramm (BGH) GRUR 1967, 665 = WRP 1967, 276
Fernsehsendung, kritisierende — BB 1964, 1361
—, Kritik gewerblicher Erzeugnisse GRUR 1969, 624 = NJW 1970, 187
—, und Schadensersatz WRP 1961, 283; VersR 1969, 352 = 851; Betrieb 1969, 390
Fernseh-Service-Gesellschaft Wettbewerb 1964, 39
Fernsprech-Warenbezeichnungen Wettbewerb 1956, 60
Fernsprechbuch (BGH) GRUR 1961, 630 = WRP 1961, 318
—, Werbung in — WRP 1956, 101
—, Einsteckmappen WRP 1967, 280
—, Schutz von — GRUR 1962, 504
Fernsprechnummer (BGH) BGHZ 8, 387 = GRUR 1953, 290
—, Werbung unter — Wettbewerb 1957, 63
—, Namensfunktion und Kennzeichnung BGHZ 8, 387 = GRUR 1953, 290
Fernsprechteilnehmer-Verzeichnisse WRP 1961, 318
Fertigpackungen, für Getränke nach Maß- und Gewichtseinheitsgesetzen BB 1964, 497
Fertigprodukte und Vorprodukte NJW 1970, 563
Fertigsuppen (Abbildungen) Wettbewerb 1956, 16
Fertigteile BB 1968, 444
Fertigungsprogramm, »Aus unserem —« WRP 1964, 276
Festgeldanlage (BGH) GRUR 1962, 466 = WRP 1962, 247
Feuerfest (BGH) I: GRUR 1968, 419 = WRP 1968, 97; II: GRUR 1968, 425 = WRP 1968, 103
Feuerzeug als Werbegeschenk (BGH) GRUR 1959, 31 = WRP 1968, 302
Fifty-Fifty WRP 1957, 372
Filiale, fabrikeigene — Wettbewerb 1958, 95
—, Prokura, Eintragung im Handelsregister BB 1966, 797
—, Werbung mit Gesamtunternehmen Wettbewerb 1959, 34
Filialleiter, Haftung des — BB 1966, 373
Filmtitel WRP 1956, 193
—, weiblicher Vorname GRUR 1960, 301
Filmvorführungen mit Preisverteilung Wettbewerb 1962, 35; s. im übrigen Werbeveranstaltungen
Filmvorführungsvertrag WRP 1958, 127
Finanzierung, Werbung mit — des Urlaubs Wettbewerb 1966, 1; BB 1963, 452
Finnweb Wettbewerb 1970, 18
Firma, abgeleitete — und Fortführung BB 1964, 1365; NJW 1969, 330; BB 1970, 563
—, akademische Titel in der — BB 1965, 1379; NJW 1965, 254; s. auch Dr. — Titel
—, Besitzfirma, bei Betriebsaufspaltung BB 1967, 1274
—, Geschäftsbezeichnung und — Betrieb 1957, 573

F

—, Kollision mit Familiennamen GRUR 1965, 408
—, GmbH, als ausreichende Unterscheidung? Wettbewerb 1955, 75; WRP 1955, 183
—, Nationalitätsangaben WRP 1960, 94
—, Personalfirma und Verwechslungsgefahr Wettbewerb 1957, 102
—, Sachfirma einer GmbH und Warenzeichen NJW 1967, 1948; 1968, 733; (ohne Zusätze:) BB 1970, 905
—, übergeleitete — BB 1954, 276
—, und Firmenwahrheit WRP 1966, 88
—, und Namensgleichheit BGHZ 4, 97 = GRUR 1952, 511; BGHZ 14, 156 = GRUR 1955, 43; (Unterscheidungszusätze:) GRUR 1955, 42
—, und Namensrecht WRP 1961, 11
—, und Warenzeichen GRUR 1962, 91 = WRP 1961, 347
—, Verwässerungsgefahr WRP 1960, 285
—, verwechslungsfähige — WRP 1956, 49; Wettbewerb 1957, 110; WRP 1958, 22; 1961, 15
—, Warenzeichen als — GmbHRdsch 1967, 49
—, wettbewerbswidriger Gebrauch WRP 1961, 246
—, Zweigniederlassung und — MDR 1957, 339
Firmen, Führung mehrerer — durch Personalgesellschaften BB 1968, 235
—, Rechtsform bei Immobilien-Anlagegesellschaften BB 1966, 684
Firmen- und Namensschutz BB 1950, 523; GRUR 1951, 222; BB 1953, 629; WRP 1959, 356; Festschrift für *Hueck* 1959, 519; BB 1959, 641; WRP 1957, 272
—, ausländischer Unternehmen im Inland GRUR 1969, 357 = WRP 1969, 235; GRUR 1970, 315
—, bei Gründung einer inländischen Tochterfirma durch Ausländer GRUR 1968, 212 = WRP 1968, 95
—, bei vorübergehender Einstellung des Betriebes WRP 1957, 270; 1963, 370
—, im Rahmen von Ost-Westfragen GRUR 1958, 91 = WRP 1958, 22
—, räumlicher Geltungsbereich im Inland NJW 1960, 702; 1952, 1197
—, Schutz einer — aus dem Saargebiet NJW 1970, 997
Firmenabkürzungen WRP 1955, 183; BGHZ 11, 214 = GRUR 1954, 195
—, Einschreiten des Registergerichts Betrieb 1970, 923
Firmenänderung, an fortgeführter Firma BB 1965, 1047
Firmenbestandteil, Schlagwort GRUR 1954, 70; Wettbewerb 1957, 27; WRP 1959, 357; WRP 1955, 183
—, und Verwässerungsgefahr WRP 1960, 285
—, und Verwechslungsgefahr WRP 1959, 153
—, und Warenzeichen BGHZ 34, 345 = GRUR 1961, 420 = 1961, 254
Firmenbezeichnungen, überholte — Wettbewerb 1955, 72
—, und Irreführung Wettbewerb 1957, 74; WRP 1960, 272; 1961, 188
—, und Gesellschaftsverhältnis Wettbewerb 1957, 110
Firmenbezieher, Verkauf an — Wettbewerb 1961, 65
Firmenendung »ag« und »agg« Wettbewerb 1955, 54; 1957, 28
Firmenfortführung WRP 1955, 247; BB 1964, 1196 und 1365; 1965, 803
—, und Firmenwahrheit WRP 1966, 88

—, einer oHG (»& Co«) nach Übernahme durch einen Einzelkaufmann BB 1970, 318
—, GmbH & Co nach Ausscheiden von Gesellschaftern BB 1970, 563
—, GmbH & Co KG nach Ausscheiden der GmbH NJW 1970, 865
Firmengebrauch, Irreführung durch richtigen — GRUR 1964, 314 = WRP 1964, 131
—, von Minibetrieben BB 1968, 972
Firmenkennzeichnung und Warenzeichen WRP 1969, 235
Firmenkurzbezeichnungen, Zwei — für das gleiche Unternehmen NJW 1961, 1774
Firmenmarke, Benutzung der — WRP 1957, 73; GRUR 1957, 348
—, Irreführung durch — Wettbewerb 1957, 74
Firmenrecht und Industrie- und Handelskammern BB 1961, 505
Firmenrechte, Einfluß vorübergehender Geschäftsstillegung WRP 1963, 370
Firmenregister Wettbewerb 1967, 22
Firmenschlagwort, Schutz vor Verwässerung GRUR 1953, 527, 539; GRUR 1951, 416; GRUR 1960, 550 = WRP 1960, 285
—, in der Werbung MA 1951, 572; GRUR 1951, 332; 1953, 43; 1954, 207; Wettbewerb 1957, 27
—, örtlich begrenzter Schutz WRP 1970, 150
Firmenschild, Entfernung eines — durch Konkurrenten Wettbewerb 1957, 71
Firmenschutz, räumlicher Geltungsbereich NJW 1952, 1197; 1960, 702
—, bei unwahren Bezeichnungen? Betrieb 1951, 344
Firmenteil, Unzulässiger — und Teillöschung GRUR 1966, 35 = BB 1965, 1202
Firmenübergang, Firmenbezeichnung bei — JZ 1954, 566
Firmenwert, Feststellung WRP 1966, 89
—, Werbung und Firmenwahrheit WRP 1960, 33
Firmenzeichen, Verbandszeichen und — GRUR 1929, 49
Firmenzusatz und Firmenwahrheit Wettbewerb 1957, 28
Firmenzusätze, die den Anschein eines im örtlichen Bereich oder Land führenden Unternehmens machen: Betrieb 1960, 240; BB 1964, 244; 1966, 1242; 1968, 972; Betrieb 1966, 99; MDR 1969, 847
Firmenzusätze (Allgemeines:) WRP 1967, 204; Wettbewerb 1957, 28; BB 1968, 308
—, Bank Wettbewerb 1955, 21
—, Berliner MDR 1969, 847; NJW 1969, 1539
—, Bestattungsunternehmen VersR 1960, 985
—, Börse, s. diese
—, Bund GRUR 1955, 586
—, Chemie WRP 1962, 410
—, Deutsch BB 1961, 500; 1963, 1397
—, Deutschland BB 1968, 312
—, Die Bluse Wettbewerb 1958, 48
—, Discount WRP 1966, 393
—, Dr. WRP 1957, 44; 1958, 85 und 179; 1961, 113; s. im übrigen Dr.-Titel
—, Elektronik WRP 1963, 339
—, Euro, Europ, s. diese
—, Fabrik BB 1961, 1101; WRP 1966, 125
—, »Fach—« Rpfl. 1970, 245
—, geographische — WRP 1966, 245; GRUR 1968, 702; s. im übrigen Geographische Fragen, Einzelfälle
—, Großhandel BB 1964, 573; NJW 1964, 483
—, Großhandlung WRP 1968, 429
—, Gründerbildnis WRP 1962, 332

F

F

—, Hamburger Volksbank GRUR 1968, 702
—, Haus BB 1962, 386 und 1242; (Voraussetzungen:) WRP 1963, 145 = NJW 1964, 1064 = NdsRpfl. 1963, 135; BB 1963, 663 und 746; 1963, 1398; WRP 1955, 19 und 48; WRP 1966, 165; BB 1969, 418 und 1195; s. im übrigen »Haus«
—, Horst GRUR 1954, 407
—, Institut BB 1961, 500; 1968, 313
—, Industrie GRUR 1925, 73; BB 1965, 803
—, Interbau GRUR 1970, 36
—, international BB 1966, 1246
—, Jahreszahlen Wettbewerb 1955, 63 (»1823«) und 72; 1956, 23; 1957, 7; 1961, 35; WRP 1960, 238
—, Kaufhof GRUR 1953, 42
—, Kaufzentrale WRP 1961, 16
—, Lager WRP 1965, 54
—, Messe GRUR 1951, 79
—, Reisebüro BB 1966, 475
—, Transportbeton BB 1961, 1023
—, Stiftung BB 1964, 1146; NJW 1964, 1231
—, Unfallversorgung GRUR 1968, 431
—, Union GRUR 1949, 161; BB 1967, 1100
—, Verband GRUR 1955, 586; WRP 1955, 137
—, Verein GRUR 1955, 586
—, Werk GRUR 1954, 70; BB 1965, 803; 1969, 1194; WRP 1964, 391
—, Zentrale BB 1961, 1023; 1965, 803; WRP 1966, 306
—, Zentrum BB 1963, 1398; MDR 1969, 578
—, zukünftige Entwicklung und Berücksichtigung in — WRP 1969, 261

Fischermännchen (BGH) BGHZ 5, 190 = GRUR 1952, 577

Fischl (BGH) GRUR 1959, 87 = WRP 1959, 58

Flächenmuster und Warenzeichen NJW 1970, 139

Flaggen, Ausländische — in der Werbung Wettbewerb 1961, 40

Flaschen, Burgunder — Wettbewerb 1955, 24
—, Ausstattung und Ausgestaltung Wettbewerb 1948, 50; GRUR 1969, 541
—, dickwandige und Irreführung Wettbewerb 1956, 24

Flaschenform und Flaschenfarbe GRUR 1969, 541

Fleischzentrale BB 1965, 803

Folgetheorie, im EWG-Recht WRP 1968, 383

Folgevertrag, sog. —, der im Anschluß an einen nichtigen Kartellvertrag abgeschlossen wird BB 1963, 1113

Forfaitierung BB 1969, 765

Formenschutzfähigkeit von Gebrauchsgütern WRP 1963, 308
—, industrieller Güter BB 1964, 439

Forschungsgemeinschaften und EWG Betrieb 1964, 870

Fortsetzungsbau, Unzulässiger — BGHZ 41, 55 = GRUR 1964, 621 = WRP 1964, 208

Fotographie und Urheberschutz BB 1967, 225

Fotohaus BB 1965, 518

Fotomeister Gutachten Nr. 4/1960

Fotorabatt (BGH) GRUR 1963, 438 = WRP 1963, 242

Fotowettbewerb Wettbewerb 1957, 50

Frachtenrückvergütung (BGH) GRUR 1960, 193 = WRP 1960, 13

Franchise-Vertrag MA 1963, 496; BB 1969, 113; GRUR 1970, 3; WRP 1970, 125

Frankfurter Würstchen MuW 1930, 97

Franko-Stationssystem in Preisbindungsverträgen BB 1966, 385

Französisch-Deutsches Abkommen

und Zuständigkeit WRP 1965, 448
Französisches Kartellrecht, Neues — WRP 1968, 241; neues — Wettbewerbsrecht Int. Wettbewerb 1970, 17
Französische Herkunftsbezeichnungen WRP 1965, 32
Französische Worte (olympiade européenne de bière) Wettbewerb 1966, 15
Freie Berufe und GWB BGHZ 42, 318 = GRUR 1965, 267 = WRP 1965, 117
Freiflug ins Ausland Wettbewerb 1962, 42
Freifahrten zum Geschäftslokal BB 1966, 1284; s. im übrigen Zugabe, Kostenlose Fahrten
Freihändiger Teppichverkauf Wettbewerb 1960, 2
Freiwillige Einigungsinstitutionen Wettbewerb 1961, 61
Freizeichnungsklausel zum Aufstellen angelieferter Maschinen BB 1964, 8
Freizeichnungsklauseln BB 1966, 1285
Fremdsprachige Bezeichnungen Gutachten Nr. 11/1950; GRUR 1951, 82; (made in Germany:) JMBl. NRW 1952, 17; GRUR 1955, 579 = WRP 1955, 218; WRP 1956, 108; GRUR 1956, 565; Wettbewerb 1956, 60; 1958, 19; GRUR 1969, 57
—, als Warenzeichen GRUR 1969, 57
—, und deutsche Waren Wettbewerb 1956, 111; 1957, 17; 1961, 21
—, und Heilmittelwerberecht WRP 1969, 214 und 366
—, und Verpackungen WRP 1966, 35
—, irreführende bei Importware GRUR 1951, 417
Frischhaltegefäß (BGH) BGHZ 52, 55 = GRUR 1969, 560 = WRP 1969, 347
Fristablauf und Wechselprotest BB 1966, 139
—, an Sonnabenden BB 1965, 1001
Frühjahrsmesse Wettbewerb 1959, 4
Führend Wettbewerb 1966, 11
—, auf der ganzen Linie Wettbewerb 1958, 71
Führende Stellung von X BB 1963, 1395
Führendes Filmtheater Wettbewerb 1958, 18
—, Textil- und Bekleidungshaus Wettbewerb 1956, 63
—, Spezialhaus Wettbewerb 1961, 63
Führendes Haus Wettbewerb 1955, 71; 1958, 28; (Der Branche:) Wettbewerb 1955, 71
Führungskraft GRUR 1965, 103
Führerschein, 10 % Ermäßigung Wettbewerb 1962, 84
Funkberater, »Ihr —« (BGH) BGHZ 21, 183 = GRUR 1951, 89
Funkmietwagen (BGH) GRUR 1965, 607 = WRP 1965, 326
Funktionsrabatt Betrieb 1961, 1313
Funkzentrale GRUR 1969, 119
Furnier, Werbung für — BB 1964, 1101
Furnierdruck BB 1963, 1154
Furniergitter (BGH) GRUR 1962, 354
Fusionskontrolle BB 1969, 1405; 1970, 5; WRP 1970, 170; JurA 1970, 492; (Literatur:) GRUR 1970, 625
—, und GWB WRP 1970, 63, 248 und 302
—, und Rechte der Aktionäre BB 1970, 629

G

Ganz, »— Köln« Wettbewerb 1957, 44
Garantie auf Lebenszeit Wettbewerb 1959, 33
—, als Werbemittel Betrieb 1950, 250; MA 1953, 287; Gutachten Nr. 2/1950; WRP 1965, 155
—, als Zwangsmittel Wettbewerb 1960, 54
—, unbefristete Wettbewerb 1956, 76
—, 12 Jahre — Wettbewerb 1958, 56
—, 25 Jahre — WRP 1958, 151
—, für Gebrauchtwagen Wettbewerb 1967, 31
Garantiekarte für Gebrauchtwagen Wettbewerb 1967, 31
Garantiert, Erfolg — Wettbewerb 1957, 56
Garantievertrag, Abgrenzung zur Bürgschaft im kaufmännischen Leben BB 1964, 193
Gasthof und Metzgerei Wettbewerb 1966, 40
Gaststätten-Ausschließlichkeitsvertrag von Verpächter und Brauerei zu Lasten des Pächters GRUR 1966, 277 = WRP 1966, 169
Gaststättenbezeichnung WRP 1956, 196; BGHZ 24, 239 = GRUR 1957, 547 = WRP 1957, 266; GRUR 1957, 554 = WRP 1957, 304; WRP 1960, 307
—, Hähnchenbar WRP 1966, 110
—, Schutzbereich innerhalb einer Großstadt WRP 1970, 262
—, Treppchen WRP 1970, 262
—, mit Vereinsnamen WRP 1970, 271
—, Zulässigkeit der Eintragung von Warenzeichen als — Mitt. 1970, 65
Gastwirte, Abstandszahlung BB 1966, 98
Gastwirtschaft, Mischbetriebe, Saisonbetriebe BB 1964, 1192
Gaswerke in der Werbung Wettbewerb 1961, 2
Gattungsbegriff, als Warenzeichen und seine Verwendung BB 1965, 1002
Gattungsbezeichnung, Entwicklung zur — GRUR 1929, 421; BB 1962, 82
Gattungsbezeichnung »Schweizer Käse« Wettbewerb 1957, 56
—, Verwechslungsfähigkeit und Geschäftsbezeichnungen Wettbewerb 1956, 127
—, und Namensfunktion GRUR 1955, 95
Gattungsmäßige Verwendung eines Zeichens GRUR 1964, 84
Gattungsname, vom Warenzeichen zum — MA 1967, 392
Gebäudeabbildungen, Werbung mit — BB 1952, 386; Wettbewerb 1957, 25; 1958, 14 und 32; 1970, 24
—, Kölner Dom Wettbewerb 1958, 32; GRUR 1954, 210
Gebietsschutz, Absoluter — (Patente) WRP 1968, 214; WRP 1969, 441
—, Abkommen über — und GWB WuW 1968, 695
Gebr. WRP 1960, 348
Gebrauchsmuster
—, für stilvolle Gebrauchsgegenstände BB 1964, 1316
—, liegt in der Anmeldung eines — eine unerlaubte Handlung? GRUR 1963, 234
—, Löschung, Rückwirkende Kraft MDR 1963, 912
—, Neuheitsbegriff WRP 1957, 153 und 192
—, nur für Erfindungen? GRUR 1963, 405
—, Pfändung WRP 1960, 291
—, Raumform GRUR 1961, 118
—, technische Vorteile GRUR 1957, 213 = WRP 1957, 151
—, Schutzumfang GRUR 1957, 118
—, und Verletzungsprozeß NJW 1963, 1548; GRUR 1954, 244
—, und Schutzgegenstand GRUR 1958, 270 = WRP 1957, 148
Gebrauchte . . . Wettbewerb 1957, 109

—, Ware, Notwendigkeit der Kenntlichmachung Wettbewerb 1961, 17
Gebrauchtwagen, Werbung für — WRP 1965, 435
—, und Inzahlungnahme NJW 1960, 1853
Gebrauchtwagenhalle BB 1964, 573
Gebrauchtwagenhändler, Neuartige Werbemethoden WRP 1965, 435
—, Werbung mit Bestand WRP 1965, 435
—, Werbung mit Finanzierung des Urlaubs Wettbewerb 1966, 1
Gebrauchtwagenpreise BB 1964, 1319
Gebrauchtwagenzentrale WRP 1961, 356
Gebühren, Verwendung des Wortes — durch Privatunternehmen Wettbewerb 1957, 51
Gebühren freier Berufe und Preisstop BB 1964, 1105
Gedenkmappen WRP 1962, 236
Gefährdung fremden Rufes, (bei Ersatzteilhandel) BB 1966, 672
Gefühlsbetonte Werbung JR 1953, 101; Wettbewerb 1956, 20; GRUR 1954, 212; WRP 1957, 296; Gutachten Nr. 1/1965; WRP 1965, 140; BB 1965, 180; Wettbewerb 1967, 15; GRUR 1968, 43; Wettbewerb 1968, 33; 1969, 32; GRUR 1970, 399; WRP 1970, 37
Gegendarstellung nach § 11 PresseG 1970, 399; WRP 1970, 37; (sozialrechtliche Tatbestände und —:) GRUR 1970, 399
Gegenmaßnahmen, Androhung von — Wettbewerb 1956, 99
Gegenüberstellungen, Bildliche —, die den Eindruck eines Vergleichs erwecken NJW 1963, 1680
Geheimerfindung GRUR 1969, 155
Geheimes Fachwissen und seine Auswertung GRUR 1970, 5
Geheimpreise Int. Wettbewerb 1963, 17
Geheimrabatte Int. Wettbewerb 1963, 17
Geheimrezepte BGHZ 16, 172 = GRUR 1955, 388 = WRP 1955, 196
Geheimverfahren WRP 1957, 216
Geldspenden Wettbewerb 1959, 81
—, Spendenaufruf Wettbewerb 1968, 33
Gelegenheitskauf Wettbewerb 1963, 33
Gema, Rechtsfragen GRUR 1953, 78; 1954, 181; NJW 1954, 297
Gemafrei, Werbung mit — WRP 1963, 163; BB 1970, 1068 = GRUR 1970, 521
Gemeinnützige Schwerbeschädigten-Werkstätten Wettbewerb 1969, 47
Gemeinschaftskataloge mit Preisangaben WRP 1968, 201
Generalklausel, Verfassungskonforme Auslegung BB 1970, 1361
—, Prinzip der — im Wettbewerbsrecht Wettbewerb 1970, 37
Gemeinschaftswerbung, durch Kataloge WRP 1968, 201
Generalunkosten, »15 % weniger —« Wettbewerb 1964, 24
Generalversammlungsbeschluß (Genossenschaft), Nichtigkeit und Anfechtbarkeit BB 1968, 1260
Generalvertreter GRUR 1956, 553 = WRP 1957, 257; BB 1970, 593
—, und Alleinvertriebsrecht NJW 1970, 1040 = MDR 1970, 584
Genossenschaft in der Werbung WRP 1959, 25
Genossenschaftliche Rückvergütung (BGH) GRUR 1964, 146 = WRP 1964, 14
Gentlements agreement BB 1964, 410
—, und GWB WuW 1963, 698; 1969, 685
Geographische Fragen
—, geographische Bezeichnungen in Firmen WRP 1960, 349

G

G

—, geographische Bezeichnungen, Schutz durch zweiseitige Abkommen GRUR Ausl. 1964, 499
—, geographische Firmenzusätze ohne Beziehung BB 1964, 1144; WRP 1966, 245; (DIHT:) BB 1967, 1110
—, Herkunftsangaben WRP 1957, 333; BB 1960, 673; GRUR 1963, 169 und 236; GRUR 1958, 39 = WRP 1957, 332; WRP 1970, 354
—, Irreführung durch örtliche Bezeichnungen WRP 1956, 251
—, »Kölsch« BB 1970, 859 = WRP 1970, 354 = GRUR 1970, 517
—, Örtliche Bezeichnungen WRP 1956, 152
—, Örtliche Bezeichnungen, Herkunftsangabe oder Beschaffenheitsangabe? WRP 1968, 431
—, Ortsangaben und Namensschutz GRUR 1955, 441; Wettbewerb 1958, 43
—, Ortsangaben als Hinweis auf Herstellungsart GRUR 1956, 550 = WRP 1956, 251
—, Ostdeutsche Ortsangaben GRUR 1950, 109; NJW 1950, 374; Wettbewerb 1956, 70; WRP 1956, 127
—, Schutz der geographischen Herkunftsangabe von besonderem Ruf GRUR Ausl. 1962, 381
—, Verwendung geographischer Firmenbestandteile GRUR 1964, 314 = WRP 1964, 131

Geographische Fragen, Einzelfälle
—, Balkan-Restaurant BB 1967, 1101
—, Berliner Apotheke BB 1964, 1144
—, Berliner Weiße WRP 1968, 431
—, Bielefelder Wäsche GRUR 1951, 285
—, Bremer Kaffee WRP 1956, 241
—, Dänischer Schweizer Käse Wettbewerb 1957, 56
—, Discounthaus mit geographischem Zusatz BB 1964, 1145
—, Dresdner Christstollen Wettbewerb 1956, 23
—, »echt« als geographischer Hinweis BB 1964, 105; s. auch unter echt
—, Frankfurter Würstchen WuW 1955, 480
—, Gabelsberger Fahrschule BB 1964, 1145
—, Hamburger Volksbank GRUR 1968, 702
—, Hannover's Pelzhaus WRP 1964, 132
—, Hollandkleidung Wettbewerb 1968, 25
—, Holländische Keksfabrik Wettbewerb 1957, 89
—, Hollywood Schaumbad GRUR 1963, 482
—, Immobilien mit Ortsbezeichnungen BB 1966, 1248; GRUR 1968, 150
—, »Kauft am Ort«-Werbung Wettbewerb 1957, 24; WRP 1958, 74
—, Möbelhof Spandau BB 1963, 1397
—, München-Budapest-Belgrad Wettbewerb 1955, 63
—, nach Bielefelder Schnitt Wettbewerb 1955, 22
—, nach Nürnberger Art Wettbewerb 1957, 24
—, Offenbacher Lederwaren Wettbewerb 1955, 63
—, Oldenburger Gebrauchtwagenhalle BB 1964, 573
—, Orginal Schweizer Kupferwaren Wettbewerb 1957, 53
—, Ost-West-Fragen GRUR 1950, 109; NJW 1950, 374; GRUR 1956, 365
—, Rosenheimer Gummimäntel GRUR 1958, 39 = WRP 1957, 332
—, Rügenwalder Teewurst NJW 1956, 589 = GRUR 1956, 270 = WRP 1956, 127

—, Samos MDR 1970, 396
—, Schweizer Entwurf Wettbewerb 1957, 37
—, Schweizer Kupferwaren Wettbewerb 1957, 53
—, Schweizer Marke Wettbewerb 1957, 39
—, Schweizer Käse, Dänischer Wettbewerb 1957, 56
—, Schwedengurte BB 1966, 1077
—, US-Bestände BB 1964, 195
—, Verkauf für Köln Wettbewerb 1956, 8
—, Wie in Amerika Wettbewerb 1957, 104
—, Wiener Strickmoden Wettbewerb 1955, 80
Geprüft WRP 1968, 239
Gerichtsstandsvereinbarungen im internationalen Rechtsverkehr NJW 1959, 1470; (Einschränkungen:) BB 1970, 1185 und 1317; (in allgemeinen Geschäftsbedingungen:) NJW 1970, 2236
Gerichtsvollzieher, Anzeigenwerbung Wettbewerb 1957, 33
Geritzt, Eiche — Wettbewerb 1957, 38
Geschäftsaufgabe, Bezeichnung einer Geschäftsverlegung als — BB 1960, 1150
Geschäftsbedingungen, allgemeine Betrieb 1957, 481; Betrieb Beilage 10 1957 S. 1 ff.; JurA 1969, 87; (Einschränkungen von Gerichtsstandsvereinbarungen:) BB 1970, 1185; (durch Rechtsverordnungen?:) BB 1970, 1017
—, Geschäftsschreiben als Grundlage der Geltung der — BB 1968, 68; NJW 1968, 1
—, Irreführung durch — Wettbewerb 1960, 19
—, nicht kartellrechtlich angemeldete BB 1965, 1251
—, Unterwerfung unter — BB 1967, 129
Geschäftsbereich, örtlicher Schutzbereich NJW 1952, 1197
Geschäftsbezeichnungen, Grundsätzliches Betrieb 1957, 539
—, und Verstoß gegen § 3 UWG Wettbewerb 1966, 12
Geschäftsformulare WRP 1959, 163
Geschäftsgeheimnisse Betrieb 1952, 798; WRP 1958, 182; 1960, 241; s. auch Betriebsgeheimnisse
—, in Patentanmeldungsakten Mitt. 1965, 104
—, im Strafprozeß BB 1963, 1160
Geschäftslokal, Werbung vor dem — der Konkurrenz Wettbewerb 1955, 79
Geschäftsschädigende Äußerungen, Wahre — GRUR 1955, 442; WRP 1968, 403; 1969, 100; (Kredithaie:) GRUR 1969, 307; WRP 1969, 100
Geschäftsschädigende Reklame Wettbewerb 1958, 42
Geschäftsschädigende Werbung durch Presseinformation WRP 1970, 157
Geschäftsverkehr, Regelmäßiger — und Ausverkauf WRP 1969, 425
Geschäftswert bei Änderung der Unternehmerform BB 1969, 1428
Geschäftszeichen und Werbesprüche WRP 1967, 29
—, (§ 16 UWG) und Deutsch-Französisches Abkommen NJW 1969, 2087
Geschenke, Werbung durch — WRP 1956, 341; Wettbewerb 1956, 18; 1957, 47; 1961, 58
—, betriebsfremde Ware Wettbewerb 1956, 18
—, Irreführung über den Umfang BB 1968, 1352
—, Verschenken von Handelsware WRP 1957, 364
—, Weihnachtsgeschenke für Außenstehende Wettbewerb 1956, 13 und 17
—, zu Werbezwecken Wettbewerb

G

1956, 19; 1957, 90; WRP 1956, 341; Wettbewerb 1958, 90; WRP 1963, 164
Geschenksparbücher Wettbewerb 1956, 19
Geschenkzusage bei Einladungen für Werbeveranstaltungen WRP 1964, 51
Geschmacklose Blickfangreklame BB 1969, 106
Geschmacklosigkeiten in der Werbung Wettbewerb 1956, 45
Geschmacksmuster
—, Anforderungen an den Beweis der Neuheit BB 1966, 473
—, Eignung und technische Zwecke WRP 1963, 375
—, Erkennen der ästethischen Form BB 1967, 94
—, Kombination GRUR 1958, 613 = WRP 1958, 316
—, für Möbelerzeugnisse GRUR 1958, 97 = WRP 1958, 122
—, Neuheitsbegriff BGHZ 50, 340 = GRUR 1969, 90
—, Neuheit im — GRUR 1963, 407; GRUR 1968, 90
—, subjektive Voraussetzung der Nachbildung WRP 1961, 351
—, Schutz einer Unterkombination WRP 1963, 309
—, Teppichmuster WRP 1958, 125
—, und § 1 UWG WRP 1965, 375
—, und Werke der angewandten Kunst GRUR 1968, 530
—, Verwechslungsgefahr zwischen Bildzeichen und plastischer Form GRUR 1966, 681
—, Wirksamkeit WRP 1963, 309
Ges. gesch. Wettbewerb 1956, 128; WRP 1957, 114; GRUR 1957, 358 = WRP 1957, 171; WRP 1960, 134
Gesellschaft, Stille — mit der eigenen GmbH GmbHRdsch. 1970, 155
Gesellschaftsform, Änderung der — BB 1969, 1005
Gesellschaftsrecht, Entwicklung des — BB 1968, 717; (neuere Entwicklung: KG, Treuhand u. ähnl.:) BB 1968, 1181
—, Mitgliedschaft einer Personengesellschaft bei einer anderen Personengesellschaft Betrieb 1969, 823
—, und EWG Betrieb 1969, 1001
Gesellschaftsverträge mit Minderjährigen BB 1966, 365
—, Änderungen BB 1968, 764
Gesetzesverstoß und unerlaubte Handlung i. S. des § 1 UWG GRUR 1968, 705
Gestohlen WRP 1969, 420; OLGZ 70, 35; BB 1970, 860
Gesundheitswerbung bei Spirituosen BB 1965, 181
Getarnte Werbung WRP 1963, 17
Getränkebezug (BGH) GRUR 1968, 219 = WRP 1968, 64
Gewerbebetrieb, Zuordnung zum Handwerk oder zur Industrie BB 1961, 506
—, Recht am eingerichteten und ausgeübten — Festschrift für *Hippel* 1967, 665
—, bei freien Berufen GRUR 1962, 500
Gewerkschaften, Einschaltung in die Werbung Wettbewerb 1963, 13; NJW 1963, 656; BB 1963, 709; 1965, 1321
Gewichtseinheiten, Unterlassungsverpflichtungen bei Verstoß gegen Vorschriften über — BB 1964, 448
Ginsengwurzel (BGH) BGHZ 35, 363 = GRUR 1962, 105
Glassteine (BGH) GRUR 1969, 51 = WRP 1968, 332
Gleichartigkeit
—, Arzneimittel-Nährmittel WRP 1959, 96

—, Grundsätze für die Annahme einer — WRP 1961, 226
—, Krawatten — Herrenhüte WRP 1958, 311
—, Körperpflege — Augenpflegemittel WRP 1957, 49
—, Teppiche — Polstermöbel WRP 1958, 154
—, warenzeichenrechtliche (Begriff) WRP 1957, 368
—, zwischen Halb- und Fertigerzeugnissen WRP 1958, 278
Gleichen, »Ihr —?« Wettbewerb 1955, 81
Gleichgewichtslage, Wettbewerbliche — WRP 1959, 60
Gleichnamigen-Recht, s. Namensgleiche
—, GRUR 1929, 1081; 1930, 923
Gleitklausel (Genehmigungspflicht) BB 1968, 568 und 930
Gliedermaßstäbe (BGH) BGHZ 42, 340 = GRUR 1965, 327
Globalzession, verlängerter Eigentumsvorbehalt und vertikale Forderungsaufteilung BB 1968, 1267
Glockenpackung (BGH) GRUR 1962, 415 = WRP 1962, 200
Glückslose, Verteilung auf der Straße WRP 1962, 92
Glückspfennig Wettbewerb 1956, 39
Glücksschlüssel Wettbewerb 1955, 53
Glühlampenkartell (BGH) GRUR 1966, 344 = WRP 1966, 270
Glutamal (BGH) GRUR 1966, 445 = WRP 1966, 340
GmbH, Firmenfortführung nach Ausscheiden von Gesellschaftern BB 1970, 563
—, Einmann-GmbH und Insichgeschäfte DNotZ 1970, 476
—, Geschäftsführer, Abberufung GmbH-Rsch 1970, 221
—, G.m.b.H. MDR 1968, 847
—, Konzerngebundene — GmbHRdsch. 1967, 209
—, Rechtsprechung des BGH zur — WM 1969, 1154
—, Vorkaufsrecht und Genehmigungsvorbehalt bei Übertragung von Geschäftsanteilen einer — BB 1969, 1418
—, Umwandlung in eine GmbH & Co GmbHRdsch. 1969, 261
GmbH & Co Betrieb 1966, 529; GmbHRdsch. 1967, 45
—, als Handelsgesellschaft BB 1970, 1159 und 1276
—, Firma der — Betrieb 1956, 493; BB 1966, 1327
—, Gesellschaftsbeschlüsse BB 1966, 1461
—, und Handwerksrolle BB 1970, 1277
—, Vor-GmbH GmbHRsch 1970, 170
—, Warenzeichen als Sachfirma NJW 1967, 1948; 1968, 733
GmbH & Co KG, Doppelstöckige — BB 1970, 439; GmbHRsch 1969, 242; BB 1964, 1351; 1966, 1197
—, Dreistufige BB 1970, 1159
—, Gesellschaftssteuer BB 1970, 875
—, Haftung der Kommandisten-GmbH GmbHRsch 1970, 182
—, Vertretung durch die GmbH MDR 1970, 398
—, Wechselzeichnung MDR 1970, 145
—, Selbstkontrahieren NJW 1970, 33 = JZ 1970, 291; MDR 1970, 398
Goldauflage, Feingehaltsangabe Wettbewerb 1956, 78
Goldener Oktober (BGH) GRUR 1969, 295 = WRP 1969, 154
Goldmedaillen Wettbewerb 1955, 47 und 66
Goldmünzen, Nachprägung WRP 1963, 91
—, Nachprägung von Reichsgoldmünzen BB 1964, 1364
Goodwill GRUR 1968, 520

G

—, Begriff und Berechnung des Schadensersatzes BB 1970, 147
—, und freie Berufe NJW 1956, 1909
Grabsteinaufträge GRUR 1967, 430
Gratislieferung einer Zeitung WRP 1957, 227
Gratisprobe Wettbewerb 1961, 11
Gratisverlosung (BGH) GRUR 1967, 202 = WRP 1967, 60
Gratisverlosung WRP 1962, 233; WRP 1970, 60
Gratisverteilung von Gutscheinen WRP 1962, 46
—, von Originalware zu Probezwecken BB 1965, 1242; 1966, 513
Gratiswarenverteilung WRP 1962, 46
Gratulation bei Kaufabschluß Wettbewerb 1958, 80
Graue Region NJW 1963, 1525 Anm. 4
Graue Zone NJW 1963, 1525 Anm. 4; BB 1970, 1512
Grauer Markt (BGH) GRUR 1964, 629 = WRP 1964, 315
—, WRP 1964, 357; 1967, 80; MA 1967, 3
—, Begriffsbestimmung WRP 1967, 80
—, Belieferung des — Betrieb 1961, 1315
—, Gründe für einen — WRP 1961, 301
—, Großhändler verkauft an Letztverbraucher WRP 1962, 48
—, Stellungnahme des Gesamtverbandes des deutschen Groß- und Einzelhandels WRP 1962, 42
—, und Beweislast WRP 1964, 45 = NJW 1964, 4
—, und Eigentumserwerb VersR 1964, 45
—, Zweckmäßigkeit einer Anfrage beim BKA WRP 1964, 25; WRP 1962, 48
Grieß WRP 1960, 135
Große Wettbewerb 1957, 65
—, »Das ganz — Fachgeschäft der Stadt« Wettbewerb 1958, 60 und 113
—, das — Netz unserer Verkaufsgeschäfte Wettbewerb 1957, 109
—, die — Marke Wettbewerb 1958, 12
—, »ganz — Auswahl« Wettbewerb 1958, 94
Große Dose Wettbewerb 1956, 49
Große Leistung (bei fehlerhafter Ware) Wettbewerb 1962, 19
Großer Verkauf, s. Großverkauf
Größerer Anteil an . . . Wettbewerb 1959, 56
Größte
—, Bielefelds größtes Maklerbüro GRUR 1968, 150
—, Deutschlands größte Illustrierte GRUR 1955, 594
—, Drittgrößte Zeitschrift der Welt WRP 1963, 62
—, eines der — Unternehmen in Europa GRUR 1969, 415; WRP 1969, 239; Betrieb 1969, 611; VersR 1969, 521
—, eines der größten dieses Geschäftszweiges GRUR 1969, 415 = WRP 1969, 239
—, eine der größten Kaffeeröstereien Europas Wettbewerb 1970, 4
—, Europas GRUR 1969, 415 = WRP 1969, 239
—, Fachzeitschrift WRP 1958, 25; 1963, 62; (Luftfahrt-Fachzeitschrift:) GRUR 1968, 440 = WRP 1968, 288
—, Größtes Fachgeschäft am Platze (der Stadt) WRP 1955, 23; 1961, 41
—, Möbel- und Einrichtungshaus Deutschlands WRP 1961, 186
—, Schuhhaus Wettbewerb 1960, 20; WRP 1962, 133
—, Spezialhaus Deutschlands Wettbewerb 1956, 73
—, Spezialzeitschrift WRP 1963, 62

G

Größenangaben und ihre relative Richtigkeit BB 1965, 1243, 1244
Großauswahl (Spirituosen) Wettbewerb 1961, 26
—, unter Spitzenerzeugnissen BB 1960, 1113
Großeinkauf Wettbewerb 1957, 126; GRUR 1968, 320
Großeinkaufsring Wettbewerb 1956, 47
Großhandel (Allgemeines und Begriff) JW 1930, 1409; WRP 1959, 287; Betrieb 1961, 1313; 1963, 1749; Wettbewerb 1963, 20; NJW 1963, 483; WRP 1968, 428; BGHZ 50, 169 = GRUR 1968, 595 = WRP 1968, 440
—, Abgabe zu Großhandelspreisen WRP 1968, 249
—, Auch — WRP 1959, 280 und 287; 1960, 30; Betrieb 1961, 1314
—, Breit — WRP 1968, 428
—, Bezeichnung — neben Einzelhandel MDR 1961, 417; WRP 1961, 47; NJW 1963, 863; BB 1966, 223; Wettbewerb 1968, 47; BB 1970, 1369; WRP 1970, 451; 1971, 47
—, Entlastungssatz: »Wir setzen voraus, daß Sie Wiederverkäufer sind« Wettbewerb 1961, 65
—, Firmenzusatz — BB 1964, 573
—, Funktion als — WRP 1961, 126; Betrieb 1961, 1313; WRP 1968, 428
—, Irreführung durch die Bezeichnung — Wettbewerb 1970, 13
—, mit Zusatz »Discountgeschäft« Wettbewerb 1962, 74
—, »Noch günstiger als im —« Wettbewerb 1959, 3
—, —preis, »Zu Großhandelspreisen« WRP 1968, 428
—, Preisauszeichnungspflicht WRP 1968, 430
—, Schein — Betrieb 1961, 1314
—, »So günstig wie beim —« Wettbewerb 1959, 55
—, Trennung zu Einzelhandel WRP 1968, 428
—, und Direktverkauf Betrieb 1961, 1315
—, und Firmenbezeichnung WRP 1968, 429
—, und Rabattverstoß WRP 1968, 440
—, Was versteht der Letztverbraucher unter —? NJW 1964, 484
—, Werbung mit der Bezeichnung — GRUR 1965, 431
—, Zusatz in der Firma NJW 1964, 483
Großhandelspreis Wettbewerb 1959, 3 und 47; WRP 1959, 324
—, und Direktpreis WRP 1960, 274
Großhandelspreise Betrieb 1961, 1315; WRP 1968, 429; 1959, 325
—, »und 4 %« WRP 1956, 189
—, »Zu —« Wettbewerb 1959, 20
Großhandelsdirektpreise Wettbewerb 1959, 91
Großhandelsrabatt, Erschleichen durch Einzelhändler Wettbewerb 1958, 17
Großhandelstätigkeit Betrieb 1961, 1316
Großhändler WRP 1957, 203
—, Auch — Betrieb 1961, 1314
—, Breit — WRP 1968, 428
—, Bezeichnung der Lieferanten als — im Kaufscheinwesen WRP 1964, 354
—, Schein — Betrieb 1961, 1314
—, Wann ist der Einzelhändler Beauftragter des — i. S. des § 13 Abs. 3 UWG? WRP 1962, 23; BB 1960, 802
Großhandwerker als Kaufleute BB 1953, 280
Großmarkt WRP 1968, 38 und 429
Großlager WRP 1955, 150; BB 1960, 1113; WRP 1968, 429; Wettbewerb 1970, 13

G

Großrösterei Wettbewerb 1955, 63
Großveranstaltung WRP 1957, 83
Großverbraucher NJW 1965, 1505
Großverkauf WRP 1958, 113
Großverkaufshalle Wettbewerb 1964, 18
Großvertrieb Wettbewerb 1961, 24
Gründerbildnis (BGH) BGHZ 36, 252 = GRUR 1962, 310 = WRP 1962, 331
Gründungsdatum Wettbewerb 1957, 7
Gründungsjahr, Werbung mit — BB 1962, 734
Gummiband, dauerelastisches — Wettbewerb 1956, 77
Günstiger, »Noch — als im Großhandel« Wettbewerb 1959, 3
Gutachten in der Werbung WRP 1955, 241; 1956, 121; Wettbewerb 1957, 116; 1959, 83; WRP 1961, 79; NJW 1961, 508; GRUR 1962, 45 = WRP 1961, 307; Wettbewerb 1962, 20; GRUR 1969, 191
Guter Glaube im Wettbewerb MuW 1931, 609
Gutscheine Wettbewerb 1955, 31 und 45; 1956, 72; GRUR 1953, 109; (Massenverteilung:) BGHZ 23, 365 = GRUR 1957, 365 = WRP 1957, 134; NJW 1963, 537
—, Hersteller — BB 1968, 649; 1969, 72
—, für werbende Kunden Wettbewerb 1955, 45
—, unentgeltliche Verteilung NJW 1965, 1325
—, rechtliche Natur WRP 1960, 186
—, Reise — Gutachten BJM MA 1952, 250; MA 1951, 390; 1953, 140; BB 1953, 44
—, Sammel — BB 1953, 71; MA 1953, 126; Wettbewerb 1955, 83; 1957, 54; BB 1970, 869
—, Verteilung von Ware durch Gratis — WRP 1962, 46
—, und Vertreterbesuche GRUR 1968, 648 = WRP 1968, 297
—, wenn Inserat vorgelegt werden soll Wettbewerb 1961, 64
—, und wahlweise Bargeld WRP 1962, 140
—, und ZugVO GRUR 1953, 109
Gutscheinwerbung Gutachten Nr. 1 und 4/1949; Nr. 4/1951; Nr. 3/1957; BGHZ 23, 365 = GRUR 1957, 365 = WRP 1957, 134; GRUR 1957, 363 = WRP 1957, 139; WRP 1958, 27; Wettbewerb 1959, 73; 1960, 62; WRP 1960, 78; Wettbewerb 1960, 58 und 73; GRUR 1953, 104; 1965, 321
—, und Vertreterbesuch BB 1968, 725; GRUR 1968, 648
Güterichtlinien der Herstellerverbände BB 1957, 805
Güteschutz und Zeichenschutz GRUR 1968, 570
Gütevorstellungen als Schutzvoraussetzungen BB 1966, 7
—, Ausbeutung von — zu eigenen Zwecken BB 1967, 261
Gütezeichen GRUR 1952, 3; Betrieb 1952, 234; GRUR 1953, 517; BB 1953, 128; Wettbewerb 1956, 22
—, Fabrikmarke als — Wettbewerb 1956, 22; 1958, 92
—, Garantiehaftung BB 1964, 322
Gütezeichengemeinschaften GRUR 1932, 205; 1968, 570; BB 1968, 581
—, und EWG WuW 1962, 762
Gütezeichenverbände GRUR 1968, 570
Gütezeichenwerbung Betrieb 1962, 234

Haarnetz, Unsichtbares — Wettbewerb 1956, 49
Haferschleim (BGH) GRUR 1958, 32
Haftung für Angestellte Wettbewerb 1955, 36
Hähnchen-Bar WRP 1966, 110
Halazon (BGH) GRUR 1969, 190 = WRP 1968, 369
Halb- und Fertigerzeugnisse, Gleichartigkeit GRUR 1958, 437 = WRP 1958, 278; BB 1966, 277
Halle MDR 1969, 578
—, als Firmenzusatz WRP 1967, 204
Hält, »Ware —« Wettbewerb 1958, 95
Hamburger Volksbank (BGH) GRUR 1968, 702
Handarbeit Wettbewerb 1956, 130; 1958, 80
Handeln, »Wir lassen mit uns —« Gutachten Nr. 2/1949
Handelsbilanz und Steuerbilanz BB 1968, 553
Handelsbrauch, Abgrenzung zur Berufsauffassung NJW 1969, 1293 und 1810
—, Entstehung und Feststellung GRUR 1957, 84 = WRP 1957, 156; BB 1966, 8
—, Inhalt NJW 1969, 1810
—, Mißachtung des — und Verstoß gegen § 1 UWG BB 1963, 1078
—, im Brauereigewerbe und Beachtung durch Bierverleger WRP 1969, 378
Handelsbräuche, Empfehlung von — BB 1966, 555
Handelsempfehlung (Bericht BKA) BB 1966, 555
Handelsgetreue Qualität Wettbewerb 1956, 78
Handelsgewerbe, Begriff BB 1970, 10
Handelsklassengesetz BGBl. 1968 I S. 1303
Handelsmarke MuW XXVI, 276; WRP 1955, 91; 1957, 345; 1958, 43
—, Flaschenbier WRP 1959, 91
—, geheime — WRP 1967, 258
—, im Lebensmittelrecht WRP 1961, 183
—, und BGH MA 1967, 57
—, und Fabrikmarke WRP 1957, 345; 1962, 372
Handelsnamen, Schutz des — GRUR Int. 1970, 228
Handelsregister, Übersicht über fehlerhafte Eintragungen DNotZ 1957, 393
Handelsspannen, Fortfall verteuernder — Wettbewerb 1958, 96
—, überhöhte — MA 1961, 117
Handelsstufe, Werbung mit der — NJW 1970, 1345
Handelsübliche Nebenleistungen WRP 1965, 1
Handelsübliche Verkaufseinheiten BB 1968, 692
Handelsüblichkeit WRP 1956, 214
—, nach der Preisauszeichnungs-VO BB 1965, 1371; 1968, 1097 und 1098
Handelsvertreter, Allgemeines MDR 1953, 530; JZ 1954, 726
—, Alleinverkaufsabrede NJW 1964, 151
—, Anweisung, bestimmte Kunden nicht zu besuchen BB 1965, 926; (einen Wettbewerbsverstoß zu begehen:) NJW 1970, 2294
—, Buchauszug BB 1955, 181; 1965, 1047; s. auch diesen
—, Entschädigung für Wettbewerbsbeschränkungen BB 1966, 932
—, eigene Werbung WRP 1959, 327
—, gesetzlicher und vertraglicher Provisionsanspruch BB 1963, 567
—, Nachschieben von Gründen bei Kündigung BB 1963, 917
—, Nichtigkeit einer Vereinbarung,

H

H

Ersetzung durch die gesetzliche Regelung NJW 1964, 350
—, Provisionsanspruch bei fehlgeschlagenem Abzahlungsgeschäft Betrieb 1964, 467; bei Bestellungen für verbundene Unternehmen oder Zweigniederlassungen BB 1970, 1327
—, Provisionsabrechnung Betrieb 1970, 1473
—, Stellung im Konkurs Betrieb 1957, 349
—, Treuepflicht und Konkurrenzabsprache GRUR 1968, 654 = WRP 1968, 184
—, und nebenberufliche Tätigkeit BB 1966, 1212
—, Übersicht über das Recht des — in der Rechtsprechung BB 1964, 271; WM 1969, 1122
—, Untervertreter VersR 1970, 250
—, Verhandlungen des Unternehmers mit neuem — vor Kündigung des alten Betrieb 1964, 1841
—, Verjährung der Ansprüche BB 1955, 1062
—, Weisungsrecht gegenüber — BB 1966, 264 und 265
—, Wettbewerbsverbote, s. diese
—, Wettbewerbsverstoß BB 1965, 809
—, Zuständigkeit für Provisionsansprüche NJW 1964, 497

Handelsvertreter/Ausgleichsanspruch
NdsRpfl. 1961, 223; Betrieb 1963, 1703; BB 1963, 711 und 1147; VersR 1964, 1129; BB 1964, 1312, 1399 und 1400; NJW 1965, 1134 und 2352; Betrieb 1965, 588; BB 1965, 393 und 472; 1967, 977 und 1359
Ferner: BB 1957, 1164; BB 1957, 663 und 1059; 1956, 420; VersR 1968, 966; WM 1969, 1122; BB 1970, 780; MDR 1970, 976
—, Abwälzung auf Nachfolger Betrieb 1969, 291
—, Arbeitsunfähigkeit und — VersR 1969, 1136
—, Ausgleichsanspruch, wenn geworbene Kunden keine Wahl haben (1 Zeitung am Ort) BB 1963, 1313
—, Ausgleichsanspruch und Entschädigungsanspruch BB 1961, 1220
—, Ausgleichsanspruch bei verschuldetem tötlichen Unfall BB 1964, 328
—, bei langlebigen Wirtschaftsgütern BB 1970, 780
—, Billigkeit MDR 1970, 976
—, bei Aufhebung des Vertrages durch den Handelsvertreter BB 1969, 460
—, des Eigenhändlers BB 1961, 809; MDR 1970, 132
—, des Vertragshändlers BB 1970, 865; NJW 1970, 1769
—, der Erben VersR 1965, 553
—, Bausparkassenvertreter BB 1966, 269
—, Berechnung NJW 1964, 502; (nach § 89 b HGB:) NJW 1969, 769
—, Bemessung und Reinverdienst BB 1960, 1261
—, Doppeltätigkeit für branchegleiches Unternehmen BB 1960, 1179
—, Entschädigung für Wettbewerbsbeschränkungen BB 1965, 922; WM 1969, 1122
—, Entschädigung in anderer Form als Geld GRUR 1963, 61
—, Frist zur Geltendmachung BB 1965, 732; (Ausschlußfrist:) BB 1968, 691
—, Fristwahrung durch Klageeinreichung BB 1970, 637; NJW 1970, 1002
—, Grundsatzentscheidung des BGH BB 1965, 393
—, Generalvertreter und Ausgleichsanspruch BB 1964, 1323
—, Gründe zur fristlosen Kündigung BB 1961, 994
—, grundlose fristlose Kündigung und

— BB 1966, 1410; WM 1969, 1122; NJW 1970, 467
—, Minderjähriger BB 1964, 1020
—, Markenartikelvertreter BB 1960, 381
—, Provisionen VersR 1970, 97
—, Rückstellungen BB 1970, 27
—, Rechtsprechung des BGH über — BB 1967, 1359
—, Tankstelleninhaber NJW 1965, 248 = BB 1964, 1399; BB 1965, 472
—, und Altersversorgung BB 1966, 794
—, und bilanzmäßige Behandlung BB 1966, 1445
—, und Berücksichtigung später eingetretener Umstände BB 1965, 434
—, und Anstellung »auf Probe« 1966, 2007
—, und Nichtigkeit einer getroffenen Vereinbarung NJW 1964, 350
—, Untervertreter BB 1969, 510; NJW 1969, 1021; BB 1970, 101; NJW 1966, 888
—, Verzinsung Betrieb 1968, 1613
—, Wettbewerbsbeschränkende Wirkung Betrieb 1964, 323
Handelsvertreter/Ausgleichsanspruch/ Rechtsfragen
—, ohne vorherige Auskunft? NJW 1966, 888
—, Beweislast BB 1957, 423 und 476; 1970, 786
—, vertragliche Versorgungszusagen Betrieb 1966, 1837
Handgefertigte Handarbeit Wettbewerb 1958, 80; 1960, 8
Händlermarke WRP 1955, 91; Betrieb 1951, 444
Händlerwerbung mit Herstellermarken NJW 1969, 11
Handlungsgehilfe, Fortfall der Karenzentschädigung NJW 1964, 610
—, Wettbewerbsabreden NJW 1964, 139
Handstrickverfahren (BGH) GRUR 1960, 554 = WRP 1960, 277
Handwerker, Anbieten handwerklicher Arbeiten durch jemand, der kein — ist WRP 1965, 27, 28
—, nicht in die Handwerksrolle eingetragener — und unlauterer Wettbewerb WRP 1965, 27
—, Großhändlerwerbung Wettbewerb 1955, 54
Handwerksgerechte Verarbeitung Wettbewerb 1958, 34
Handwerksordnung BGBl. 1966 I S. 2; BB 1966, 293; 1965, 1090
Hartnäckig Wettbewerb 1963, 32
Hauptartikel eines Supermarktes GRUR 1968, 604
Haus WRP 1955, 19 und 48; 1956, 35; Wettbewerb 1957, 73; BB 1963, 663; 1966, 1242; WRP 1966, 165; BB 1969, 418
—, als Firmenzusatz WRP 1955, 48; WRP 1963, 145 = NJW 1963, 1064 = NdsRpfl. 1963, 135
—, Autohaus X-Stadt BB 1966, 1242
—, Bestattungshaus Wettbewerb 1957, 72
—, Bettenhaus WRP 1955, 19
—, Blumenhaus BB 1960, 958
—, der Hüte WRP 1961, 16
—, Discount — ; s. Discount
—, Discounthaus mit geographischer Bezeichnung BB 1964, 1145
—, Elektrohaus BB 1963, 1398
—, Fotohaus BB 1965, 518
—, Frei — Lieferung nach Ladenschluß von Einzelhandelsgeschäften BB 1963, 1438
—, führendes — der Branche Wettbewerb 1955, 71
—, führendes Spezialhaus Wettbewerb 1955, 37; 1961, 63
—, Haarhaus BB 1968, 309
—, Schuhhaus Wettbewerb 1955, 63
—, Spezialhaus Wettbewerb 1956, 73; 1955, 37

H

H

—, Spezialbettenhaus BB 1961, 501
—, Süßwarenhaus WRP 1963, 145
Hausbesuche für Bestattungsunternehmen Wettbewerb 1957, 34
—, für Grabsteinaufträge OLGZ 1969, 428
Hausfarben WRP 1955, 139; BB 1964, 1230; WRP 1965, 336; 1966, 231; BB 1966, 469; s. auch Farben
Hausmarken MA 1968, 494
Hausmitteilungen Wettbewerb 1955, 77
Hausverbot (BGH) GRUR 1966, 564 = WRP 1966, 312
Hauszeitschriften (Begriff) NJW 1963, 1673
—, Übernahme eines Zeitungsartikels in eine — Wettbewerb 1955, 77
Hautleim (BGH) GRUR 1961, 361 = WRP 1961, 154
Hausbücherei (BGH) BGHZ 21, 67 = GRUR 1957, 25 = WRP 1956, 279
Hebammen als Werberinnen Wettbewerb 1955, 20
Heidegold Wettbewerb 1956, 36
Heilmittelwerbegesetz (11. 7. 1961 — BGBl. I S. 604) WRP 1956, 158; 1957, 164 und 206; NJW 1963, 1680; WRP 1965, 424; 1966, 66; DRiZ 1966, 122
—, Erfolgsberichte NJW 1963, 2376
—, Fremdsprachenbezeichnungen WRP 1969, 366; s. auch allgemeiner Sprachgebrauch
—, Grundsätze WRP 1962, 385
—, Listenführung über verordnete Medikamente GoltdArch 70, 308
—, Preisausschreiben NJW 1963, 2375
—, Selbstbehandlungsschrift WRP 1966, 149
—, und Aufbrauchsfrist WRP 1966, 110
—, und Hauszeitschriften NJW 1963, 1673
—, und UWG JZ 1970, 422
—, Verstoß gegen — ist § 1 UWG WRP 1963, 374; WRP 1966, 7
—, Werbematerial i. S. des Art. 5 WRP 1966, 110
Heilmittelvertrieb (BGH) GRUR 1957, 606 = WRP 1957, 291
Heim-Nebenverdienst, Werbung mit — WRP 1969, 216
Heimarbeit, Werbung mit — Wettbewerb 1957, 9; WRP 1969, 216
Herabsetzende Werbung WRP 1957, 9 = GRUR 1957, 123
Herabsetzung, durch Äußerungen GRUR 1954, 333 = WRP 1955, 17
—, durch bezugnehmende Werbung Wettbewerb 1958, 2
—, durch Systemvergleich Wettbewerb 1956, 67; 1957, 22
—, durch Vergleich Wettbewerb 1957, 82
—, durch »Statt Rabatt« Wettbewerb 1955, 18
—, fremder Berufsgruppen Wettbewerb 1956, 123; 1957, 106
Herrenreiter (BGH) BGHZ 26, 349 = GRUR 1958, 408
Hellige (BGH) GRUR 1968, 212 = WRP 1968, 95
Herkunftsbezeichnungen, s. geographische Fragen
—, NJW 1956, 821
—, ausländische Bezeichnungen für deutsche Waren Betrieb 1965, 843
—, ausländische auf deutschen Waren, s. vorst.
—, als Beschaffenheitsangaben GRUR 1957, 128 = WRP 1957, 74
—, oder Beschaffenheitsangabe? WRP 1968, 431
—, geographische BB 1960, 673; s. auch geographische Fragen
—, ostvertriebener Firmen GRUR 1956, 365
—, personengebundene GRUR 1948, 242

—, Rückentwicklung zur Beschaffenheitsangabe GRUR 1957, 128 = WRP 1957, 74
—, Solingen GRUR 1928, 259
—, und täuschende Reklame GRUR Ausl. 1966, 197
—, und Zwangsaussiedlung NJW 1950, 374
Hersteller, Bezeichnung als — GRUR 1970, 185
—, direkt vom — Wettbewerb 1959, 46
—, Irreführung über Herstellereigenschaft Wettbewerb 1970, 23
—, Pat. ang. WRP 1955, 249
—, und Veredelung Wettbewerb 1956, 3
—, Treuevergütung (BGH) BGHZ 50, 207 = GRUR 1968, 707 = WRP 1968, 330
Herstellerempfehlung Wettbewerb 1956, 38
Herstellergutscheine Betrieb 1969, 72
Herstellerhaftung BB 1964, 319; 1965, 439; 1967, 1091; *Diederichsen* (1967) S. 85 ff; DRiZ 1968, 266; NJW 1968, 1593; 1969, 269 und 1754; MDR 1969, 114; BB 1969, 12; 1971, 153
—, Haftung des Zwischenhändlers MDR 1969, 41 = BB 1968, 1216
—, für verdorbene Lebensmittel Goldtd. Arch. 68, 150
—, bei unrichtiger Tetxtilbezeichnung des Verkäufers BB 1969, 770
—, bei Konstruktionsfehlern BB 1970, 1414
Herstellerkosten (Begriff) BB 1970, 116
Herstellerlieferung, Beschädigung auf dem Wege zum Wiederverkäufer BB 1968, 928
Herstellermarke, Entfernung Wettbewerb 1957, 71
—, in der Händlerwerbung NJW 1969, 1
—, und Anbringung der eigenen WRP 1961, 231
—, in der Lebensmittelbranche WRP 1961, 183
Herstellername bei Einzelhändler Wettbewerb 1955, 46
Herstellerpersonal, tätig beim Einzelhändler Wettbewerb 1959, 88
Herstellervergütung für Werbung der Großhändler BB 1969, 63
Herstellerwerbebrief für Einzelhändler Wettbewerb 1956, 29
Herstellung, Eigene — Wettbewerb 1955, 82; 1958, 23
Herstellungserfordernis eines Erzeugnisses aufgrund seiner Bezeichnung (Scotch Whisky) WRP 1969, 197
Hessisches Karlsbad Wettbewerb 1960, 66
Heute und morgen Wettbewerb 1957, 128
Hilfskräfte, Kostenlose — Wettbewerb 1960, 69
Hilft Wettbewerb 1957, 91; 1958, 13
Hochprozentig WRP 1955, 152
Hof (Möbelhof) BB 1963, 1397
Hoflieferant Wettbewerb 1959, 52
Holding-Gesellschaft WRP 1959, 184
Holländische Keksfabrik Wettbewerb 1957, 89
Holland-Kleidung Wettbewerb 1968, 25; 1970, 15
Holländische Obstbäume (BGH) GRUR 1955, 342 = WRP 1955, 40
Hollywood-Schaumbad BGH) GRUR 1963, 482
Holzfurnier aus »echtem Holz« BB 1965, 302
Holzofenbrot Wettbewerb 1966, 19
Höllenfeuer (BGH) GRUR 1966, 693 = WRP 1966, 383
Honigmarkt Wettbewerb 1961, 3
Hörzeichen Wettbewerb 1956, 96

H

Hosen »10 000 —« Wettbewerb 1963, 43
Hühneraugenbeseitigung Wettbewerb 1959, 8
Hummelfiguren (BGH) BGHZ 5, 1 = GRUR 1952, 516; (III:) GRUR 1970, 258
Hüte, Haus der — WRP 1961, 16
Hygienisch, Voll — Wettbewerb 1957, 106

Ihresgleichen, »Sucht —« Wettbewerb 1955, 81
Illustrierte als Titelblatt einer Kundenzeitschrift WRP 1963, 410
Immer dabei GRUR 1952, 584; BB 1963, 250 und 1033
Immobilien, Braunschweiger — BB 1966, 1249
—, Berliner — BB 1966, 1149
—, Fränkische — BB 1966, 1248
—, Oldenburger — BB 1966, 1249
—, Sauerland — BB 1966, 1248
Importe, Eigene — Wettbewerb 1956, 130; 1957, 25
—, und Weiterverkauf BB 1968, 488
—, zollfreie — Wettbewerb 1956, 57
Incoterms BB 1953, 931
Industrie BB 1965, 803; Wettbewerb 1957, 61
Industrie- und Handelskammer, Selbstverwaltungsrecht BB 1966, 1420
—, Beitragsfestsetzung BB 1969, 1328
—, Beteiligung bei Eintragungen im Handelsregister BB 1965, 1208
Informationsinteresse und Wettbewerbsäußerungen GRUR 1968, 626; 1969, 522
Informationsverträge WRP 1964, 232
Infrastruktur (Begriff und Bedeutung) BB 1968, 1392
Ingenieur, Kundendienst — Wettbewerb 1956, 68
Ingenieur-Gesetz BB 1966, 760
Initialverträge und Nichtigkeit i. R. des UWG und WZG GRUR 1968, 348
Inkasso-Büro (Provision) Wettbewerb 1955, 44
Inland, Begriff des — im gewerblichen Rechtsschutz GRUR 1951, 177
Innung dankt Wettbewerb 1969, 13
Inserate, Aufnahme kostenloser — in ein Anzeigenblatt WRP 1967, 461
Inseratenwerbung WRP 1958, 274
—, unter Fernsprechnummer Wettbewerb 1957, 63; 1962, 75
—, und redaktionell gestaltete Anzeigen WRP 1963, 17; s. im übrigen diese
Institut (Begriffsbestimmung) WRP 1957, 74; Wettbewerb 1960, 38; WRP 1962, 176 = MDR 1962, 741; BB 1965, 520
—, als Firmenzusatz BB 1961, 500; 1968, 313
—, Bestattungsinstitut Wettbewerb 1958, 29
—, Feinmeßinstitut Wettbewerb 1955, 20
—, für Gerichtschemie Wettbewerb 1956, 69
—, Deutsches Lebensmittelinstitut BB 1961, 500
—, für Nahrungsmittelforschung Wettbewerb 1966, 13
Interbau GRUR 1970, 36
Interessenabwägung im gewerblichen Rechtsschutz WRP 1959, 227
—, im Wettbewerb WRP 1959, 227
International, als Firmenbezeichnung BB 1966, 1246
Internationale Fragen bei gewerblichen Unternehmen MDR 1963, 470
Internationales Privatrecht und gewerblicher Rechtsschutz GRUR 1960, 464; NJW 1964, 1208
Internationale Registrierung von Fabrik- und Handelsmarken BGBl. 1968 I S. 1001
Internationale Unternehmen, Probleme von — BB 1969, 604
Internationaler Wettbewerb, Anwendung des UWG NJW 1965, 13
Investments BB 1965, 1117; 1969, 1062; (Sparverträge:) BB 1968, 761
—, als Firmenzusatz BB 1969, 1062

I

Inverkehrbringen (nach PatG und WZG) BB 1963, 1114; NJW 1963, 980

Inzahlungnahme, von Eintrittskarten Wettbewerb 1962, 42

–, von Gebrauchtgegenständen Wettbewerb 1955, 31; 1956, 16; 1959, 15 und 72; (Herde:) BB 1961, 12

–, von gebrauchten Fernsehgeräten Wettbewerb 1960, 60

–, von Gebrauchtwagen GRUR 1960, 558 = WRP 1960, 135

Irgendwie, »Nicht —« Wettbewerb 1958, 63

Irgendwo, »Nicht — «Wettbewerb 1958, 70

Iris (BGH) GRUR 1963, 536 = WRP 1963, 203

Iris/Urus (BGH) GRUR 1954, 457

IR-Marke und Vorratszeichen GRUR 1969, 48 = WRP 1968, 443

Irreführung und neutralisierender Text WRP 1963, 135

Irrtum, Schuldausschließung bei § 4 UWG WRP 1955, 185

Isolierte Hand (BGH) GRUR 1969, 683 = WRP 1969, 283

Italia, Antonio Riva — Wettbewerb 1957, 17

Italienische Note (BGH) GRUR 1959, 138 = WRP 1959, 21

Jägermeister (BGH) GRUR 1967, 611
—, II (BGH) BGHZ 49, 90 = GRUR 1968, 268 = WRP 1968, 68
Jaguar GRUR 1953, 539
Jahre, des Gründers WRP 1962, 332
Jahres, »des —« WRP 1970, 318
Jahren, »Seit 100 —« Wettbewerb 1955, 72
Jahreszahlen, in Firmen und in der Werbung Wettbewerb 1955, 72; 1955, 63; 1957, 7; 1961, 35; WRP 1960, 238; 1962, 332; (seit 1849:) Wettbewerb 1956, 23; (1749:) WuW 1954, 194; (Gründungsdatum:) Wettbewerb 1957, 7
Jedermann, Verkauf an — WRP 1968, 430
Jesuitengarten WRP 1961, 218
Jetzt an . . . Wettbewerb 1956, 47 und 102
—, »auch in X« Wettbewerb 1955, 47
—, keinen Wettbewerb 1967, 19
—, »Jetzt kaufen, heißt sparen« Wettbewerb 1957, 126
—, »Jetzt wie noch nie« Wettbewerb 1958, 62
Jubiläum (BGH) GRUR 1966, 382 = WRP 1966, 184
—, DM — Wettbewerb 1969, 18
Jubiläumsinschrift Wettbewerb 1959, 13
Jubiläumsrabatt WRP 1955, 77
Jubiläumstafel Wettbewerb 1957, 88
Jubiläumsverkauf Gutachten Nr. 4/1950; Betrieb 1950, 385; 1950, 385; Wettbewerb 1959, 87; BB 1961, 850; Wettbewerb 1964, 48; (Rechtsprobleme:) WRP 1970, 51
—, DM — Wettbewerb 1969, 18
—, und preisgebundene Waren Wettbewerb 1958, 70
—, innerhalb von 5 Jahren WRP 1967, 389
—, 10 jähriger — Wettbewerb 1957, 92
—, 90 Jahre Wettbewerb 1963, 43
—, bei Geschäftsübernahme Wettbewerb 1958, 38
—, und Preisgegenüberstellungen Wettbewerb 1956, 92
—, und Preisherabsetzung in % Wettbewerb 1958, 96
Jubiläumswürstchen Wettbewerb 1966, 14
Jugendfilmverleih (BGH) GRUR 1957, 94 = WRP 1957, 19
Jupp (anstatt Josef) als Firmennamen DNotZ 1970, 310

K

Kachelplatten (aus Holzfasern) Wettbewerb 1955, 28; GRUR 1955, 48
Kaffee, Auslese — Gutachten Nr. 13/1950; Nr. 7/1951
—, Auswiegen Brutto für Netto Wettbewerb 1960, 72; WRP 1960, 272
—, Bohnenkaffee in Kulturbeutel Wettbewerb 1958, 56
—, Bremer — WRP 1956, 241
—, »Das ist —« Wettbewerb 1955, 26
—, Doppel-Mocca WRP 1958, 304
—, Ersatzmittel (Erfordernisse) Wettbewerb 1958, 24; (Deklarierung:) Wettbewerb 1958, 24
—, Extrakt WRP 1960, 313; WRP 1968, 153
—, geringerer Mengenpreis WRP 1960, 284
—, Großrösterei Wettbewerb 1955, 63
—, guter — WRP 1957, 334
—, Kaffeemischungen, Bezeichnungen Wettbewerb 1959, 30
—, Import Wettbewerb 1955, 63
—, Mengenpreis (geringerer) BB 1960, 1149; WRP 1960, 284
—, Mocca Wettbewerb 1958, 14
—, Mocca-Arabia Wettbewerb 1961, 55
—, Mocca-Express GRUR 1969, 274 = WRP 1969, 343
—, Preissturz in — Wettbewerb 1960, 22
—, Probierpaket mit 4 Sorten GRUR 1969, 299 = WRP 1969, 26; (Probepackungen:) WRP 1955, 253
—, Verlesener — Gutachten Nr. 13/1950; Nr. 7/1951
—, Versand uninteressant Wettbewerb 1959, 58
—, Werbung (Bekömmlichkeit) BB 1965, 300; NJW 1965, 1077
—, Werbung mit Gutscheinen Wettbewerb 1962, 76; (Berechtigungsscheine in Zeitungen:) WRP 1955, 253
Kaffee-Ersatz Wettbewerb 1958, 28
Kaffeefahrten, s. Werbefahrten
Kaffeerösterei GRUR 1953, 531
Kaffeetafelrunde (BGH) GRUR 1964, 385 = WRP 1964, 420
Kaffeeversand, Probepackungen WRP 1955, 253
Kaffeeversandhandel (BGH) GRUR 1959, 326 = WRP 1959, 185
Kai, Ab — BB 1956, 195
Kalkulationswesen WRP 1958, 101
Kaltverzinkung (BGH) GRUR 1969, 422 = WRP 1969, 241
Kammgarn WRP 1955, 152
Kampfpreise MuW 1929, 570
Kandinsky (BGH) BGHZ 50, 147 = GRUR 1968, 607
Kantinenwaren und Warenzeichen-Schutz GRUR 1958, 283
Karenzentschädigung bei Handlungsgehilfen NJW 1964, 610; (Anrechnung auf —:) BB 1970, 890
Karikaturen und ihr Schutz GRUR 1968, 709
—, in der Werbung Wettbewerb 1956, 32
Karitative Sammlung BB 1968, 1449
Karnevalswerbung Wettbewerb 1959, 28
Karo-As GRUR 1957, 281 = WRP 1957, 180
Kartell (Begriff) WuW 1963, 877; BB 1963, 1042
Kartellrecht, Zweischrankentheorie (Geltung von nationalem Recht und EWG-Recht) BB 1959, 241; BB 1969, 1185
—, und Art. 85 Abs. 3 (Fallgruppen) BB 1969, 1188
—, Unzulässigkeit der Anwendung einer (Rechts-) Analogie GRUR 1968, 541
Käsebezeichnungen MDR 1963, 987; BB 1963, 1276

K

Käseherstellung MDR 1964, 24
Kataloge, Anforderungen an Richtigkeit und Zuverlässigkeit WRP 1955, 152
—, Gemeinschafts—, s. diese
—, kostenlose Wettbewerb 1957, 124
—, Schutz vor Nachahmung MuW 1932, 115; BB 1953, 874
Katalogversand bei Schlußverkäufen WRP 1964, 378
—, wenn keine Ware vorhanden ist Wettbewerb 1955, 82
Kaufgelegenheit ohne gleichen Wettbewerb 1961, 35
Kaufgesuche als »Angebote« und § 3 UWG Wettbewerb 1956, 33
Kaufmann und Handelsregister BB 1960, 1230
Kaufmannsbegriff BB 1969, 885
Kaufmännisches Bestätigungsschreiben, Schweigen auf ein — MDR 1969, 1000
Kaufschein NJW 1964, 2240; 1965, 237
Kaufscheine im Lebensmittel-Selbstbedienungsladen, Verteilung für andere Waren BB 1965, 559
Kaufscheinhandel NJW 1966, 21; WRP 1970, 68 und 375; 444; 1971, 71
Kaufscheinsystem BB 1960, 801, 809, 810; MDR 1961, 508; BB 1961, 313; WRP 1961, 14 und 196; NJW 1962, 112; WRP 1963, 242; 1964, 93; Wettbewerb 1965, 6
Kaufscheinverkauf, Zusammenfassung der Erfordernisse WRP 1965, 45, 48
Kaufscheinwesen BB 1960, 804; 1961, 307 und 313; NJW 1964, 2240; WRP 1964, 354; Wettbewerb 1964, 31; 1965, 49; GRUR 1965, 431; NJW 1965, 237; BB 1965, 59 und 1003; GRUR 1968, 600; WRP 1970, 411, 448
—, s. Direktverkäufe
—, Verbot des Kaufscheinhandels WRP 1969, 433
Kaufstätten für Alle »KfA« (BGH) BGHZ 11, 214 = GRUR 1954, 195
Kauft, »Wer rechnen kann, — bei X« Wettbewerb 1958, 95
Kaufzentrale WRP 1961, 16
Kaufzwang, psychologischer GRUR 1952, 428; Wettbewerb 1957, 52 und 57; 1958, 1; 1961, 34; BB 1966, 224 und 262; WRP 1967, 416; 1968, 170; BB 1968, 1352; Betrieb 1969, 1817; GRUR 1970, 192; WRP 1970, 183, 287, 290, 413; GRUR 1971, 64
—, bei Beratung WRP 1955, 94
—, bei Miete WRP 1968, 9
—, bei Preisausschreiben WRP 1970, 26
—, bei Verlosungen BB 1966, 262
—, bei Werbeveranstaltungen WRP 1964, 51; 1967, 416
—, moralischer — und Lockvogelangebot WRP 1968, 170
—, durch kostenlose Autoinspektion BB 1968, 926
—, durch kostenlose Fahrten zum Unternehmen NJW 1970, 247
—, durch Fahrgelderstattung BB 1967, 464; WRP 1970, 182
—, Urlaubs-Tagesausflug WRP 1970, 120
—, durch Weinprobe WRP 1967, 416
Käufer, Entschlossene — Wettbewerb 1961, 18
Käufergemeinschaften BB 1960, 809
Kaution, Rechtsnatur BB 1963, 1117
—, im Miet- und Pachtrecht BB 1965, 934
—, und Aufrechnung in Gaststättenbetrieben BB 1965, 1123
—, Rückzahlung bei nichtigem Vertrag BB 1969, 1106
Kein
—, besseres WRP 1957, 179

K

—, »Kein Unterschied, nur billiger« Wettbewerb 1959, 17
—, Verschnitt BB 1964, 105; 1966, 1120
Keine BB 1952, 386; 1971, 59
—, »Keine ähnlichen« Wettbewerb 1956, 54
—, »Keine anonyme Aktiengesellschaft« Wettbewerb 1968, 43
—, »Keine eintönige Fabrikarbeit« Wettbewerb 1961, 20
—, »Es gibt keine bessere« GRUR 1955, 50; 1956, 422; GRUR 1970, 425 und 427
—, Farbstoffe und chemische Zusätze BB 1960, 1078
—, »Keine Grundgebühr« (bei Fahrschulen) WRP 1970, 395
—, »Keine Lockangebote« Wettbewerb 1968, 44
—, »Keine Maklerkosten« MDR 1970, 1015
—, Limonade Wettbewerb 1956, 35
—, Pflichtfahrten (bei Fahrschulen) WRP 1968, 376
—, »Keine Mängel der Serienproduktion« Wettbewerb 1957, 56
—, »Keine Preiserhöhung« Wettbewerb 1956, 102
—, »Keine schönere« Wettbewerb 1958, 60; 1959, 68
—, »Keine 2. Qualität« WRP 1959, 48
Keinen, »Es gibt — besseren« Gutachten Nr. 15/1950
—, »Den und — anderen« NJW 1965, 967; WRP 1965, 146; GRUR 1965, 365
—, »Jetzt — kaufen« Wettbewerb 1967, 19
Keiner, »Ware, die noch — kannte« Wettbewerb 1957, 62
—, »Sonst —« Wettbewerb 1970, 25
Kellerabfüllungen Wettbewerb 1958, 56
Keller als »Stockwerk« WRP 1961, 272
Kenntnisse, Verwertung nach Entlassung NJW 1960, 207
Kennzeichnung, von Lebensmitteln WRP 1964, 422
—, Kollision durch Erweiterung des Absatzgebietes BB 1966, 672
Kennzeichnungskraft von Durchschriften BGHZ 26, 53 = GRUR 1958, 354 = WRP 1958, 243
Kennzeichnungsvorschriften, Nichteinhaltung bei Lebensmitteln WRP 1961, 372
—, Bedeutung für die Verkehrsauffassung BB 1964, 56
Kfz.-Diagnose-Zentrum Wettbewerb 1968, 38
KG, auf Aktien BB 1968, 1285
—, auch für kleinere Unternehmen? BB 1969, 1361
—, neuere Entwicklung BB 1968, 1181
Kindernähmaschinen (BGH) BGHZ 38, 200 = GRUR 1963, 255
Kindersaugflaschen (BGH) BGHZ 35, 329 = GRUR 1962, 243 = WRP 1962, 13
Kinderstube (BGH) GRUR 1955, 481 = WRP 1955, 98 und 102; (Kinderladen:) BB 1964, 1144
King Size GRUR 1966, 615
Kino, Diapositiv-Werbung Wettbewerb 1956, 10 und 25
—, Fernsehveranstaltungen im — NJW 1962, 1295
Kinoveranstaltungen, Versprechen von »Schokolade und Rauchwaren« WRP 1962, 302; s. auch Werbeveranstaltungen
Kirchlicher Verlag BB 1961, 501
Kleenex (BGH) BGHZ 43, 278 = GRUR 1965, 489 = WRP 1965, 223
Kleiderfabrik BB 1966, 1245
Kleinanzeigen Wettbewerb 1956, 8; 1957, 67; 1958, 55
Kleinigkeiten, Geringfügige — WRP 1965, 1
Klemmbausteine (BGH) BGHZ 41, 55

= GRUR 1964, 621 = WRP 1964, 208
Klug, Mutter ist — Wettbewerb 1961, 61
Know-How Verträge (Linzenzverträge über nicht geschütztes technisches Wissen) GRUR 1964, 541; GRUR 1970, 3; BB 1970, 195; GRUR Int. 1970, 240; GRUR 1970, 587; AWD 1970, 441
—, Nichtangriffspflicht bei — WRP 1969, 398
—, Vergütungen AWD 1968, 429
Kochrezepte, Patentfähigkeit BB 1966, 177
Kodak (BGH) GRUR 1960, 372 = WRP 1960, 249
Kognak WRP 1956, 187
Kollektivmarke Mitt. 1963, 162
Kollektivvertrag und Preisbindung in BB 1963, 1357
Kölner Dom Wettbewerb 1958, 32
Kölnisch Eis (BGH) GRUR 1957, 358 = WRP 1957, 171
Kölnisch Wachs GRUR 1951, 521
Kölnisch Wasser (BGH) GRUR 1965, 317 = WRP 1965, 152
—, Alt — GRUR 1952, 155
Kölsch BB 1970, 859 = WRP 1970, 354 = GRUR 1970, 517
—, »Ur« — BGHZ 4, 97 = GRUR 1952, 511
Kombination von Geschmacksmusterteilen WRP 1958, 316
Kommanditist als Geschäftsführer Betrieb 1951, 149
Komparativ-Werbung GRUR 1955, 427
—, »Billiger Einkaufen« Wettbewerb 1960, 37
—, »Keine schönere« Wettbewerb 1958, 40; 1959, 68
—, »Kostet weniger« Wettbewerb 1959, 68
—, »So preiswert, preiswerter geht's nicht« MDR 1969, 672
Konfektionsbranche, Werbung mit »Kein Zwischenhandel« Wettbewerb 1965, 26
Königin (der Nähmaschinen) Wettbewerb 1957, 53
Konkurrenz, Hinweis auf — Wettbewerb 1963, 7
—, durch ausgeschiedenen Angestellten GRUR 1955, 588; WRP 1960, 183; NJW 1963, 856
—, durch Beifügung von Werbeprospekten für die — Wettbewerb 1957, 105
Konkurrenzabsprachen bei Handels-Handelsvertreter, s. Wettbewerbsverbote
Konkurrenzerzeugnisse, Übernahme von — bei Kaufabschluß NJW 1960, 1853; GRUR 1950, 191; BGHZ 3, 399 = GRUR 1952, 193
—, gleichzeitige Werbung für — Wettbewerb 1957, 49
—, Beifügung von Prospekten für — Wettbewerb 1957, 105
Konkurrenzfirma, Hinweis auf frühere Tätigkeit bei — Wettbewerb 1957, 91
Konkurrenzgeschäft, Werbung vor — WRP 1968, 141; WRP 1955, 45; Wettbewerb 1955, 86
—, räumlicher Schutzbereich WuW 1954, 197
—, Litfaßsäulen GRUR 1955, 434
—, Aufstellen eines Verkaufswagens vor — WRP 1968, 141
Konkurrenzklausel, zwischen Unternehmer und Handelsvertreter WRP 1956, 112
—, in Dauerschuldverhältnissen WRP 1956, 17
—, in Gesellschaftsverträgen Wettbewerb 1957, 35; WRP 1958, 248; 1960, 323
—, in Mietverträgen Betrieb 1962, 957; WRP 1968, 364; WRP 1963, 80

K

Konkurrenzverbot im Wettbewerb WRP 1959, 323
—, automatisches für Handelsvertreter WRP 1968, 186
—, über patentamtlich geschützte Gegenstände BB 1967, 346
—, Umgehung durch einen nicht gebundenen Dritten WRP 1959, 323
Konkurrenzware, Aufkaufen von — Gutachten Nr. 3/1949
Konkurs, Haftung des Gesellschafters der oHG BB 1968, 1461
Kosackenkaffee (BGH) GRUR 1960, 183 = WRP 1960, 163
Konstruktionsbüro (BGH) GRUR 1962, 382 = WRP 1962, 175
Konstruktionszeichnungen WRP 1956, 185
Kontokorrent, Verjährung einer in das — aufgenommenen Forderung NJW 1969, 879
Kontokorrentvertrag WM 1970, 866
Kontor BB 1968, 310
Kontrahierungszwang WRP 1957, 252; 1966, 41; NJW 1966, 1919
Konzentrationskontrolle, Nationale — WRP 1970, 93
Konzernrecht JZ 1957, 529; JuS 1968, 297; BB 1965, 1281; Betrieb 1965, 1691 und 1729
Konzerne, faktische BB 1967, 637
—, und GWB WRP 1967, 39; (im EWG-Recht bei konzerninternen Vereinbarungen:) AWD 1969, 429; (im Aktienrecht:) NJW 1970, 1766
—, und Schadensersatzrecht BB 1969, 1509
—, und Rechnungslegungspflicht VersR 1969, 771
—, Konzernleitungsgewalt Betrieb 1970, 1913
Konzernmäßige Zusammenschlüsse BB 1966, 1157; WRP 1967, 39
Konzernzeichen GRUR 1928, 785 und 852; 1929, 275
Kooperation BB 1969, 53 und 250; AWD 1967, 81; WRP 1965, 64
—, im EWG-Recht WuW 1969, 3; WRP 1968, 248, 314 und 314; BB 1969, 53 und 250; Betrieb 1968, 1749; Betrieb 1970, 1363
—, vertikale Entwicklungs — WRP 1970, 334
Kooperationsfibel der EWG-Kommission GRUR Int. 1969, 341 und Betrieb 1968, 1749
—, und Folgetheorie WRP 1968, 383
—, in der Marktwirtschaft BB 1969, 53
Kooperationsverträge Betrieb 1969, 247
Kopfstehen Wettbewerb 1962, 22
Kopplungsangebot Wettbewerb 1956, 58
Kopplungsgeschäfte Gutachten Nr. 4/1952; NJW 1951, 975
—, Verdeckte — Wettbewerb 1963, 4
—, von Möbeln mit Mietverträgen WRP 1964, 242
Körperschaften, Beteiligung an Privatunternehmen BB 1964, 54
Korruptionsvorwurf (BGH) GRUR 1969, 147
Kosteneinsparung Wettbewerb 1961, 1
Kostenlos Wettbewerb 1965, 41
Kostenlose Fahrten zum Geschäftslokal BB 1966, 1284; s. auch Zugabe, Kostenlose Fahrten
—, Fotokurse Wettbewerb 1959, 31
Krankenversicherung, Private — und Wettbewerb WRP 1957, 65
Krankenwagen (BGH) GRUR 1960, 247 = WRP 1960, 114
—, II (BGH) BGHZ 33, 163 = GRUR 1961, 307 = WRP 1961, 26
Kreditangebote WRP 1965, 434
Kredite, Werbung für — BB 1968, 1353
—, Aufdrängen von — Wettbewerb 1956, 51

—, »Bis zu 2000 DM« Wettbewerb 1961, 8
—, »Bis zu 10 000 DM« Wettbewerb 1966, 11
—, Hinweis auf Gewährung von — Wettbewerb 1958, 2
—, ohne Teilzahlungsaufschlag Wettbewerb 1957, 18
—, verbotene — WRP 1956, 328
Kreditgebühren bei Finanzierung und Verzinsung BB 1968, 1215; (Kreditzuschlag:) Gutachten Nr. 2/1966
Kreditgewerbe, Mißstände im Wettbewerb des — BB 1966, 1126
Kredithaie (BGH) GRUR 1969, 304
Kreditkäufe zum Barpreis? Wettbewerb 1963, 3
Kreditschutzlisten von Wirtschaftsverbänden WuW 1953, 95
Kreditverschaffungsverträge und Nichtigkeit JMBl. NRW 1964, 111
Krieger-Ehrentafel Wettbewerb 1956, 13
Kritik, an Werken der Literatur WRP 1959, 237
—, an Wirtschaftsformen GRUR 1953, 37
—, außerhalb des Wettbewerbs, die gewerbestörend ist JZ 1961, 380
—, durch Werturteile NJW 1966, 1617
—, Fernsehkritik Film und Recht 1967, 128
—, gewerbeschädigende — durch Fernsehsendungen GRUR 1969, 304
—, Grenzen der — GRUR 1955, 439; WRP 1955, 186
—, Sachlichkeit als Voraussetzung NJW 1963, 485
—, und Widerrechtlichkeit GRUR 1957, 360 = WRP 1957, 300
—, unsachliche NJW 1963, 485
—, von Verbraucherverbänden BB 1961, 613
—, von Waren des Konkurrenten GRUR 1962, 45 = WRP 1961, 307
—, wissenschaftliche WRP 1956, 321
Kritisierende Werbung NJW 1961, 1918
Kritisierende vergleichende Werbung *Eichmann* S. 88 ff., S. 133; Wettbewerb 1962, 21
Kronenmarke WRP 1957, 368
Küchenmaschine (BGH) GRUR 1965, 198
Kugelschreiber (BGH) BGHZ 49, 33 = GRUR 1968, 218 = WRP 1968, 66
Kulturbeutel, gefüllt mit Kaffee Wettbewerb 1958, 56
Kunden-Abfangen, auf der Straße WRP 1960, 155
Kundenabwerbung GRUR 1952, 582
—, bei Eröffnung eines eigenen Geschäftes durch den bisherigen Pächter NJW 1970, 471
Kundenäußerungen, Werbung mit — Wettbewerb 1957, 8 und 114
Kundenausweise, s. Kaufscheinhandel
Kundenbeförderung, Kostenlose — WRP 1960, 307; 1963, 413; 1968, 226; 1969, 134 und 213; (bei Fahrschulen:) WRP 1968, 379; s. im übrigen Zugabe, Kostenlose Fahrten
Kundenberatung durch Hersteller hins. der Führung von Konkurrenzerzeugnissen WRP 1962, 399
Kundenberatungsdienst WRP 1962, 399
Kundenberichte der Vertreter, Weitergabe durch den Unternehmer BB 1966, 999
Kundenbestellungen, Eintritt in — GRUR 1960, 558 = WRP 1960, 235; NJW 1960, 1835
Kundenbesuche, Verbot an Handelsvertreter BB 1965, 926
Kundenbetrieb, Werbung bei Belegschaft Wettbewerb 1956, 65

K

Kundenbewirtung Gutachten Nr. 6/1952; Wettbewerb 1958, 18 und 25; 1959, 11
Kundenbezirke, Zuweisung von — durch Unternehmer BB 1952, 211; 1953, 256
Kundendankschreiben Gutachten Nr. 5/1953; Wettbewerb 1958, 51
Kundendienst, als Zugabe Wettbewerb 1964, 9
—, Kosteneinsparung Wettbewerb 1961, 1
—, Ingenieur Wettbewerb 1956, 68
Kundenfang, Anreißerischer — durch Werbeveranstaltungen BB 1968, 12 und 1094; Gutachten Nr. 6/1952; Nr. 2/1953; BB 1968, 1352
—, und Aufklärung MA 1965, 820
Kundenkreis, Ausgesuchter — Wettbewerb 1957, 199; 1958, 5; WRP 1957, 199
—, Bestandsschutz des — GRUR 1964, 217; WRP 1970, 221
—, Eindringen in den — durch ausgeschiedenen Angestellten NJW 1964, 351 und 1848; WRP 1958, 33; Wettbewerb 1957, 15; 1959, 59; WRP 1970, 395
Kundenschutz BB 1966, 798
Kundenschutzabkommen GRUR 1966, 641; BB 1966, 351; NJW 1964, 1848; WRP 1958, 33; BB 1970, 51
Kundenstamm, Schutz des — vor Wegnahme BB 1970, 189
Kundentransporte, Kostenlose — WRP 1963, 143 und 413; 1969, 134; 1970, 290; (Literatur und Rechtsprechung:) WRP 1970, 183; s. im übrigen Zugabe, Kostenlose Fahrten
Kundenunterrichtung über gerichtliche Verbote WRP 1955, 136
Kundenwerber, Einsatz nicht berufsmäßiger — WRP 1957, 53
Kundenwerbung und unentgeltliche Zuwendungen Betrieb 1952, 444
—, progressive — BGHZ 15, 357 = GRUR 1955, 346 – WRP 1955, 14
Kundenwettbewerb Wettbewerb 1957, 69
Kundenzeitschrift (BGH) BGHZ 11, 286 = GRUR 1954, 167
—, (Begriff:) GRUR 1966, 338; im übrigen: MA 1962, 94; SchlHA 1954, 356; WRP 1955, 38; Wettbewerb 1957, 114; WRP 1963, 410; Wettbewerb 1964, 47; WRP 1965, 112
—, mit amtlichem Anstrich (Gaswerke) NJW 1961, 2118
—, und Wettbewerbsregeln MA 1961, 155
—, und Zugabe BB 1953, 697; Betrieb 1966, 260
Kundenzeitschriften, Werbung mit — Gutachten Nr. 5/1953; Wettbewerb 1957, 114; 1958, 34
Kündigung, im Prozeß BB 1968, 754
Kündigungshilfe VersR 1950, 160; WRP 1955, 210
Kündigungsvollmacht, Erteilung einer — bei Abschluß, um den Vertrag mit einem Konkurrenten aufzuheben NJW 1960, 1064
Künstlername WRP 1960, 189
—, der geschiedenen Frau WRP 1960, 302
Kunstglas (BGH) GRUR 1968, 200 = WRP 1967, 440
—, GRUR 1960, 567
Kunstseide BGHZ 13, 245 = GRUR 1955, 38
Kunststoffbezeichnungen BGHZ 13, 245 = GRUR 1955, 38; MA 1955, 76; GRUR 1955, 304
Kunststoffurniere BB 1964, 1278; 1965, 883
Kupferberg (BGH) GRUR 1966, 623 = WRP 1966, 30
Kurhaus Wettbewerb 1957, 118
Kurzfristig WRP 1963, 61

Ladenangestellte und ihre Vertretungsmacht MDR 1968, 901
Ladeneinrichtung (BGH) BGHZ 39, 1 = GRUR 1963, 320 = WRP 1963, 136
Ladenhüter Wettbewerb 1968, 22
Ladenschlußgesetz BB 1956, 1144
—, 18^{h29} WuW 1968, 524; NJW 1970, 866
—, vor 18^{h30} WRP 1970, 153 = NJW 1970, 866 = GRUR 1971, 83
—, frei-Haus-Lieferung nach — BB 1963, 1438
—, Kioske und — BB 1960, 1109
—, Geschäftsverkehr nach — WRP 1958, 307; WRP 1970, 153 = NJW 1970, 866
—, Omnibus-Bahnhöfe WRP 1968, 321
—, Selbstbedienungsgroßhandel und — WRP 1964, 139; 1966, 257; BB 1966, 386
—, und C+C-Betriebe WRP 1967, 36
—, und Großhandelsverkauf an Letztverbraucher WRP 1968, 430
—, und neue Vertriebssysteme BB 1963, 1437
—, und Möbelgroßhandel Wettbewerb 1968, 18
—, und Möbelschau an Sonntagen BB 1968, 184; WRP 1971, 95
—, und Passageverkäufe BB 1965, 688
—, und Wettbewerbsschutz GRUR 1969, 88
—, und Verkauf an Einkaufsgemeinschaften WRP 1968, 378
—, und Verkaufsstellen, die zwecks Besichtigung offen gehalten werden BB 1969, 1241; GRUR 1969, 88; WRP 1970, 362; (bei Abwesenheit von Personal:) WRP 1970, 378
—, und Wettbewerbsschutz GRUR 1969, 88
—, Vorführung von Waren nach — BB 1954, 936
Ladenschluß, Fernmündliche Bestellungen nach — WRP 1958, 128
—, und neue Vertriebswege BB 1963, 1437
—, Modellschau nach — WRP 1958, 307
Lagebezeichnungen für Weine NJW 1970, 208
Lager Gutachten Nr. 5/1954; WRP 1961, 9; 1965, 54; 1968, 119; (DIHT:) BB 1968, 439
—, Barpreise ab — BB 1965, 561
—, Direkt vom — Wettbewerb 1959, 69
—, Fabrikauslieferungslager Betrieb 1961, 1315; WRP 1957, 272; 1959, 328; Wettbewerb 1959, 30; WRP 1965, 54
—, Großlager, Wettbewerb 1958, 78; BB 1960, 1113; WRP 1955, 150
—, Modell-Lager Wettbewerb 1957, 65
—, »Riesige Läger« Wettbewerb 1969, 8
—, Teppich-Großlager Wettbewerb 1961, 59
—, Verkauf vom — WRP 1956, 216
—, Verkaufslager Wettbewerb 1960, 50; BB 1964, 104
Laien als Werber Wettbewerb 1955, 86; 1958, 91; WRP 1958, 321; 1959, 13; 1969, 287; GRUR 1970, 144
Landesfarben in der Werbung Wettbewerb 1956, 77
Landesnamen in der Werbung BB 1964, 1146
Landessportbund (BGH) GRUR 1969, 242 = WRP 1969, 111
Landläufig, »Landläufiges Möbelgeschäft« Wettbewerb 1957, 70
Landwirtschaft und HGB BB 1969, 1361, 1363
Landwirtschaftsausstellung (BGH) GRUR 1964, 210 = WRP 1964, 85

L

Landwirtschaftserzeugnisse, in GWB und EWG NJW 1970, 1485
Lauterkeit in der Werbung, Internationale Richtlinien MA 1951, 263
Lavamat (BGH) BGHZ 41, 314 = GRUR 1964, 567 = WRP 1964, 250
—, II (BGH) BGHZ 43, 410 = GRUR 1965, 365 = WRP 1965, 146
Leasing-Vertrag WRP 1969, 109; BB 1970, 601; (steuerliche Behandlung:) BB 1968, 96; 1970, 1002; (Urteil des BFH:) BB 1970, 1006
—, als Geschäftsbesorgung BB 1969, 109
—, im Zivilrecht BB 1964, 691
—, Rechtsnatur BB 1968, 93
—, Rechtsfragen BB 1970, 601
—, rechtliche Ausgestaltung BB 1969, 610
—, Selbstverbrauchersteuer BB 1970, 1476
—, und Preisrecht BB 1968, 110
—, zivilrechtliche Probleme des — BB 1967, 325
Lebensmittel, Rückgaberecht — Wettbewerb 1956, 25
—, Deutsches — Institut BB 1961, 500
—, Verpackung Wettbewerb 1959, 43
Lebensmittelkennzeichnungsverordnung WRP 1961, 372
—, unrichtige Angaben bei — WRP 1966, 75; BB 1966, 139
—, Verpackung Wettbewerb 1959, 43
Leder Wettbewerb 1956, 3 und 52
Lederbezeichnung WRP 1961, 240
Lederfachgeschäft Wettbewerb 1957, 53
Leder-Müller Wettbewerb 1959, 21
Lederwaren, Offenbacher — Wettbewerb 1955, 63
Lehne ab . . . Wettbewerb 1960, 14
Lehrbrief (gratis und portofrei) Wettbewerb 1964, 29
Lehrlingsanwerbung durch Lockangebote WRP 1967, 295
Lehrlinge, Anwerbung mit betriebsfremden Gesichtspunkten Wettbewerb 1970, 17
Leiharbeitsverhältnis BB 1970, 307
Leihwagen, ohne tatsächliche Benutzung BB 1964, 99
Leistung, »Die große —« (bei fehlerhafter Ware) Wettbewerb 1962, 19
Leistungsbehauptungen, bewertende — WRP 1962, 72
Leistungsschau und Ausstellung GRUR 1970, 358; WRP 1970, 361
—, und Patentverletzung BB 1970, 635 = WRP 1970, 351; WRP 1970, 345
Leistungsschutz bei ausübenden Künstlern GRUR 1968, 537
Leistungswettbewerb und seine Erweiterung bei Bauaufträgen BB 1966, 310
Leseranalysen bei Zeitschriftenwerbung BB 1964, 145
Leserbriefe, Inhalt als Aussage des Veröffentlichers WRP 1963, 28
—, und Presserecht JR 1969, 212
Lesezirkel, 7 Wochen unberechnet Wettbewerb 1955, 52
Leserzahlen in der Werbung WRP 1960, 98; 1966, 191; 1971, 82
Lesering (BGH) GRUR 1964, 82
Letztverbraucher (Begriff) WRP 1968, 429 und 441; BB 1968, 686
Liebsten, »Am —« Wettbewerb 1958, 96
Lieferant des . . . Wettbewerb 1958, 36
Lieferantenhaftung, Beschränkung auf Nachbesserung Betrieb 1969, 647
Liefere, »Ich — alles« WRP 1957, 47
Liefersperre Wettbewerb 1956, 26; BB 1961, 1217; Wettbewerb 1962, 32; BB 1963, 1034; 1968, 3; WuW 1969, 576
—, Androhung einer — BB 1966, 1037; 1960, 606; (und Unwirksamkeit:) WuW 1968, 549

—, Drohung mit — bei Preisbindung NJW 1969, 638
—, Rundschreiben mit — NJW 1966, 460; WuW/OLG/E 549
—, und Diskriminierungsverbot BB 1968, 3
—, und Preisschleuderei WuW 1969, 376
Lieferung, »— von Baustoffen« (i. S. von »allen«) Wettbewerb 1963, 12
—, eines aliud WRP 1965, 102
Lieferungsbedingungen, Allgemeine — und Sittenwidrigkeit BB 1964, 99; NJW 1964, 500
—, des Elektrogroßhandels BB 1963, 1116
—, Geschäftskorrespondenz und —, jedoch in unterschiedlichen Sprachen-Deutsch, Englisch-MDR 1964, 412
Lieferungsschwierigkeiten, Hinweis auf — Wettbewerb 1960, 16
Lieferungsverweigerung BB 1966, 390; WRP 1966, 235
Limonadenflaschen (BGH) GRUR 1957, 84 = WRP 1957, 165
Liquiderma (BGH) GRUR 1965, 665 = WRP 1965, 401
Listenpreise, Gegenüberstellung mit eigenem Preis WRP 1960, 30; 1962, 403; s. auch Preisgegenüberstellung
—, 10 % unter — WRP 1959, 220 = GRUR 1959, 551; GRUR 1960, 337; WRP 1962, 17
—, 20 % unter – GRUR 1959, 514; s. auch Preissenkung
—, 40% unter — BB 1960, 1105
—, gleich gebundene Preise? BB 1960, 1114
—, Prozente unter — s. vorstehende 10 %, 20 % und 40 %; ferner: BB 1960, 1113; Gutachten Nr. 4/1959; BB 1961, 232
—, »Weit unter —« Wettbewerb 1957, 43
—, und BKA Betrieb 1963, 891
— ,und GWB BB 1960, 1105
—, Verwendung für ausgelaufene Modelle WRP 1958, 306
Lizenzverträge, über Auslandspatente und GWB WRP 1963, 288
—, mit Ausland NJW 1964, 1345
—, Lizenzaustauschverträge GRUR 1968, 30 und 406
—, Lizenzvertragsrecht *Stumpf*, Der Lizenzvertrag, 4. Aufl. Betrieb 1954, 80; WRP 1955, 223; 1961, 361; NJW 1966, 815; (vorzeitige Beendigung des Hauptvertrages:) GRUR 1970, 174
—, Einwendungen der Lizenznehmer WRP 1957, 122
—, Klagerecht der Lizenznehmer GRUR 1927, 776
—, kartellrechtliche Fragen Mitt. 1964, 204
—, Rücklizenzen GRUR 1968, 30
—, Preisabreden in — GRUR 1957, 545 = WRP 1957, 310
—, und Warenzeichen WRP 1960, 299; (und § 3 UWG:) Mitt. 1961, 128
—, Verträge nach EWG — und Kartellrecht WRP 1963, 38
—, Rechtslizenz GRUR 1929, 345
—, Zwangslizenz Mitt. 1964, 101; 1970, 184; GRUR Int. 1970, 335
—, Vernichtbares Patent und — GRUR 1969, 409
Lizenzverträge, s. auch Know-how-Verträge
Lockmittel, Schleuderpreise als — Wettbewerb 1955, 33
Lockspitzel Wettbewerb 1957, 13
Lockvogelangebote WRP 1956, 45; 1957, 6; 1968, 170 und 216; 1959, 271; Wettbewerb 1959, 79; WRP 1963, 36 und 37; 1964, 141; MA 1965, 285; (bei Anwerbung von Lehrlingen:) WRP 1967, 295; WRP 1969, 432; MA 1968, 337

L

und 414; MA 1969, 43 und 381 NJW 1969, 2113; GRUR 1970, 33; (durch irreführende Angaben:) WRP 1970, 314; (Benzin und Einstandspreis:) BB 1970, 1151 = WRP 1970, 314; WRP 1970, 441

—, und moralischer Kaufzwang WRP 1968, 170

—, Schutz vor — WRP 1968, 214

Lockvogelwerbung WRP 1964, 141; WRP 1965, 243; 1968, 361; MA 1969, 381; WRP 1970, 130; (im Einzelhandel:) MA 1965, 285

Lohntütenwerbung Wettbewerb 1957, 47

Lohnsteuer, Werbung in — sachen WRP 1970, 217 = GRUR 1970, 179

Losverteilung, durch Hersteller an Verkäufer des Einzelhändlers Wettbewerb 1963, 20

Lotto-Glückswürfel mit Ausspielung Wettbewerb 1961, 38

Luxuriöses Wettbewerb 1958, 44

Luxus, Verwendung des Wortes — in der Werbung BB 1965, 1202; (Luxusklasse:) Gutachten Nr. 6/1956

Luxusgerät (bei Fernsehgeräten) WRP 1964, 57

Luxusseife GRUR 1955, 484 = WRP 1955, 193

M

Maco-Damast Wettbewerb 1955, 83; 1956, 12
—, Popeline Wettbewerb 1955, 83
Made in Germany JMBl. NRW 1952, 17; BB 1953, 399; MA 1962, 329; Wettbewerb 1957, 36; 1965, 43
Magazin BB 1964, 1143; WRP 1964, 246; (als Firmenzusatz:) WRP 1967, 204
Maggi (BGH) GRUR 1964, 320 = WRP 1964, 161; GRUR 1968, 371 = WRP 1968, 18
Magnetophon (BGH) BGHZ 8, 89 = GRUR 1953, 140
Magnettonband II (BGH) GRUR 1965, 686
Mahnschreiben bei unbestellten Sendungen Wettbewerb 1966, 8
Mainzelmännchen BB 1969, 1409
Maja (BGH) BGHZ 41, 84 = GRUR 1964, 372
Makler, Kündigungsrecht in Vollmachten und § 1 UWG WRP 1966, 280
—, als Grundstückssachverständige Wettbewerb 1955, 54
—, UWG-Ansprüche gegen Bezeichnung als — GRUR 1951, 79
—, Unterlassen der Angabe der Maklereigenschaft MDR 1968, 929
—, Wettbewerbsregeln BB 1963, 1036
Malztrunk WRP 1958, 219
Malzflocken (BGH) BGHZ 31, 162 = GRUR 1960, 350 = WRP 1960, 290
Mal- und Zeichenschule (BGH) GRUR 1963, 322 = WRP 1963, 140
Mampe Halb und Halb (BGH) GRUR 1960, 384
—, II (BGH) GRUR 1963, 218 = WRP 1963, 28
Mandatsschutzklausel GRUR 1969, 228
Margen-Preisbindung BB 1966, 512
Marke, Wesen der — Festschrift für *Möhring* 1965, 291
—, berühmte — GRUR 1951, 489; 1953, 277; WRP 1956, 344; 1957 249; BGHZ 25, 369 = GRUR 1958, 233 = WRP 1958, 60; WRP 1968, 155; MA 1969, 63
—, begleitende — GRUR 1958, 442; GRUR Ausl. 1963, 421; Mitt. 1964, 6; WRP 1969, 78; BB 1969, 459; GRUR 1969, 194; WRP 1970, 85; GRUR 1970, 357; NJW 1970, 838; WRP 1970, 108 = MDR 1970, 120 = BB 1970, 48; GRUR 1970, 218; (an der Fertigware:) Mitt. 1964, 41
—, Europa — Mitt. 1961, 44; s. im übrigen Euro(p)
—, (sog.) Agentenmarke WRP 1962, 79
—, Dienstleistungsmarken Mitt. 1969, 70
—, Funktion der — GRUR 1965, 128 und 185
—, Gattungsbezeichnung, Entwicklung der — zur Gattungsbezeichnung GRUR Ausl. 1964, 418
—, Große, »Die —« Wettbewerb 1958, 12
—, Hausmarke Mitt. 1968, 494
—, internationale — und Übertragung MA 1969, 27 und 71
—, Konzernmarke MA 1961, 407
—, Kollektivmarke und EWG Mitt. 1963, 162
—, Serienmarke und Verwechslungsgefahr WRP 1970, 111
—, Übertragung internationaler — MA 1969, 27 und 72; (Übertragbarkeit:) GRUR Ausl. 1965, 600
Markenartikel (Begriff) BB 1955, 233; 1964, 111
—, Absatzbindung BB 1953, 753
—, im Ausverkauf MuW 1929, 213
—, Garantiehaftung und Gütezeichen BB 1964, 322

M

—, Notwendigkeit des gleichbleibenden Preises WRP 1964, 21
—, Revers MuW 1933, 176
—, und GWB WRP 1965, 343
—, von Rang GRUR 1953, 277
—, Weltmarke GRUR 1952, 321
—, zweispuriger Vertrieb WRP 1963, 392
Markenbenzin NJW 1960, 1063; 1962, 397; 1961, 151 und 397; 1966, 141
—, ohne Marke JR 1962, 9; 1966, 168
Markenmehl Wettbewerb 1957, 60
Markenporzellan GRUR 1956, 105
Markenqualität GRUR 1968, 318
Markenrad Wettbewerb 1956, 16
Markenschokolade (BGH) GRUR 1958, 240 = WRP 1958, 88
—, II (BGH) BGHZ 30, 187 = GRUR 1959, 494 = WRP 1959, 243
Markenschutzverband, Das Namenrecht des — MuW 1931, 123
Markenware (Begriff) WRP 1955, 152
—, nach GWB MA 1964, 271
—, ohne Warenzeichen, Ausstattung oder Firma? Betrieb 1965, 1324
Markenwaren, Abgabe unter Preis an Genossen WRP 1961, 25
Markenwaschmittel Wettbewerb 1960, 57
—, und wesentlicher Wettbewerb BB 1970, 313
Markisette, Schweizer — Wettbewerb 1956, 52
Markt, Abholmarkt BB 1965, 519
—, Begriffsbestimmung WRP 1965, 76; 1963, 284
—, als Firmenzusatz WRP 1967, 204
—, grauer — WRP 1964, 98, 99 und 357; s. im übrigen diesen
—, maßgeblicher — BGHZ 45, 313 = GRUR 1966, 456 = WRP 1966, 266
—, relevanter — i. S. des GWB BB 1965, 58; WRP 1958, 81; AWD 1969, 169
Marktanalysen, Werbung mit — WRP 1968, 425
Marktbeeinflussung BGHZ 45, 313 = GRUR 1966, 456 = WRP 1966, 266; AWD 1970, 385
Marktbefragung mit Prämienverteilung GRUR 1951, 463
Marktbeherrschende Stellung BB 1967, 1391
Marktbeherrschendes Unternehmen Betrieb 1962, 1133; NJW 1963, 135; WRP 1964, 321; WuW 1969, 623; WRP 1970, 197 und 224
—, bei 25 % Marktanteil WuW 1968, 567
Marktberichte, Herausgabe von — NJW 1965, 36
Markt-Drogerie Wettbewerb 1955, 28
Markterschließung und Schutz vor Nachahmung GRUR 1969, 659; MDR 1970, 306
Marktforschungs-Umfrage Wettbewerb 1959, 6; WRP 1964, 321
Marktgebiete, Aufteilung von — WRP 1955, 54
Markthalle BB 1968, 309, 310
Marktinformation und Marktformenlehre BB 1963, 922; WRP 1965, 354; (BKA:) WRP 1970, 301
Marktinformation und Unternehmer-Kooperation WRP 1965, 348
—, und Boykott WRP 1966, 294
Marktinformationsverträge WRP 1965, 354; 1966, 194; 1969, 137
—, und GWB WRP 1969, 137; GRUR 1969, 475
Marktpreis, hypothetischer — BB 1967, 1014; MDR 1967, 907
Marktstörung, Substantiierung bei praktischer Lückenlosigkeit preisgebundener Artikel WRP 1964, 21
Marktstruktur, wettbewerbsrechtliche Bedeutung BB 1967, 1025
Markttransparenz WRP 1962, 27; BB 1962, 105; 1963, 494 und 230; WRP 1963, 230, 268, 291; 1962,

WuW 1964, 205; Wettbewerb 1964, 3; (und vergleichende Werbung:) WRP 1963, 230, 268 und 291; WuW 1963, 578
—, zur Diskussion der — Betrieb 1962, 341; Wettbewerb 1964, 3
Marktverstopfung durch unentgeltliche Angebote WRP 1963, 164; BB 1963, 623
—, durch Werbegaben WRP 1963, 164
Marktverwirrung, Beseitigung GRUR 1963, 14
Maß, »Nach —« WRP 1955, 66; 1956, 249; Wettbewerb 1956, 35
Maßarbeit Gutachten Nr. 1/1952
Maßkleidung (BGH) GRUR 1967, 360 = WRP 1967, 184
Maßkonfektion Wettbewerb 1959, 5
Maßstab, als Alleinstellung? BB 1965, 393
Massagebürste GRUR 1961, 293
Massenverteilung von Waren WRP 1957, 161; Wettbewerb 1957, 59; BGHZ 23, 365 = GRUR 1957, 365 = WRP 1957, 134; GRUR 1957, 363 = WRP 1957, 139; BB 1963, 623
Med (BGH) GRUR 1969, 546 = WRP 1969, 375
Medaillenwerbung (BGH) GRUR 1961, 193 = WRP 1961, 152 Wettbewerb 1964, 50; 1958, 52
Mehr, »Wir bieten —« Wettbewerb 1956, 89; 1958, 73; WRP 1959, 459; WRP 1959, 459; 1968, 447; Wettbewerb 1968, 46; GRUR 1968, 433, 439; WRP 1969, 246 und 459; Wettbewerb 1970, 12
—, »5 Pfennig —, dafür aber ...« Wettbewerb 1958, 95
—, Spezialist leistet — WRP 1968, 447
—, vom Fachmann Wettbewerb 1960, 6
Mehrdeutige Bezeichnungen von Ware und Leistung Wettbewerb 1964, 24
Mehrfachpackungen und Mengenrabatt BB 1966, 643; BB 1970, 1369
Mehrwertsteuer, Notwendigkeit der Einbeziehung in den Endpreis BB 1969, 1250
—, keine Einbeziehung bei Vereinbarungen zwischen Unternehmern Betrieb 1970, 35; NJW 1969, 645
Meier, Der Name — im Wettbewerbsrecht WRP 1955, 183
Meile, »1 — voraus« Wettbewerb 1957, 12
Meinungsäußerung, Grundrecht der — im Zivilrecht NJW 1963, 1802; 1969, 2358
—, als Werbeaussage? NJW 1955, 1647; 1969, 2360
Meinungsfreiheit und Wettbewerb NJW 1969, 2358
Meistbegünstigungsklausel BB 1965, 803; WuW 1968, 671; (in Patentlizenzverträgen:) BB 1970, 1154
Meinungsumfrage, Werbung mit — Wettbewerb 1959, 76
—, vor Geschäften WRP 1957, 302
—, Große — vor Beginn einer durch Beweisbeschluß angeordneten — WRP 1966, 76
Meisterbetrieb Gutachten Nr. 2/1955
Meisterbrand (BGH) GRUR 1957, 87 = WRP 1956, 302
Meistgekauft Wettbewerb 1957, 60
Mengenrabatt, Mehrfachpackungen und — BB 1966, 18
—, § 7 RabG WRP 1966, 121
Merck (BGH) BGHZ 45, 246 = GRUR 1966, 499 = WRP 1966, 372
Messwein Wettbewerb 1958, 27
Meßmer Tee (BGH) GRUR 1961, 343 = WRP 1961, 226
—, II (BGH) BGHZ 44, 372 = GRUR 1966, 375 = WRP 1966, 262
Messe, (Begriff) BB 1951, 233; GRUR 1951, 79
—, Verkaufs — Wettbewerb 1957, 101

M

Miete, von Ladenregalen zu Wettbewerbszwecken MA 1953, 130; BB 1964, 1023; MA 1965, 30
—, Umsatz- und Mehrwertsteuer BB 1967, 1273
—, Koppelung der — mit Möbelkauf WRP 1968, 9; BB 1970, 1229; NJW 1970, 2017
Mieter, von Geschäftsräumen und Recht auf Außenwerbung WRP 1957, 1 und 235
—, Schutz des — von Gewerberäumen WRP 1956, 177; WRP 1957, 207; NdsRpfl. 1963, 277
—, Bedeutung einer Konkurrenzklausel für den Vermieter GRUR 1968, 604 = WRP 1968, 364
Mietverträge, Wettbewerbsbeschränkungen in — WRP 1963, 80
Mieter, Unterschiebung bei Bestellungen GRUR 1965, 361 = WRP 1965, 102
—, Rufsäulen für — MDR 1970, 424; WRP 1970, 38
Mietwagen, Unterschiebung bei Bestellung BB 1965, 174
Mietwagenfahrer, Abtretung der Versicherungsansprüche und deren Geltendmachung im eigenen Namen BB 1965, 1048; GRUR 1968, 705; Anw. Bl. 1969, 94
—, Haftung für Wettbewerbsverstöße WRP 1969, 349
Mietwagenunternehmen und Finanzierungsvermittlung bei Unfällen WRP 1970, 72
Mietwagenwerbung, Abrechnung mit Versicherung BB 1966, 95; Werbung an Mietwagen WRP 1970, 389
Mikr., 10 — Gold Wettbewerb 1956, 12
Milcherzeugnisse, VO des EWG-Rates Amtsblatt für Europäische Gemeinschaften 276, 1968 L 148/18 (VO Nr. 804/68)
Milchfahrer (BGH) GRUR 1964, 215 = WRP 1964, 49
Milchhof GRUR 1933, 502
Millionenfach bewährt Wettbewerb 1959, 55
Minderkaufmann BB 1960, 917
Minderjährige Gesellschafter GmbHRdsch. 1966, 4
Mini UFITA 68, 375; (Mini-car:) GRUR 1970, 513
Ministerium, »Das — hat festgestellt« Wettbewerb 1956, 2
—, Lieferant des — Wettbewerb 1958, 36
Mischanzeigen Wettbewerb 1956, 11; 1961, 158
Mischbetriebe (Gaststätten, Café und Metzgerei) BB 1964, 1192
Mitarbeiter GRUR 1961, 356 = WRP 1961, 158
Mitbestimmungsrecht, Bei AG BB 1968, 473
Mitfahrerzentrale NJW 1962, 1207
Mitgliederwerbung, durch Fachverband GRUR 1968, 205
—, durch Gewerkschaften NJW 1969, 861
Mitgliedsaufnahme bei Berufsverbänden nach § 27 GWB BB 1964, 788
Mitgliederzahlen in der Werbung GRUR 1961, 284 = WRP 1961, 120
Mitgliedsfirmen, Fernseh-Service Wettbewerb 1964, 39
Mitleidserregung in der Werbung Wettbewerb 1956, 20; 1964, 17; 1969, 165
Mitteilung der neuen Arbeitsstelle GRUR 1969, 143
—, von Gerichtsentscheidungen an Kunden WRP 1955, 136; 1958, 27
Mittelstandsempfehlungen WuW 1959, 687 und 792; WRP 1968, 201
Mittwochspreis Wettbewerb 1964, 52
Möbel, ab Fabrik BB 1951, 513

—, aus erster Hand Wettbewerb 1956, 111
—, Kostenlose Beförderung von Kunden zu auswärtigen Möbellagern WRP 1963, 413
—, Eiche geritzt Wettbewerb 1957, 38
—, Einrichtungshaus Wettbewerb 1958, 16
—, Einrichtungsschau Wettbewerb 1958, 85
—, Eiche und Nußbaum bei Imitation Wettbewerb 1955, 24; 1956, 69
—, Fahrten zur Verkaufsstelle Wettbewerb 1956, 22; BB 1966, 1284; s. auch Zugabe, Kostenlose Fahrten
—, »Führendes Möbelhaus des Westens« WRP 1958, 28
—, »Große Reinigung wegen Räumung« Wettbewerb 1960, 68
—, Großeinkaufsring Wettbewerb 1956, 47
—, Hoffmann-Möbel Wettbewerb 1955, 5
—, »5 Häuser voll schöner —« Wettbewerb 1956, 70
—, Irreführung durch Deckschichten, die kein Holz sind WRP 1964, 376
—, Kauf, gekoppelt mit Mietvertrag BB 1963, 1315; 1964, 530; WRP 1964, 242; 1968, 9; BB 1970, 1229; NJW 1970, 2017
—, luxuriöse Schlafzimmer WRP 1958, 44
—, —messe Wettbewerb 1955, 36
—, Maße in der Werbung Wettbewerb 1957, 100
—, mit holzimitierter Oberfläche WRP 1964, 376
—, Musterlager der Hersteller und Preisauszeichnung GRUR 1969, 620 = WRP 1969, 492; WRP 1970, 184
—, neuwertige Wettbewerb 1957, 36
—, Nußbaum bei Imitation Wettbewerb 1955, 24; 1956, 69
—, mit Schuldübernahme Wettbewerb 1969, 33
—, Teak (»Gold —«) BB 1961, 733
—, Qualitäts — Wettbewerb 1959, 91
—, Verbindung mit Namen (»Hoffmann —«) Wettbewerb 1955, 55; GRUR 1957, 348 = WRP 1957, 73; BB 1966, 1249
Möbelausverkauf und anschließende Versteigerung WRP 1963, 24
Möbelbranche, Preisauszeichnung WRP 1966, 6; WRP 1970, 406
Möbeldiscount BB 1964, 1146
Möbelfabrik Wettbewerb 1956, 26
Möbelfabrik und Einrichtungshaus Wettbewerb 1965, 30
Möbelfurnier BB 1964, 1277
Möbelgeschäft, Landläufiges — Wettbewerb 1957, 70
Möbelgroßausstellung Wettbewerb 1964, 52
Möbel-Großlager Wettbewerb 1955, 55; 1961, 55; WRP 1970, 123; Wettbewerb 1970, 13
Möbelgroßmarkt SchlHA 1969, 181
Möbelhandel, Kein Direktverkauf WRP 1963, 259
—, Werbung im — WRP 1959, 87
—, Sommerpreis im — Wettbewerb 1960, 19
—, und Ladenschlußgesetz Wettbewerb 1968, 18
Möbelhaus BB 1966, 1242
—, Deutschlands größtes — und Einrichtungshaus WRP 1961, 186
—, Führendes — des Westens WRP 1958, 28
—, des Handwerks GRUR 1961, 425 = WRP 1961, 191
—, Größtes — Wettbewerb 1959, 6
Möbelhof BB 1963, 1397
—, »Spandau« BB 1963, 1397
Möbelimport Wettbewerb 1959, 37
Möbelkauf, Angebot von Bargeld bei — Wettbewerb 1969, 33
Möbellager Wettbewerb 1955, 55;

M

WRP 1968, 372; (und Preisauszeichnung:) WRP 1970, 406
Möbelmesse Wettbewerb 1955, 36
Möbelmusterlager und Preisauszeichnung WRP 1970, 184 und 406
Möbelquelle Wettbewerb 1955, 92
Möbelrabatt (BGH) GRUR 1964, 274 = WRP 1964, 248
Möbelschau an Sonntagen BB 1968, 184
Möbelsonderschau Wettbewerb 1960, 24
Möbelspeicher BB 1964, 1143
Möbelveranstaltung »Jubiläumsverkauf« Wettbewerb 1959, 87
Möbelverkaufsstelle hessischer Möbelfabriken Wettbewerb 1956, 22
Möbelverkaufskontor Wettbewerb 1957, 37
Möbelversteigerung und Sonderveranstaltung WRP 1963, 94 = NdsRpfl. 1963, 85
Möbelwerbung, irreführende — Wettbewerb 1959, 61; 1960, 17
—, »13 500 qm Ausstellungsfläche« Wettbewerb 1958, 3
Mocca Wettbewerb 1958, 14; s. auch Mokka
—, Arabia Wettbewerb 1961, 55
—, Doppel— WRP 1958, 304
—, Express (BGH) GRUR 1969, 274 = WRP 1969, 343
Mode, Schutz der — WRP 1955, 57; Wettbewerb 1955, 62; 1956, 7
Modell-Lager Wettbewerb 1957, 65
Modell-Nr. . . . Wettbewerb 1957, 16
Modenschau (BGH) GRUR 1959, 544 und 606 = WRP 1959, 348
—, (Allgemeines) Wettbewerb 1956, 100, 1958, 10
—, mit Preiswettbewerb WRP 1958, 348
Modernere . . . Wettbewerb 1960, 51
Modernste Wettbewerb 1960, 7
—, »Derzeit —« Wettbewerb 1955, 74
Mokka-Expreß (BGH) GRUR 1969, 274 = WRP 1969, 343
Molkerei BB 1964, 1192; (Molkereigenossenschaft:) BGHZ 33, 259 = GRUR 1961, 142 = WRP 1961, 22
Monat, Werbe— Wettbewerb 1957, 55
Mondpreise (Begriffsbestimmung) WRP 1969, 199
—, Gegenüberstellungen Wettbewerb 1955, 46; 1970, 8
Mondpreisempfehlungen NJW 1966, 1947; 1967, 806 und 810; s. auch Preisempfehlung
Monopol, Meinungs— BB 1951, 397 und 398
Monopolmißbrauch BB 1964, 616; WRP 1957, 229
Montanunion, Wettbewerbsrecht der — GRUR 1955, 113
Moral im Wettbewerb WRP 1964, 65
Moralische Entrüstung in der Werbung Betrieb 1969, 1817
Moselwein Wettbewerb 1963, 42
Motel Wettbewerb 1961, 35
Motivschutz GRUR 1931, 335; GRUR 1957, 128 = WRP 1957, 74; WRP 1964, 111 und 145; MDR 1964, 26
Motiv, als Bildzeichen MuW 1931, 603
Motivzeichen MuW 1930, 344
Mouson-Römer (BGH) BGHZ 14, 15 = GRUR 1955, 91
Multinationale Unternehmen, Probleme — BB 1969, 604
Multipack (Probleme und Entscheidung) Wettbewerb 1964, 19
Multi . . ., Warenzeichen mit der Silbe — GRUR 1965, 95
Münze, »Kleine —« nach Urheberrecht GRUR 1968, 79
Musterkauf Wettbewerb 1963, 33
Musterlager Wettbewerb 1959, 30
Muster-Piraterie Wettbewerb 1957, 45 und 114
Musterschutz: (Teppichmuster:) WRP 1958, 125; (Spitzenmuster:) GRUR 1958, 346 = WRP 1958, 210

N

Nach, »Nach Bielefelder Schnitt« Wettbewerb 1955, 22
Nachahmung
—, von Bildpostkarten WRP 1958, 147
—, von ästhetischen Erzeugnissen GRUR 1970, 117 und 244
—, von »eigenartigen« Erzeugnissen WRP 1955, 276
—, von Erzeugnissen, die nicht unter Sonderschutz stehen WRP 1958, 138; 1960, 72 und 220
—, von Gebrauchsanweisungen WRP 1969, 462
—, von Handtuchmustern Wettbewerb 1957, 45
—, von Leistungen GRUR 1969, 581
—, von Leistungsergebnissen BB 1964, 1276; WRP 1966, 398
—, von Liedertexten (Lili-Marlen) GRUR 1958, 402 = WRP 1958, 144
—, von Maschinen BB 1957, 301
—, von Mustern Wettbewerb 1957, 114
—, von Pflanzenzüchtungen GRUR 1955, 45
—, von Reiseandenken GRUR 1965, 196
—, von Textilmustern NJW 1961, 2107
—, von technischen Merkmalen GRUR 1953, 394; 1954, 337; 1957, 83; BGHZ 50, 125 = GRUR 1968, 591 = WRP 1968, 327
—, von »überdurchschnittlichen« Leistungsergebnissen WRP 1955, 276
—, von fremder Werbung (Allgemeines) BB 1963, 1233; Betrieb 1964, 575; WRP 1968, 411
—, von Werbebildern Wettbewerb 1955, 72
—, von Werbematerialien WRP 1969, 462
—, von Werbemitteln Wettbewerb 1956, 66; 1957, 45
—, von Werbeslogan Wettbewerb 1955, 3; 1959, 82
—, von Zeitungsanzeigen UFITA 1970, 358
—, und Ausstattungsschutz WRP 1962, 176; 1963, 310
—, und Standardausführung WRP 1967, 462
Nachahmung/Sklavische Nachahmung
—, Allgemeine Grundsätze GRUR 1953, 297 und 394; 1954, 417; BB 1955, 461; JR 1968, 324
—, bei Fortsetzungsbedarf BGHZ 41, 55 = GRUR 1964, 621 = WRP 1964, 208
—, durch photomechanischen Nachdruck GRUR 1969, 186 = WRP 1969, 108
—, im Offsetverfahren von Verlagserzeugnissen Wettbewerb 1970, 5
—, und genaues Kopieren GRUR 1969, 186 = WRP 1969, 108
—, und § 1 UWG JR 1965, 6
Nachahmungswettbewerb, Nachahmungsgefahr und Wettbewerbsverstöße (Gefahr der Nachahmung durch Dritte) BB 1965, 173; BGHZ 43, 278 = GRUR 1965, 489 = WRP 1965, 223; Betrieb 1969, 1817
Nachbau, von Musikinstrumenten WRP 1966, 397
—, nicht unter Sonderschutz stehender Erzeugnisse GRUR 1958, 351 = WRP 1958, 138; (und § 1 UWG:) BGHZ 50, 125 = GRUR 1968, 591 = WRP 1968, 327
—, von ästhetischen Elementen GRUR 1969, 292
Nachfragewettbewerb WuW 1960, 842; NJW 1962, 1486
Nachlaß, »3 % — bei Auftrag innerhalb ...« Wettbewerb 1959, 39

N

Nachprägung von Goldmünzen WRP 1963, 91 = NJW 1963, 546; BB 1964, 1364
Nachsaison Wettbewerb 1956, 67
Nachschieben von Ware Wettbewerb 1957, 76
Nachtschnelldienst BB 1963, 1437
Nachtschnellversand BB 1963, 1437
Nachwirkung früherer, inzwischen aufgegebener unzulässiger Werbung GRUR 1958, 86; WRP 1961, 192
Näher (für Klebemittel:) Wettbewerb 1956, 36
Nahrungsmittelforschung Wettbewerb 1966, 13
Nährbier (BGH) BGHZ 30, 357 = GRUR 1960, 83 = WRP 1960, 318
—, Was ist Nährbier? GRUR 1928, 98
Name, berühmte — und Fortführung durch die Erben WRP 1955, 247
—, eigener — im Geschäftsverkehr MuW 1927/1928, 299
Namensabkürzungen (Gewerkschaft) BB 1965, 392
Namensgebrauch GRUR 1964, 38 = WRP 1963, 345
Namensgleiche, Rechte der — GRUR 1948, 307; GRUR 1951, 410 = LM (1) § 16 UWG m Anm. *Wilde;* BGHZ 14, 156 = GRUR 1955, 43; WRP 1955, 183; BB 1955, 878; (Wen trifft Pflicht zum Zusatz:) WRP 1955, 247; BB 1966, 717; BGH-Kupferberg, s. diese; BB 1967, 183; (infolge Zonentrennung:) Betrieb 1950, 203
Namenrecht und Warenzeichen BB 1965, 1289
Namensschutz, Erlöschen des — durch Unterbrechung der Benutzung BB 1967, 93
Namensteile, Schutz von — GRUR 1964, 38 = WRP 1963, 345
Napoléon (BGH) GRUR 1966, 259 = WRP 1966, 145
—, II (BGH) GRUR 1967, 199
—, III (BGH) GRUR 1970, 315
Nasenlänge, »1 — voraus« Wettbewerb 1957, 12
Nationalitätenangabe in der Firma WRP 1960, 94
Naturgewächs WRP 1958, 307
Naturrein WRP 1958, 307; (für Schaumweine:) NJW 1962, 587
Nebenberufliche Arbeit (Vertreter, Adressenschreiben) BB 1963, 1313
Nebeneinander zweier gleichberechtigter Kennzeichnungen MDR 1970, 306
Nebenverdienst, durch Heimarbeit Wettbewerb 1959, 5; WRP 1969, 216
—, Versprechen von — bei Schreibmaschinenkauf MDR 1963, 1009
Nebenware und Hauptware bei Konkurrenzverbot WRP 1968, 365
Negativ-Werbung
—, »keine . . ., sondern echtes« Wettbewerb 1955, 60; 1956, 35
—, »Keine ähnlichen guten« Wettbewerb 1956, 54
—, »Keine milbentragende Fasern« Wettbewerb 1957, 106
—, »Keine Unkosten« Wettbewerb 1957, 104
—, »Lassen Sie sich nicht irreleiten« Wettbewerb 1955, 61
—, »Nicht 12 DM, sondern 9 DM« Wettbewerb 1956, 55
—, »Nicht irgendeine« Wettbewerb 1958, 63
—, »Nicht irgendwo« Wettbewerb 1958, 70
—, »Nicht teuerer, aber . . .« Wettbewerb 1957, 124
—, »Nichts ähnliches« Wettbewerb 1958, 63
—, »Sie brauchen nicht zu befürchten« Wettbewerb 1955, 61

Negativwerbung als Vergleich Wettbewerb 1957, 44
Netto, Brutto für — WRP 1960, 272 = NJW 1961, 178
Nettopreiskalkulation BB 1966, 1371
Netz, »Das große — unseres ...« Wettbewerb 1957, 109
Neu, Werbung mit dem Wort — WRP 1958, 234; GRUR 1958, 554 = WRP 1958, 238; Wettbewerb 1963, 31
—, »Neu eingetroffen« Wettbewerb 1958, 94
—, »Neuentdeckung« Wettbewerb 1958, 5
—, fabrikneu WRP 1955, 48; Wettbewerb 1955, 73; WRP 1958, 88
—, bei Zeitschriftentiteln GRUR 1950, 433; 1951, 517 und 78
—, i. S. des GeschMG GRUR 1969, 90; s. im übrigen Neuheit
Neuartige Erzeugnisse und ihre Bezeichnung WRP 1969, 241; GRUR 1968, 248
Neumusterung Wettbewerb 1957, 14
Neuer Typ Wettbewerb 1958, 64;
— Deutscher Automobil Club: DAR 1969, 238
Neuerungen, »Umwälzende —« Wettbewerb 1955, 74
Neuheit, Werbung mit — NJW 1970, 1351; (nach 3 Monaten?:) GRUR 1969, 433, 439
—, bei Schlafzimmermöbeln GRUR 1958, 510 = WRP 1958, 254
Neuheitsbegriff, im Geschmackmusterrecht WRP 1955, 276; GRUR 1956, 49 und 245; GRUR 1958, 510 = WRP 1958, 254; GRUR 1961, 326; 1963, 407; WRP 1967, 260
—, im Sortenschutzgesetz GRUR 1968, 474; 1969, 118
Neuheitsschädlichkeit durch hinterlegtes Muster GRUR 1962, 507
Neutral Wettbewerb 1955, 60
Neutralisierender Text und Irreführung WRP 1963, 135
Neuwertig Wettbewerb 1957, 36
Nevada-Skibindung (BGH) GRUR 1965, 676 = WRP 1965, 331
Nicht
—, chemisch behandelt WRP 1960, 21
—, gefragt Wettbewerb 1965, 46
—, irgendeine Wettbewerb 1958, 63
—, irgendwo Wettbewerb 1958, 70
—, »Lassen Sie sich — irreleiten« Wettbewerb 1955, 61
—, »Meine Hemden scheuern —« GRUR 1963, 375
—, »Müller schlägt — auf« Wettbewerb 1958, 83
—, »Sie brauchen — zu befürchten« Wettbewerb 1955, 61
—, »Teurer, aber — ...« Wettbewerb 1957, 124
—, »— 12 DM, sondern 9 DM« Wettbewerb 1956, 55
Nichts
—, ähnliches Wettbewerb 1958, 63
—, »— besseres als Bier« (= Werturteil) Wettbewerb 1961, 66
—, »Kaufen Sie —, bevor Sie nicht ..« Wettbewerb 1962, 25
Nichtangriffsklausel (exceptio pacti) BB 1969, 1116; GRUR 1969, 218
—, im patentamtlichen Ermittlungsverfahren BB 1969, 1116
—, bei Know-how-Verträgen WRP 1969, 398
—, und GWB WuW 1969, 263
—, im Lizenzvertrag WuW 1969, 263
Nichtangriffspflicht, Bei Know-how-Verträgen GRUR 1969, 704
Nie, »Noch — so billig« Wettbewerb 1958, 93
Niederlassung Wettbewerb 1958, 32
Nirgends, »— preiswerter« Wettbewerb 1955, 66

N

Noch
—, »Noch billiger, — besser« Wettbewerb 1956, 39
—, zu alten Preisen Betrieb 1951, 92
—, »Noch keiner« Wettbewerb 1957, 62
—, »Noch nie so billig« Wettbewerb 1958, 93
Nofretete und Baumwolle Wettbewerb 1958, 80
Normalpreis WRP 1968, 441
—, 2 — und Mengenrabatt WRP 1960, 264
Nordsee BB 1966, 1242
007 BB 1966, 633
Null-Tarif BB 1971, 99
Nur
—, »Nur die, keine andere« Wettbewerb 1964, 321
—, »Es gibt nur eine ...« Wettbewerb 1958, 20
—, »Weil ..., deshalb —« Wettbewerb 1956, 24; 1957, 81
—, »Nur bei ...« Wettbewerb 1969, 17
—, »Nur jetzt« Wettbewerb 1958, 21
—, »Nur wenige Tage« Wettbewerb 1968, 14
—, »Nur solange Vorrat« Gutachten Nr. 1/1951
Nußbaum Wettbewerb 1956, 69
Nylon Wettbewerb 1959, 21
NZ (BGH) GRUR 1968, 259 = WRP 1968, 180

Oasenerlaß BB 1965, 1157
Odol (BGH) GRUR 1958, 486
Odorex (BGH) GRUR 1957, 224 = WRP 1957, 210
Odol-Flasche (BGH) GRUR 1964, 140 = WRP 1963, 415
OECD BB 1968, 227; — konvention AWD 1970, 304
Off-shore-Käufe BB 1957, 947 und 1252
Offenkundige Zeichnungen GRUR 1958, 297 = WRP 1958, 213
Öffentliche Hand und Wettbewerb WRP 1956, 15; WRP 1964, 85 = MDR 1964, 210; BB 1964, 318; NJW 1964, 4; Wettbewerb 1969, 38
—, und unlauterer Wettbewerb (Vertrieb eines Stadtblattes:) GRUR 1970, 37
OHG, ohne Handelsgewerbe? BB 1960, 682
—, als Gesellschafterin einer anderen Personengesellschaft? GmbHRsch 1970, 211
—, auch für kleinere Unternehmen? BB 1969, 1361
—, Rechtsnatur AcP 1969, 483
—, und Einzelkaufmann NJW 1970, 705
—, Wettbewerbsverbote (Eintrittsrechte) BB 1963, 1967; WRP 1963, 177
Ohne Wettbewerb 1958, 64
Oldtimer WuW 1970, 162
—, als Mietwagen Wettbewerb 1968, 44
Oligopol Betrieb 1957, 937; BB 1964, 62; WRP 1968, 216; GRUR 1968, 659 = WRP 1968, 222
—, und Preismeldeverträge BB 1964, 62
—, Markt- und Preiswettbewerb BB 1970, 552
Oligopolzwang WRP 1968, 389
Olivin (BGH) GRUR 1956, 279 = WRP 1956, 167
Öl regiert die Welt GRUR 1962, 261
Ölfilter GRUR 1966, 211 = WRP 1966, 28
Olympische Spiele und Zeichenrecht BB 1966, 1172; Betrieb 1970, 1769 und 1820
Omnibusfahrten und Werbeveranstaltungen BB 1968, 1134; WRP 1970, 293; GRUR 1970, 93
Omnibusunternehmer, Haftung für unzulässige, auf ihren Fahrten veranstaltete Werbeveranstaltungen GRUR 1970, 430 und 431
OMO (BGH) GRUR 1965, 542 = WRP 1965, 257
Ohne Obligo NJW 1970, 1737 = MDR 1970, 827 = BB 1970, 984
Open-price-System, Zulässigkeit Betrieb 1963, 19
—, in Theorie und Praxis BB 1963, 922
—, in USA WRP 1964, 1
—, und § 1 UWG Betrieb 1963, 19; WRP 1964, 1; BB 1964, 62; WRP 1965, 159 und 208; 1966, 16; WuW 1966, 121; WRP 1958, 105
Orbiswerbung GRUR 1953, 109 und 193
Ordnungsnormen, Verstöße gegen — BB 1965, 393; WRP 1963, 331
Ordnungswidrigkeiten (neues Recht) BB 1968, 1405
Organisationsmangel als Wettbewerbsverstoß GRUR 1969, 51 = WRP 1968, 332
Organisatorische Zusammenfassung von Kunden Wettbewerb 1964, 39
Organschaft, Voraussetzung für die Steuer GmbHRdsch 1965, 226
Orientteppich BB 1952, 479
Original Wettbewerb 1957, 53; WRP 1959, 219
—, zur Bezeichnung eines Kunststoffes GRUR 1963, 539 = WRP 1963, 276
—, als Lagebezeichnung für Weine NJW 1970, 208

O

—, Schweizer Kupferware Wettbewerb 1957, 53
Originalabfüllung NJW 1962, 1685
Originalersatzteile (BGH) GRUR 1963, 142 = WRP 1963, 169
—, BB 1963, 1275 = MDR 1963, 120; GRUR 1951, 63; 1954, 98; GRUR 1966, 516; NJW 1964, 162
—, und relevanter Markt BB 1968, 570
Originalware, Importverbot des LebMG BB 1967, 397
—, Einfuhr und Zeichenschutz BB 1964, 580
—, Gratisverteilung von — BB 1965, 1242; 1966, 513; WRP 1966, 221
Originalverpackt Wettbewerb 1963, 11
Ort, »Kauft am —« Wettbewerb 1958, 74
Ortsangaben in Firmennamen, s. Geographische Fragen
Ortstermine in Patentnichtigkeitsverfahren Mitt. 1969, 141
Örtliche Bezeichnungen, Irreführung durch — WRP 1956, 152
Osco-Parat (BGH) BGHZ 39, 370 = GRUR 1964, 99 = WRP 1963, 311
Ost-West-Fragen im Warenzeichenrecht WRP 1955, 145; GRUR 1958, 190 = WRP 1958, 17; GRUR 1969, 487
Ost-West-Handel, Rechtsfragen BB 1953, 375; MDR 1963, 470

P

Pachtverträge, Herausdrängen aus — Wettbewerb 1959, 18
Packungsgröße bei Lebensmitteln (Schachteln, Flaschen) Wettbewerb 1958, 11
Pädagoge Wettbewerb 1965, 26
Palmolive (BGH) BGHZ 41, 187 = GRUR 1964, 454 = WRP 1964, 213
Panikmache Wettbewerb 1957, 3 und 23; WRP 1971, 86
Papeterie BB 1968, 308
Parallelimporte GRUR Int. 1968, 8
—, Vereinbarungen zwischen EWG-Unternehmern und anderen WuW 1969, 369
—, und Warenzeichenrecht GRUR 1969, 450
—, bei Saatgut BGHZ 49, 331 = GRUR 1968, 195
—, Abwehransprüche gegen — GRUR 1969, 120
Parallelpatente im EWG-Raum NJW 1968, 2178
Parallelverhalten bei oligopolistischem Wettbewerb WRP 1968, 84; (Parallelverträge und Ausschließlichkeitsbestimmungen:) NJW 1965, 1553
de Paris (BGH) BGHZ 44, 16 = GRUR 1965, 681 = WRP 1965, 371
Parke-Davis-Urteil des Europäischen Gerichtshofs GRUR Int. 1968, 99; WuW 1968, 487; WRP 1968, 143
Parkett Wettbewerb 1957, 75
Passanten, s. Straßenpassanten
Pat., Herst.-Pat. angem. WRP 1955, 249
Patent Wettbewerb 1967, 50
—, Äquivalente MDR 1970, 414
—, Altpatente und Verlängerung GRUR 1951, 98
—, Gewährleistungsansprüche bei —verträgen GRUR 1970, 329
—, Hinweis auf Auslands — WRP 1969, 123; (auf Anmeldung:) GRUR 1965, 156; (wenn erloschen:) WRP 1956, 246
—, Nichtigkeitserklärung und Schadensersatz GRUR 1970, 329
—, Wirkung der Nichtigkeitserklärung GRUR 1970, 336
—, Welt — Wettbewerb 1956, 63
—, »Sämtliche Welt —« Wettbewerb 1956, 63
Patentanmeldung, Hinweis auf — GRUR 1956, 492; WRP 1960, 9; Mitt. 1960, 48; GRUR 1965, 156
Patentanwaltsordnung BB 1966, 753
Patentberühmung, Unzulässige — für ausländisches — BB 1969, 106; im übrigen: GRUR 1951, 139; 1954, 289 und 322; 1955, 1; WRP 1959, 292
Patentgarantie GRUR 1970, 567 und 570
Patentrecht und Wettbewerbsordnung WuW 1970, 99
Patentvermerke, Ausländische — und Irreführung WRP 1969, 116 und 122
Pelzhaus, Hannover'sches — WRP 1964, 132
Pelzversand BGHZ 50, 1 = GRUR 1968, 645 = WRP 1968, 282
Pensionsversprechen und Änderung der Versicherungsgrenzen BB 1968, 298
Pentavenon (BGH) GRUR 1969, 40 = WRP 1968, 367
Perlon-Pelz Wettbewerb 1955, 64; BB 1961, 768
Perlon-Seide WRP 1968, 161
Persianer-Sonderwoche Wettbewerb 1957, 17
Personalausweise (BGH) BGHZ 42, 118 = GRUR 1965, 104
Personalchef als Auftragsvermittler Wettbewerb 1962, 2
Personalrabatt Wettbewerb 1959, 54

P

Personalwerbung durch Postwurfsendung Wettbewerb 1960, 62
Personenbeförderungsgesetz, Verstoß gegen — und UWG GRUR 1970, 430 und 431
Personenkreis, bestimmter — Wettbewerb 1959, 64
Personifizierte Kaffeekanne (BGH) GRUR 1964, 71 = WRP 1964, 60
Persönlichkeitsrecht im Wettbewerb WRP 1968, 258; (in der Werbung:) WRP 1959, 234
—, Allgemeines GRUR 1969, 303; UFITA 1969, 1
—, und Schadensersatz bei Presseveröffentlichungen GRUR 1969, 301
Persönlichkeitsschutz juristischer Personen AcP 1970, 266
Persönlichkeitsverletzung und Schadensersatz (BGH) NJW 1965, 1201; MDR 1968, 737; GRUR 1968, 552
Petromax (BGH) GRUR 1958, 297 = WRP 1958, 213
—, II (BGH) GRUR 1964, 31 = WRP 1963, 333
Pfändung, Abreden von Gläubiger, Schuldner und Drittschuldner BB 1967, 338
Pfefferminzöl Wettbewerb 1955, 29
Pfennig, »1 — billiger« Wettbewerb 1954, 2
—, »5 — mehr« Wettbewerb 1958, 95
—, 98-Pfennig-Woche Wettbewerb 1970, 34
Pfiffikusdose (BGH) GRUR 1961, 85 = WRP 1961, 43
Pflanzensortenwesen GRUR 1968, 24
Pflanzennachzüchtung WRP 1959, 79
Piek-fein (BGH) GRUR 1951, 334
Pik-sieben GRUR 1957, 281 = WRP 1957, 180
Plagiatsvorwurf (BGH) GRUR 1960, 500
Plastikfolien (BGH) GRUR 1961, 545 = WRP 1961, 240
Plastikkorb (BGH) GRUR 1963, 640
Plastische Gestaltungen, Schutz von — Mitt. 1968, 223
Platz, »Größtes Fachgeschäft am —« WRP 1955, 23
Polizei und unlauterer Wettbewerb GRUR 1953, 422; WRP 1958, 166
Polizeiliche Mitwirkung bei Preisausschreiben BB 1964, 287
Polyestermarmor Wettbewerb 1969, 10
Polyestra (BGH) BGHZ 50, 219 = GRUR 1968, 694 = WRP 1968, 400
Popeline Wettbewerb 1955, 83
Poropan (BGH) (BGHZ) 50, 77 = GRUR 1968, 550 = WRP 1968, 298
Positive Vertragsverletzung und Beweislast BB 1969, 512
Post, Bundespost und Reklame WRP 1961, 95
Postwurfsendungen und Vertreterbesuche WRP 1968, 160
Praline GRUR 1958, 492 = WRP 1958, 239
Praktischer Ratgeber (BGH) BGHZ 18, 176 = GRUR 1955, 598 = WRP 1955, 280
Prämien, Verkaufs-Wettbewerb 1958, 13; WRP 1964, 22; Wettbewerb 1965, 2; WRP 1965, 130
—, für fremde Angestellte Wettbewerb 1956, 12
—, für Kundenwerber Wettbewerb 1957, 1
—, »Im Werte von . . .« Wettbewerb 1958, 13
Preis/Preisbezeichnungen
—, »ab« — Wettbewerb 1956, 77; 1957, 109; 1958, 86
—, Barpreis ab Lager BB 1965, 561
—, »bis« — Wettbewerb 1961, 22
—, Brutto — WRP 1961, 67 Anm. 13
—, Büro — WRP 1962, 235
—, Direktpreis (= Großhandelspreis

+ Umsatzsteuer) WRP 1955, 22; 1957, 203; WuW 1957, 505; NJW 1958, 1347; WRP 1959, 287 und 324; GRUR 1960, 250; WRP 1960, 30 und 274; BB 1960, 810
—, Direktpreis beim Großhandel Wettbewerb 1960, 18
—, Discount — WRP 1969, 388; BB 1971, 144
—, Einführungspreis Wettbewerb 1957, 43; Wettbewerb 1966, 11
—, Einfuhrpreis BB 1963, 494; 1964, 780
—, Einmaliger Gelegenheitspreis WRP 1961, 41
—, Eröffnungspreis Wettbewerb 1962, 24
—, Fabrikspreis (»Zu —«) BB 1950, 770; Betrieb 1950, 451; Gutachten Nr. 7/1950; 1951, 269; GRUR 1955, 430; WRP 1955, 189; BB 1954, 617; WRP 1959, 328; WRP 1963, 321
—, echte Fabrikpreise WRP 1959, 327
—, »Weit unter Fabrikpreis« Wettbewerb 1955, 88
—, Fabrikabgabepreis Wettbewerb 1957, 112
—, Festpreis WRP 1962, 186
—, Freikalkulierter Preis Wettbewerb 1962, 32
—, Firmennamen-Preis (»Müller-Preis«) Wettbewerb 1962, 32; WRP 1964, 57
—, Gelegenheitspreis Wettbewerb 1961, 41
—, Groß-Einkaufspreise Wettbewerb 1955, 29
—, Geheimpreis Int. Wettbewerb 1963, 17
—, Großhandelspreise WRP 1955, 22; MDR 1961, 508; WRP 1959, 259 Anm. 24; s. im übrigen diese
—, Kontrollierte Preise Wettbewerb 1958, 53
—, Kleine Preise (»Der kleine Preis«) Wettbewerb 1958, 85
—, Lagerpreis WRP 1961, 9
—, Listenpreis (Begriff) WRP 1961, 357; (Bedeutung:) Wettbewerb 1964, 34; (überholte Listenpreise:) Wettbewerb 1963, 36
—, Marktpreis BB 1964, 1449; (und Kostendeckung:) BB 1964, 1060; (und Kartellrecht:) WRP 1965, 21
—, Minipreise Wettbewerb 1969, 9
—, Mittwochspreis Wettbewerb 1964, 52
—, Mondpreis WRP 1969, 299; NJW 1969, 1258; s. im übrigen bei Preisempfehlung
—, Halber Mondpreis WRP 1970, 184
—, Netto ab Werk BB 1966, 675
—, Nettopreis Wettbewerb 1957, 32
—, Nettopreis und Mehrwertsteuer NJW 1970, 661
—, Neupreis WRP 1961, 41
—, Niedrigpreis (»Erheblich niedrigere Preise«) und § 17 GWB WRP 1965, 388
—, Normalpreisankündigung BGHZ 27, 369 = GRUR 1958, 555 = WRP 1958, 276; GRUR 1961, 367 = WRP 1961, 223; BB 1960, 802; Wettbewerb 1961, 32; WRP 1961, 14; GRUR 1967, 373
—, Normalpreis, Rabattrechtlicher Normalpreis Wettbewerb 1962, 49
—, Normalpreis bei 2 angekündigten Preisen WRP 1963, 375
—, Originalwerkspreis Wettbewerb 1956, 36
—, Parade der kleinen Preise Wettbewerb 1957, 102
—, Preiskiller Wettbewerb 1970, 25
—, Preissensation Nr. 1 Wettbewerb 1970, 15
—, Regelpreis (Bei Benzingesellschaften) WRP 1960, 74
—, Partiepreis WRP 1958, 131
—, Regulärer Preis WRP 1970, 267 =

P

GRUR 1970, 609; Wettbewerb 1970, 35
—, Richtpreis WRP 1961, 14; Wettbewerb 1964, 31
—, Sonderpreis Wettbewerb 1955, 24; Gutachten Nr. 5/1955 und Nr. 3/1956
—, Sonderpreis Wettbewerb 1955, 24; 1958, 29; 1959, 74; WRP 1960, 30
—, Sonderpreis für Ausländer Wettbewerb 1958, 40; 1962, 26
—, Sommerpreis (im Pelzhandel) Wettbewerb 1957, 95; 1959, 74
—, Sommerpreis (im Fotohandel) WRP 1969, 425
—, Stadtrandpreis Wettbewerb 1956, 68
—, Studentenpreis Wettbewerb 1959, 88
—, Super-Discountpreis BB 1963, 1234
—, Teilzahlungspreis BB 1970, 596
—, Teppichpreis Wettbewerb 1961, 14
—, Tiefpreis Wettbewerb 1956, 69
—, Unangemessener Preis NJW 1963, 1465
—, Vertretbarer Preis Wettbewerb 1961, 22
—, Vorzugspreis Wettbewerb 1956, 46 und 59
—, Werbepreis Wettbewerb 1957, 43; 1959, 10; 1961, 6
—, Werkspreis Wettbewerb 1956, 36
—, Winterpreis Wettbewerb 1956, 113
—, Winterpreis (im Fotohandel) WRP 1969, 425
Preise (Die unter »Preis« aufgeführten Bezeichnungen werden vielfach auch im Plural als »Preise« verwandt)
—, gespaltene — BB 1957, 1094
—, gespaltene Preise und Rabattverstoß WRP 1958, 12
—, reguläre Preise WRP 1970, 268
Preisabsprachen, Nichtige — und Folgeverträge MDR 1963, 1016
—, bei öffentlichen Aufträgen Wettbewerb 1956, 62; WRP 1956, 141
—, bei Ausschreibungen BB 1970, 276 = NJW 1970, 194
Preisangaben bei Mittelstandsempfehlungen BB 1968, 393
—, in ausländischer Währung Wettbewerb 1967, 49
Preisangebote unter Selbstkosten BB 1964, 659; WRP 1966, 411; s. im übrigen Selbstkosten
—, unklare — und § 1 UWG Wettbewerb 1970, 10
Preisankündigung vom Hersteller mit Verbraucherpreisen WRP 1958, 228
Preisaufdruck WRP 1961, 169
Preisaufschlag, »Ohne jeden —«, wenn im Endpreis Aufschlag einkalkuliert ist NJW 1954, 925
Preisausschreiben BB 1949, 385; Betrieb 1949, 212; Gutachten Nr. 3/1950; NJW 1951, 133; MA 1951, 387; 1952, 130; BB 1952, 562; 1954, 394; SchlHA 1954, 150; GRUR 1954, 209; WRP 1955, 46, 77, 115, 117 und 190; GRUR 1955, 101; Betrieb 1956 Beilage 21 S. 1 ff.; Wettbewerb 1959, 10 und 74; 1960, 43; 1963, 17
—, als Werbemittel WRP 1959, 318
—, Beteiligung erst nach Kauf GRUR 1951, 461; GRUR 1970, 367
—, für Arzneimittel NJW 1963, 2375
—, Fotowettbewerb Wettbewerb 1957, 50
—, mit Geldgewinn BB 1952, 562
—, mit Gutscheinen Wettbewerb 1960, 69
—, mit vorweggenommener Ziehung Wettbewerb 1964, 42
—, mit Beteiligung der Polizei BB 1964, 287
—, Preisrätsel WRP 1955, 93
—, Preisverteilung und — WuW 1931, 144; GRUR 1970, 367, 368
—, mit Scheinrätseln GRUR 1955, 101

—, und strafbare Ausspielung (verbotene Zugabe) NJW 1951, 133
—, und Heilmittelwerbung NJW 1963, 2376
—, und psychologischer Kaufzwang Wettbewerb 1958, 1; WRP 1970, 26
—, und Trostpreise Wettbewerb 1956, 43
—, Schaufensterauslage, Wertermittlung WRP 1955, 93
—, unbefristete — Wettbewerb 1964, 21
—, unzulässige — und Preisverteilung GRUR 1970, 367, 368
—, »Wer gestaltet mit?« Wettbewerb 1956, 105
—, »Wer ist der Mörder?« Wettbewerb 1960, 11
Preisaustauschverträge BB 1963, 1201; WRP 1963, 381
—, und Kartell Betrieb 1964, 361
—, und Oligopol Betrieb 1961, 831
Preisauszeichnung
—, Preisauszeichnungs-VO vom 18. 9. 1969 (BGBl. I S. 1733) BB 1969, 1250 und 1416; (ihre Verfassungsmäßigkeit:) BB 1970, 286; WRP 1969, 429; Betrieb 1970, 1423
—, Allgemeines: BB 1969, 251; Betrieb 1951, 33 und 760; 1954, 733; WRP 1969, 429
—, bei Attrappen BayrObLG St 1953, 165
—, bei Auslieferungslagern WRP 1966, 6
—, bei C+C-Betrieben WRP 1967, 37
—, bei Direktverkäufen WRP 1963, 260 und 385; (des Großhandels:) WRP 1963 355; 1958, 276
—, bei Selbstbedienungsläden GRUR 1970, 515 = WRP 1970, 312 = NJW 1970, 1545 = BB 1970, 1274
—, bei »krummen« Gewichten BB 1967, 388; 1968, 153 und 227
—, Grundpreise bei Fertigpackungen BB 1969, 1412
—, im Großhandel WRP 1957, 204; BGHZ 27, 369 = GRUR 1958, 555 = WRP 1958, 276; WRP 1960, 33; 1963, 355 und 385; Betrieb 1965, 137; BB 1965, 60; WRP 1965, 176; BB 1965, 1371; 1966, 634; Ferner: Betrieb 1951, 781; JMBl. NRW 1965, 57; WRP 1968, 430
—, handelsübliche Verkaufseinheit und — BB 1968, 1097; WRP 1969, 59
—, im Fabrikauslieferungslager WRP 1964, 92
—, im Musterlager (Möbel) des Herstellers GRUR 1969, 620 = WRP 1969, 492; WRP 1970, 184 und 406
—, Inhalt der Preisauszeichnungspflicht BB 1964, 1150
—, Irrtümliche — im Schaufenster Wettbewerb 1955, 22
—, im Kaufscheinsystem Betrieb 1968, 1111 und 1979; BB 1960, 810; BGHZ 27, 369 = GRUR 1958, 555 = WRP 1958, 276
—, PKW's (Gebrauchtwagen) BB 1961, 701; 1964, 58
—, Sinn und Zweck (Preisklarheit, Preisschutz) WRP 1955, 252; BB 1965, 470
—, Strafbarkeit nach der — WRP 1965, 414
—, und Normalpreis WRP 1970, 374
—, und Vorlage von Preislisten WuW 1960, 196
—, und unlauterer Wettbewerb WRP 1965, 176 und 181
—, vermittels Etiketten an der Ware Wettbewerb 1961, 32
—, Verstoß gegen § 1 UWG BGH 1 ZR 47/57 (nicht veröffentlicht); BB 1963, 1023; WuW 1960, 196; BB 1965, 60; (gegenüber Mitbewerber:) WRP 1962, 48

P

—, Verkaufsregale JR 1968, 272
Preisbemessung, Gerichtliche Änderung der —? NJW 1964, 477
—, Kaufpreis = Einkaufspreis + Provision BB 1960, 1076
—, Ausgleichsforderung bei Phantasiepreisen anstelle des erwarteten Marktpreises NJW 1963, 1455 und 1983
Preisbemessungsangaben und Pflicht zur Aufklärung WRP 1963, 342
Preisbewegung, Hinweis auf — Wettbewerb 1957, 58
Preisbindung/Literatur BB 1960, 1297; MA 1960, 420 und 705; WRP 1962, 183, 273 und 339; NJW 1962, 1545; JuS 1962, 161 und 215; MA 1962, 273; Betrieb 1962, 429 und 645; MA 1962, 738 und 789; JZ 1962, 463; BB 1963, 1357; NJW 1963, 85 und 2097; WRP 1963, 1, 12, 33, 69 und 99, 351 und 363; NJW 1964, 129; WRP 1964, 9 und 33; WRP 1965, 73; Betrieb 1965, 2068 und 2070; WRP 1967, 249; 1968, 8
Preisbindung/Rechtsfragen
—, Anmeldeverfahren BB 1964, 412
—, Anrechnung von Gebrauchtwagen MA 1960, 120
—, Ansprüche des Herstellers gegen Außenseiter BGHZ 36, 370 = GRUR 1962, 423 = WRP 1962, 207; s. im übrigen *Pastor* in *Reimer* S. 332
—, Anspruch des Großhändlers auf Belieferung WRP 1968, 8
—, Aufhebung und Schadensersatz WuW 1961, 615
—, Aufhebung und Abwälzung der Lagerverluste Betrieb 1967, 1443
—, Auslaufmodelle Wettbewerb 1965, 30
—, Ausnahmen von der — bei Behörden WRP 1963, 162
—, Ausschließung eines bestimmten Marktes (Baumarkt) BB 1964, 57; WuW 1960, 302; WRP 1963, 162
—, Außenseiter, s. Preisbindung/Außenseiter
—, Bedeutung (absatzwirtschaftliche) Betrieb 1970, 1334
—, Begriffsbestimmung (Bestandteil des Gewerbebetriebes) WRP 1963, 35; dagegen WRP 1963, 353
—, Bindungsfähigkeit von gewerblichen Leistungen? BB 1969, 701
—, Diskriminierungsverbot und — BB 1961, 1303
—, Erstreckung auf Ausschluß von Barzahlungsrabatten MDR 1962, 460 = GRUR 1962, 370; NJW 1962, 1010
—, Erwerb durch Wiederverkäufer im Einzelhandel und — WRP 1966, 417
—, Exportverbote und — NJW 1963, 1746
—, Export- und Reimportverbote WRP 1964, 33
—, Exportverbote nach Fortfall der — BB 1969, 16; MA 1962, 599
—, Fertigwaren und Halbfertigwaren und — MA 1962, 789
—, Gemeinsamer Markt (EWG) und — MA 1962, 981; WRP 1963, 262; 1963, 1; GRUR Ausl. 1966, 565
—, Gefährdung der — durch Preisunterbietungen GRUR 1961, 149 = WRP 1961, 90; WRP 1962, 329; 1963, 69
—, Gegenseitiger Vertrag? BB 1966, 186
—, Gleichartigkeit der Ware MA 1963, 749; BB 1968, 1012
—, Gültige —, aber Verstoß gegen § 1 UWG BB 1964, 57
—, horizontale — NJW 1963, 1156; BB 1963, 1357
—, horizontale — oder Kalkulationsrichtlinien? BB 1963, 1129

—, internationales Privatrecht und — WRP 1963, 262
—, Kollektivvertrag und — BB 1963, 1357
—, Lagerverluste und ihr Ausgleich Betrieb 1967, 1443
—, legaler Re-Import BB 1969, 701
—, Leistungen, Keine — für Leistungen BB 1969, 508 und 701
—, Margenpreisbindung BB 1966, 512
—, Mehrwertsteuer und — BB 1967, 1312, 1264 und 1390; WRP 1967, 309; 1968, 11; GRUR 1968, 32
—, Preisherabsetzung bei bestehender — NJW 1962, 573
—, Preisspaltung BB 1960, 297
—, Preisbindung und Lizenzvertrag WRP 1962, 7
—, Rechtsprechung, neuere Übersicht WRP 1967, 249
—, Register WRP 1966, 99; BB 1966, 60; Betrieb 1966, 61
—, Registerverordnung BB 1966, 60
—, Re-Import und — WRP 1963, 69; BB 1969, 701
—, Re-Import und zulässiger Inlandsverkauf durch Außenseiter GRUR 1968, 272
—, relevanter Markt und — BB 1969, 508
—, Rückvergütungen durch Genossenschaften Betrieb 1962, 793 und 1682
—, Sammelrevers WRP 1963, 31; NJW 1963, 113; BB 1963, 451; 1964, 743 und 780; WRP 1964, 23, 24 und 94
—, Schadensersatz bei Aufhebung WuW 1961, 615
—, Schallplatten WRP 1963, 14; GRUR 1967, 158; 1970, 322; MA 1970, 396
—, Schleichbezug GRUR 1968, 692
—, Schriftform WRP 1958, 130; WRP 1964, 743; MA 1966, 499; BB 1967, 1354; 1968, 228; NJW 1968, 386 und 1509; GRUR 1968, 219 = WRP 1968, 123 und 130; WuW 1970, 305; WRP 1970, 13; (Bezugnahme auf Lieferungs- und Zahlungsbedingungen:) WuW 1970, 387 und 437; NJW 1968, 1509; (Nebenabreden:) BB 1970, 1190 = NJW 1970, 2157 = WRP 1970, 384
—, Schriftform und allgemeine Geschäftsbedingungen BB 1969, 646
—, Schriftform und Aufführung lediglich der Warenart BB 1964, 57
—, Testkäufe MA 1962, 431
—, Treuhandgesellschaften und Überwachung der — MA 1961, 841; NJW 1963, 2138
—, Treuhandgesellschaften als Empfängerin einer Kündigung der — WRP 1963, 283
—, und Ausverkauf Wettbewerb 1965, 30
—, Wirksamkeit der — nach Fortfall des Exportverbotes? Betrieb 1968, 2070; BB 1969, 16
—, und Grundgesetz BB 1969, 144
—, und grauer Markt WRP 1961, 195; NJW 1964, 133
—, und horizontale Absprachen BB 1963, 534
—, und Kalkulationsrichtlinien BB 1963, 1129
—, und Mehrwertsteuer BB 1967, 1312; (BJM:) BB 1967, 1264; WRP 1967, 309; 1968, 11; GRUR 1968, 32
—, und Mengenrabatt BB 1963, 450 und 1349; NJW 1963, 1505
—, und Personalrabatt BB 1961, 467
—, und Re-Importverbot WRP 1964, 33; (Nicht notwendig zur Lückenlosigkeit:) WRP 1969, 440
—, und Sondernachlässe WRP 1967, 367; 1959, 7
—, und Überwachung NJW 1963, 1505; s. auch Lückenlosigkeit
—, und Vereinbarung der Bucheinsicht

P

BB 1963, 450 = NJW 1963, 1505; BB 1963, 1349; WRP 1964, 94
—, und Warenrückvergütung WRP 1965, 411
—, und Wirtschaftsstrafrecht BB 1967, 386
—, auch der Zwischenhandelspreise? NJW 1963, 293
—, Verkauf zum Einkaufspreis WRP 1966, 416
—, Verstoß gegen die —, Eingriff in den eingerichteten und ausgeübten Gewerbebetrieb? GRUR 1961, 149 = WRP 1961, 90
—, Verstoß gegen die — nach (durch) Erwerb im Einzelhandelsgeschäft? WRP 1966, 416
—, Verstoß bedeutet Erschütterung des ganzen — BB 1964, 367 = GRUR 1964, 320 = WRP 1964, 161
—, Preisbindungsvertrag BB 1966, 186
—, Verteuerung durch — ? MA 1962, 273; BB 1968, 100 und 961; WRP 1965, 407; WRP 1970, 138; WuW 1970, 443
100 und 961; WRP 1965, 407; WRP 1970, 138
—, Vertragsfreiheit und — MA 1960, 70
—, Warenrückvergütungen WRP 1963, 285; BB 1966, 344
—, Werbepolitische Problematik WRP 1965, 390
—, Wiederverkäufer und — BB 1953, 15
—, Zigarettenautomaten und — WRP 1970, 22; BB 1970, 1455 (m. Anm. *Raisch*)
—, Zweigleisigkeit des Vertriebes WRP 1962, 321; 1969, 326; BB 1969, 326 und 701; 1970, 414; (des Buch- und Schallplattenvertriebes:) NJW 1970, 1661; (Schallplatten:) WRP 1970, 115

Preisbindung/Außenseiter

—, Allgemeines NJW 1961, 1751; NJW 1962, 1545; JZ 1963, 271 und 273; 1964, 670; JuS 1965, 384
—, Ansprüche gegen den — s. Rechtsfragen
—, Auskunftsanspruch auf Namensnennung *Pastor* in *Reimer* S. 332
—, Aufnahme von im Einzelhandel gekaufter Erzeugnisse in den Geschäftsbetrieb WRP 1966, 419
—, Erwerb im Ausland bei inländischer Lückenlosigkeit WRP 1966, 67
—, Erwerb im Einzelhandelsgeschäft (Kaufhaus) kein Preisbindungsverstoß WRP 1966, 416
—, Ausnutzung fremden Vertragsbruchs: **Verstoß — Fälle:** BGH-Maggi; BB 1964, 367; NJW 1961, 2100; NJW 1963, 85; NJW 1963, 609
Kein Verstoß: BB 1963, 789 = JZ 1963, 555 = NJW 1963, 1622; BB 1962, 1058; 1963, 954; NJW 1961, 1751; 1962, 1545; JZ 1963, 273; NJW 1963, 2097
—, Bindung des Außenseiters JZ 1963, 273; NJW 1961, 1751
—, Preisunterbietung, wenn durch Verleitung erworben NJW 1964, 917
—, Verstoß bei ordnungsgemäßigem Erwerb? JZ 1963, 555
—, Verschweigen des Namens des Lieferanten NJW 1963, 2127
—, der Vorsprung des Außenseiters WuW 1967, 417 und 743

Preisbindung/Lückenlosigkeit

—, Allgemeines BB 1958, 1217; WRP 1958, 353; NJW 1959, 967; GRUR 1961, 68; BGHZ 36, 91 = GRUR 1961, 263 = WRP 1962, 60; MA 1962, 743; WRP 1962, 398; 1963, 69; NJW 1963, 610 und 1506;

WRP 1966, 105; WRP 1967, 408; NJW 1969, 1001
—, Bedeutung für den Preisbindungsvertrag NJW 1969, 1001
—, Begriffsbestimmung NJW 1963, 610; WuW/E OLG 303, 305; NJW 1963, 1506
—, Bucheinsicht und — WRP 1964, 94; NJW 1963, 1506; BB 1963, 1349
—, Erfordernisse BB 1962, 735; WRP 1962, 396; BGHZ 40, 135 = GRUR 1964, 154 = WRP 1963, 402; WRP 1963, 71; GRUR 1961, 68 Anm. 45
—, Erfordernis bei Waren, die exportiert werden BB 1962, 735; WRP 1963, 71
—, Erschütterung des ganzen Systems durch Verstoß BB 1964, 367 = GRUR 1964, 320 = WRP 1964, 161
—, Fortfall der — und Nichtzumutbarkeit der Vertragseinhaltung WRP 1964, 24; BGHZ 36, 370 = GRUR 1962, 423 = WRP 1962, 207
—, Geschäftsbereich des Vertragshändlers maßgebend BGHZ 36, 370 = GRUR 1962, 423 = WRP 1962, 207; WRP 1964, 24
—, Fortfall der — in einem regionalen Bezirk WRP 1964, 22
—, für Halbfabrikate BB 1960, 1042
—, Herabsetzung des gebundenen Preises und — NJW 1962, 573
—, eines internationalen Vertriebsbindungssystems GRUR 1969, 222
—, Nachweis der Lückenlosigkeit MA 1963, 169; NJW 1963, 1238
—, Testkäufe bei Überwachung MA 1962, 431
—, und Ausnahmen des Preisbindungssystems bei Behörden WRP 1963, 162
—, und grauer Markt WRP 1961, 195; NJW 1964, 133
—, und Mengenrabatt NJW 1963, 1505; BB 1965, 450 und 1349
—, und Möglichkeit, als Außenseiter Waren erhalten zu können NJW 1961, 1754
—, und Re-Importe WRP 1964, 33; BB 1968, 143
—, Unschädlichkeit durch Re-Importe, wenn Abänderungen an der Ware notwendig BB 1970, 51
—, und Nachweis der praktischen — NJW 1963, 1238; MA 1963, 169
—, und Überwachung RGZ 151, 255; NJW 1963, 1505; WRP 1968, 35
—, Überwachung durch Treuhandgesellschaften und — MA 1961, 841; NJW 1963, 2128
—, Unwirksamkeitserklärung und ihre Folgen WRP 1960, 225
—, Überwachungspflicht WRP 1963, 162 = BB 1962, 495; BB 1963, 12 und 364; WRP 1963, 97; (als Geschäftsgrundlage:) GRUR 1970, 576
—, Zeitpunkt des Vorliegens RGZ 151, 239; BB 1963, 1349
—, Zweigleisigkeit des Vertriebes WRP 1962, 321; BB 1969, 326; s. auch Rechtsfragen

Preisbindung/Verstöße
—, Eingriff in den eingerichteten und ausgeübten Gewerbebetrieb? GRUR 1961, 149 = WRP 1961, 90
—, durch Bezug über Verbraucherverbände NJW 1963, 2129
—, durch Erwerb im Einzelhandelsgeschäft? WRP 1966, 416
—, durch Genossenschaften WRP 1961, 25
—, über Einkaufszusammenschlüsse von Verbrauchern BB 1963, 1153
—, »Auch ich bekämpfe die Preisbindung« Wettbewerb 1962, 31
—, Gefährdung des ganzen Systems durch einen Verstoß BB 1964, 367

Preisbrecher WRP 1962, 139

P

—, »Weiterhin —« Wettbewerb 1959, 12
—, »X, ein neuer —« Wettbewerb 1961, 9
Preisdifferenzierung verschiedener Abnehmer und § 1 UWG WRP 1958, 202
Preisdisziplin, eigene — Wettbewerb 1956, 75
Preise/Bezeichnung von Preisen
—, Auslobung »— im Werte von ... DM« Wettbewerb 1958, 13
—, Discountpreise BB 1963, 1233; WRP 1963, 221 und 338; BB 1964, 158
—, Eröffnungspreise Wettbewerb 1962, 24
—, Fabrikpreise WRP 1955, 189; 1959, 328; 1963, 321
—, Groß-Einkaufspreise Wettbewerb 1955, 29
—, Großhandelspreise WRP 1955, 22; 1959, 285 und 325; 1961, 67; 1964, 44
—, Listenpreise, s. diese und Richtpreise
—, Mittwochspreise Wettbewerb 1964, 52
—, Sonderpreise Wettbewerb 1956, 24
—, Super-Discountpreise BB 1963, 1234
—, Stadtrandpreise Wettbewerb 1956, 58
—, Tiefstpreise Wettbewerb 1956, 69
—, Teppichpreise Wettbewerb 1961, 14
—, Vorzugspreise Wettbewerb 1955, 46
—, verschiedene — für die gleiche Ware Wettbewerb 1958, 93
—, Werkspreise, »Original —« Wettbewerb 1956, 36
—, Winterpreise Wettbewerb 1956, 113
—, »Auch hier diese —« WRP 1963, 134
—, »Unter Vermeidung aller Unkosten« BB 1963, 287
—, »Bei Vermeidung aller Unkosten« BB 1963, 287
—, »Parade der kleinen —« Wettbewerb 1957, 102
—, Phantasie — anstelle des erwarteten angemessenen Marktpreises, Ausgleichsforderung? NJW 1963, 1455 und 1983
—, verschiedene — je nach der abgenommenen Menge MDR 1960, 765; (für gleiche Waren:) Wettbewerb 1958, 93
—, »wie vor 30 Jahren« Wettbewerb 1955, 29
—, Unangemessene —, Verschulden hierfür bei Vertragsschluß NJW 1963, 1455 und 1983
Preisempfehlung
—, Literatur: WRP 1957, 254; BGHZ 28, 209 = GRUR 1958, 621 = WRP 1958, 344; WRP 1958, 326; 1962, 281, 308 und 375; BB 1963, 319; WRP 1963, 9; BB 1964, 109; Betrieb 1969, 122
—, (BGH) BGHZ 28, 209 = GRUR 1958, 621 = WRP 1958, 344
—, durch Preismitteilung WuW 1970, 553
—, gleichförmiges Verhalten WRP 1966, 91
—, horizontale — WuW 1962, 393
—, Irreführung der Verbraucherschaft durch — Wettbewerb 1965, 6
—, Liefersperre, Androhung einer — NJW 1969, 638
—, Mondpreisempfehlung Gutachten Nr. 1/1966; NJW 1967, 806 und 810; BB 1967, 53 und 107; NJW 1966, 1947; WRP 1966, 36; BB 1966, 383
—, Richtpreis, Begriff WRP 1970, 276
—, und Rabattverstoß Betrieb 1963, 319; Betrieb 1969, 71
—, und Re-Importe BB 1968, 2070

—, und Überwachung hins. der Vertriebsbindung WRP 1969, 28
—, und angemessener durchschnittlicher Verbraucherpreis WRP 1970, 275
—, und Verkaufspreis GRUR 1965, 97
—, Werbevergleich mit — NJW 1965, 235
—, und Werbung WRP 1962, 281
—, und GWB WRP 1957, 254; 1962, 188
Preisermäßigungen vor Ausverkäufen GRUR 1953, 248
Preisersparnis bis 40 % Wettbewerb 1960, 33
Preiserhöhungen, kollektive — BB 1969, 1238
Preisgarantie Wettbewerb 1960, 40; WRP 1967, 294; Wettbewerb 1967, 44; WRP 1968, 448; BB 1969, 64
Preisgegenüberstellungen/Allgemeines MA 1961, 1010; Wettbewerb 1961, 41; WRP 1960, 47; 1961, 84; WRP 1962, 11 und 112; ferner: Wettbewerb 1955, 60; 1956, 92; 1957, 110; 1958, 22; WRP 1958, 215; WRP 1970, 204
Preisgegenüberstellungen/Arten
—, lediglich auf Etiketten Gutachten BB 1965, 722
—, alter Preis mit neuem Preis Wettbewerb 1967, 45
—, bisheriger und jetziger Preis BB 1960, 756; WRP 1960, 47; 1962, 112; 1963, 20; Wettbewerb 1962, 24; WRP 1969, 388
—, Bruttopreise und Nettopreise Wettbewerb 1962, 77
—, durchstrichener Preis mit eigenem Preis MA 1961, 1010 = WRP 1962, 11; Wettbewerb 1961, 32; WRP 1963, 278 = NJW 1963, 1625 = NdsRpfl. 1963, 187; BB 1963, 1033; Betrieb 1968, 1850
—, empfohlener Richtpreis mit dem eigenen Preis GRUR 1959, 55 und 288; BB 1960, 1009 und 1181; GRUR 1960, 337 = NJW 1959, 1974; WRP 1961, 75; 1962, 251 und 281; Wettbewerb 1962, 79; WRP 1963, 278 = NJW 1963, 372 = BB 1963, 63; BB 1963, 429; Betrieb 1963, 761; WRP 1963, 9 und 370; JZ 1963, 372; WRP 1964, 310; Wettbewerb 1968, 52; Betrieb 1968, 1944; WRP 1970, 205; Betrieb 1970, 1069
—, Fabrikpreis und Ladenpreis Wettbewerb 1955, 46
—, fremde Preise mit eigenem Preis WRP 1970, 204
—, früher — jetzt Wettbewerb 1955, 29; 1959, 24
—, Listenpreis mit eigenem Verkaufspreis GRUR 1961, 300 = MDR 1961, 60; WRP 1961, 84; Wettbewerb 1962, 18; WRP 1962, 403; 1964, 93
—, Listenpreis mit Barpreis Wettbewerb 1963, 55
—, Mittel des Wettbewerbs Betrieb 1954, 592
—, Neupreis und Gelegenheitspreis Wettbewerb 1961, 41
—, mit »regulärem« Preis WRP 1970, 267; Betrieb 1970, 1216; GRUR 1970, 422
—, Richtpreis mit Verkaufspreis Wettbewerb 1962, 18
—, Richtpreis mit Discountpreis BB 1963, 1235
—, und Rabatt Betrieb 1963, 579; NJW 1963, 527 und 1527; WRP 1963, 370; BB 1964, 145
Preisgegenüberstellung/Einzelfragen
—, Anlocken durch — WRP 1961, 370
—, bei nicht mehr einwandfreier Ware Wettbewerb 1962, 71
—, bei Jubiläumsverkäufen Wettbewerb 1956, 92; Gutachten Nr. 3/1963; BB 1965, 722

P

—, in der Herrenbekleidungsbranche WRP 1968, 447
—, mit der eigenen Preissenkung WRP 1962, 137
—, mit Kassapreis Wettbewerb 1965, 23
—, irreführende — Wettbewerb 1955, 29
—, mit nicht durchstrichenem Preis Wettbewerb 1961, 32
—, mit Mondpreisen BB 1965, 644; Wettbewerb 1970, 7; s. im übrigen Preisempfehlung
—, mit Scheinpreisen Wettbewerb 1959, 24
—, nach Aufhebung der Preisbindung WRP 1968, 237
—, überhöhte Preise Wettbewerb 1956, 46
—, während eines Schlußverkaufs Gutachten Nr. 6/1959 und Nr. 4/1963; BB 1961, 78; Wettbewerb 1955, 29
—, Zeitdauer von — Wettbewerb 1962, 42; (3 Monate:) WRP 1962, 137; (1 Monat:) WRP 1960, 47; (»bis vor kurzem«:) Wettbewerb 1955, 29
—, zwei Preise an der Ware (Richtpreis und Verkaufspreis) BB 1963, 1235

Preisgegenüberstellungen/ Vergleichende Werbung? WRP 1970, 204; Betrieb 1970, 1216 = WRP 1970, 267
bejaht: WuW/E 207, 212; WuW/E OLG 330; GRUR 1959, 551; BB 1959, 901 = NJW 1959, 1974 = GRUR 1960, 337; BB 1960, 1113 und 1181; WRP 1960, 307; 1962, 403; GRUR 1961, 300; Wettbewerb 1962, 79; GRUR 1962, 101
verneint: GRUR 1959, 288 = BB 1958, 892; BB 1960, 1105; WRP 1961, 76; 1962, 251 und 282; NJW 1963, 372; BB 1963, 429 und 1033; Betrieb 1963, 579; WRP 1963, 278 = NJW 1963, 1625 = NdsRpfl. 1963, 187 und 370; BB 1963, 63 = Betrieb 1963, 761

Preisgünstig, »So — wie im Versandhandel« Wettbewerb 1958, 84; WRP 1961, 126

Preisgleitklausel Betrieb 1970, 1865

Preisherabsetzung bei bestehender Preisbindung NJW 1962, 573

Preiskalkulation, in Kundenschreiben WRP 1960, 19
—, Netto — BB 1966, 1371

Preiskrieg, Androhung eines — (Benzin) BB 1967, 1390

Preisklausel »zollfrei« MDR 1964, 318

Preiskiller Wettbewerb 1970, 25

Preislisten, Begriff WRP 1961, 357
—, Doppelte — Wettbewerb 1957, 30; WRP 1962, 280
—, Schutz vor Nachahmungen BB 1953, 874

Preislistentreue im Anzeigengeschäft MA 1950, 49; 1961, 147; Wettbewerb 1957, 66; WuW 1962, 260 und 595
—, der Werbeagenturen WuW/E OLG 957; WRP 1969, 305; WRP 1970, 1 und 103; WRP 1970, 237
—, im Zeitschriftengewerbe WuW 1962, 595

Preismechanismus und Information WRP 1966, 46

Preismeldeverträge, s. open-price-System; BB 1964, 62; WRP 1964, 1; 1965, 208; 1966, 16 und 46
—, und Oligopol BB 1969, 1501; 1964, 62

Preismeldestellen Betrieb 1963, 19; BB 1963, 699; Betrieb 1969, 475; WRP 1969, 475
—, und Kooperation WRP 1965, 348
—, und Oligopol BB 1964, 62
—, Kartelle? WRP 1966, 300
—, und Wettbewerbsregeln Betrieb 1964, 140

Preismeldesysteme und GWB WuW 1961, 464; BB 1963, 699; WRP 1969, 305
Preisnachlaß, nachträglicher — Wettbewerb 1956, 81
Preisparade WRP 1959, 357
Preisschleuderei GRUR 1931, 213; (und Liefersperre:) WuW 1969, 376; (unter Selbstkosten:) BB 1953, 297; s. im übrigen Preisunterbietung
Preisschutz vor Außenseiter JuS 1965, 384
—, und Zugabe MuW 1933, 229
Preissenkung, Allgemeine — Wettbewerb 1958, 23
—, »Ab sofort ... % —« NJW 1953, 1267
—, Ausgedrückt in %: Gutachten Nr. 4/1954; Wettbewerb 1955, 23, 57 und 92: NJW 1953, 1267; BB 1954, 822; NJW 1959, 1974; GRUR 1961, 367; WRP 1961, 30; BB 1969, 1452; BB 1960, 115
—, »Bis zu ... % —« WRP 1963, 370
—, Dauer einer Werbung mit — Wettbewerb 1961, 42; s. auch Preisgegenüberstellung »bisher — jetzt«
—, durch Selbstbeteiligung des Tankstellenpächters BB 1969, 1329
—, für beschädigte Stücke BB 1967, 267
—, Hinweis auf — Wettbewerb 1959, 83
—, »... % — auf alle Preise« Wettbewerb 1955, 23
—, »... % — auf alle Waren« NJW 1952, 1058
—, »tägliche« — Gutachten Nr. 2/1961
—, und Jubiläum BB 1966, 383
—, und Rabatt Wettbewerb 1958, 23; 1961, 30; GRUR 1959, 331
—, und vorweggenommener Schlußverkauf WRP 1958, 251
—, während eines Schlußverkaufs BB 1952, 560; Betrieb 1952, 592
—, während bestehender Preisbindung NJW 1962, 573
—, wiederholte Ankündigung Wettbewerb 1968, 22
—, zufolge Aufhebung der Preisbindung BB 1968, 961
Preisspaltung und Preisbindung BB 1960, 297; Gutachten Nr. 3/1960
Preissteigerung, Werbehinweis auf — Wettbewerb 1957, 3 und 58; 1958, 64; Gutachten Nr. 16/1950
Preissturz Wettbewerb 1960, 22
Preissystem, Frankostationspreis — und GWB WuW 1967, 453
Preisunterbietung *Spengler,* 1955, Preisschleuderei; WRP 1955, 91 und 236; WuW 1955, 118; WRP 1958, 234; Betrieb 1965, 1655; WRP 1965, 390
—, aggressive — WRP 1963, 35
—, auf dem Baumarkt WRP 1966, 407
—, durch Nichteinhaltung der Ausschreibungsbedingungen Wettbewerb 1957, 50
—, eigener Kunden (durch Hersteller) Wettbewerb 1956, 21
—, gezielte — BB 1967, 1014
—, Skonti als —? WRP 1956, 38
—, Lauterkeit einer — Wettbewerb 1956, 121
—, Markenartikel WRP 1963, 33
—, Schikanöse — WRP 1963, 35
—, sittenwidrige — WRP 1955, 61
—, unter Hersteller-Abgabepreis WuW 1969, 271
—, unter Selbstkosten WRP 1963, 35; BB 1953, 297; WRP 1968, 216; 1969, 172; GRUR 1969, 172; Gutachten Nr. 17/1949
—, von Richtpreisen WRP 1963, 35
—, gegenüber verschiedenen Abnehmern Int. Wettbewerb 1963, 17
—, bei Zucker Wettbewerb 1961, 54

P

—, Schutz vor Unterpreisen WRP 1968, 216
Preisvergleich, als rabattrechtliches Problem Betrieb 1964, 1215
—, durch %-Angabe unter Listenpreis? GRUR 1960, 337 = NJW 1959, 1974; GRUR 1959, 551 = WRP 1959, 220; BB 1960, 1115; BB 1961, 232; WRP 1962, 17
—, mit empfohlenem Richtpreis Wettbewerb 1965, 6; Betrieb 1968, 1944
—, Zulässigkeit WRP 1968, 200; WRP 1970, 267; Wettbewerb 1970, 36
Preisverschleierung durch Gesamtpreisangebot Wettbewerb 1967, 38
Preisverstöße und Kartellverstöße BB 1959, 616; 1960, 77
Preisvorbehalte WuW 1963, 691
Preiswert, »So — wie noch nie« Wettbewerb 1958, 62
—, preiswerter geht's nicht MDR 1969, 672
—, »Warum so —?« Wettbewerb 1958, 11
Preiswettbewerb, auf oligopolistischem Markt NJW 1970, 1040 = WRP 1970, 259 = WuW 1970, 623
—, und Feststellung NJW 1969, 1027
—, i. S. des GWB WRP 1969, 414; Betrieb 1970, 870
—, bei Vergabe öffentlicher Aufträge BB 1965, 185
—, und Oligopol WRP 1970, 259
Preiszusatz»discount« WRP 1966, 393
Presse, Sorgfaltspflichten JR 1965, 384
Pressefehde zwischen politischen Gegnern WRP 1963, 282
Pressefreiheit und unlauterer Wettbewerb GRUR 1958, 35 = WRP 1957, 327; BB 1968, 1437
Presseinformant, seine Haftung BB 1964, 490
Presseinformation, Unrichtige — NJW 1964, 1181
—, durch Mitbewerber BB 1968, 682
Presseorgan, Kritik an gewerblichen Unternehmen BB 1964, 325
Presseveröffentlichungen zu Wettbewerbszwecken BB 1964, 239
Priorität WRP 1956, 222
—, formelle im Zeichenrecht Mitt. 1966, 245
—, Übertragungserklärung von Prioritätsrechten Mitt. 1970, 105
Prince Albert (BGH) GRUR 1966, 427 = WRP 1966, 270
Privathand, »Aus —« Wettbewerb 1955, 38
Privatpersonen in der Werbung Wettbewerb 1955, 69
Privatschulen WRP 1968, 315
Privatverkauf, Getarnter —, der Gewerbeverkauf ist Wettbewerb 1966, 29
Prix, Grand — Wettbewerb 1967, 40
Probe, Zur — Wettbewerb 1965, 41
—, Zur Probe, bei Zeitschriften Wettbewerb 1961, 41
—, »1/2 Jahr —« Wettbewerb 1955, 25
—, »4 Wochen —« BB 1965, 833
—, Waren — WRP 1955, 138
—, Zeitschriften Wettbewerb 1964, 41
Probebeutel Wettbewerb 1955, 20
Probehefte WRP 1957, 261
Probepackungen und Einführungswerbung BB 1965, 514
—, Abgabe von — eines Konkurrenzunternehmens durch Einzelhändler GRUR 1963, 197 = WRP 1963, 50
—, Abgabe zu geringeren Preisen als — GRUR 1965, 542 = WRP 1965, 257; Wettbewerb 1955, 41; WRP 1955, 253; Wettbewerb 1955, 51; 1956, 9
—, gegen Gutscheine Wettbewerb 1956, 9; 1955, 51
Probetube (BGH) GRUR 1968, 53
Probezwecke, Abgabe von Originalware zu — BB 1965, 1242

Probierpaket (BGH) GRUR 1969, 299 = WRP 1969, 26
Programme, Elektronische Datenverarbeitungs- und Urheberrechtsschutz *Köhler,* 1968; GRUR 1968, 679; 1969, 315; BB 1969, 1114
—, Schutz der Computer — GRUR 1968, 679; WRP 1969, 85; Betrieb 1969, 159; Mitt. 1969, 23; GRUR Int. 1969, 207
—, patentrechtliche Fragen der — GRUR 1969, 315 und 642
Programmhefte für gewerbliche Veranstaltungen BGHZ 27, 264 = GRUR 1958, 549 = WRP 1958, 269; GRUR 1962, 254 = WRP 1962, 163
Progressive Kundenwerbung, s. Schneeballsystem
Prokura, Gesamt— DNotZ 1968, 445
Provision (Begriff) Wettbewerb 1957, 66; BB 1964, 328
—, an Architekten Wettbewerb 1964, 37
—, an Ärzte Wettbewerb 1955, 60; 1961, 12
—, an Ingenieure Wettbewerb 1964, 37
—, an Steuerberater Wettbewerb 1959, 89
—, Abrechnung Betrieb 1970, 1473
Prozente, »Ihre —« WRP 1963, 370
—, »... % unter Listenpreis« BB 1960, 1105
—, »... % unter empfohlenen Richtpreis« WRP 1964, 393; Betieb 1965, 171; Zusammenstellung: Wettbewerb 1966, 11
—, »9 % über Fabrikpreis« GRUR 1965, 431
—, »10 % auf alle Schaufensterdekorationen« Wettbewerb 1967, 22
—, »15 % weniger Generalunkosten« Wettbewerb 1964, 24
—, »20 % unter Listenpreis«, s. vgl. Werbung, Listenpreis
—, »... % können Sie sparen« WRP 1968, 199
Prozentuale Preissenkung (bei Jubiläum) BB 1966, 383
Prozesse, Erörterung von — mit der Konkurrenz vor der Öffentlichkeit oder in Werbeschriften Wettbewerb 1955, 42 und 136; WRP 1956, 72
Prozeßkosten, steuerliche Abschreibung von — aus Wettbewerbsstrafsachen WRP 1969, 1049; BB 1970, 966
Psychologischer Kaufzwang, s. Kaufzwang
Pudelzeichen (BGH) GRUR 1967, 490 = WRP 1967, 444
Pulverbehälter (BGH) BGHZ 50, 125 = GRUR 1968, 591 = WRP 1968, 327

P

Q

Quälen, »Warum sich immer —?« Wettbewerb 1955, 78
Qualität, Ia — Wettbewerb 1955, 24
—, allein entscheidet Wettbewerb 1958, 4
—, Beste — Wettbewerb 1957, 99
—, Marken— Wettbewerb 1968, 35
Qualität allein entscheidet Wettbewerb 1958, 4
Qualitätskontrollen, Wissenschaftliche — WRP 1955, 152 und 241
Querschnittstests WRP 1959, 344; 1962, 359
Quick (BGH) BGHZ 28, 321 = GRUR 1959, 183 = WRP 1959, 93
Quittung, zur Selbstbedienung Wettbewerb 1966, 27

Rabatt, Gebrauch des Wortes — GRUR 1961, 367 = WRP 1961, 223
—, Literatur: NJW 1962, 93; JR 1963, 216; WRP 1957, 69; 1968, 254; 1969, 10
—, Rechtsprechungsübersichten: WRP 1968, 254; 1969, 10; NJW 1970, 1405
Rabatt/Arten
—, Behördenrabatt Wettbewerb 1957, 112 und 127; Gutachten Nr. 4/1958
—, Funktionsrabatt Betrieb 1961, 1313; WRP 1958, 225
—, Gruppenrabatt WRP 1956, 51
—, Herstellertreuevergütung Wettbewerb 1956, 27
—, Konzernrabatte BB 1965, 686; Wettbewerb 1956, 39, 50 und 118
—, Mengenrabatt Betrieb 1952, 460; WRP 1957, 53 und 85; 1958, 39 und 86; (Menge bei —:) BB 1965, 1253; (— und Mehrfachpackungen:) BB 1966, 643
—, gegenseitiger — verschiedener Firmen Wettbewerb 1963, 39
—, geringerer Mengenpreis im Kaffeehandel BB 1960, 1149
—, Mitarbeiterrabatt Wettbewerb 1966, 16
—, Personalrabatt BB 1961, 467; Wettbewerb 1959, 54
—, Personalrabatt bei Markenwaren WRP 1961, 166
—, Personalrabatt bei preisgebundener Ware BB 1961, 467
—, Preisvergünstigungen (BGH) BGHZ 50, 207 = GRUR 1968, 707 = WRP 1968, 330
—, Rabattsparen Wettbewerb 1957, 66
—, Umsatzrabatt Wettbewerb 1964, 31
—, Wertrabatt (100,— DM) GRUR 1969, 225
—, Werksrabatt Wettbewerb 1956, 6 und 14
—, zeitlich beschränkter Rabatt (»Weihnachtsrabatt«) Wettbewerb 1957, 90
Rabatt/Bezeichnungen
—, »Rabatt« WRP 1961, 223
—, Doppelrabatt Wettbewerb 1956, 95
—, Großrabatte Wettbewerb 1960, 57
—, Höchstrabatt WRP 1962, 138; 1968, 458
—, Jubiläumsrabatt WRP 1955, 77
—, Rabatthaus WRP 1963, 22
—, Reifenrabatte Wettbewerb 1956, 26
—, Werberabatt Wettbewerb 1957, 78
—, Werksrabatt WRP 1968, 416
—, Weihnachtsrabatt Wettbewerb 1957, 90
—, Winterrabatt Wettbewerb 1955, 41; 1964, 22
Rabatt/Rechtsfragen
—, Abgrenzung zu Skonti BB 1968, 969
—, Ankündigung Wettbewerb 1963, 48
—, Ankündigung und Gewähren, Verhältnis der beiden Begriffe zueinander GRUR 1960, 495 = WRP 1960, 280
—, Ankündigung allein des Teilzahlungspreises WRP 1957, 116
—, Ankündigung ausländischer Unternehmer in deutschen Zeitungen Wettbewerb 1958, 94; NJW 1970, 1008
—, Anspruch, Zeitpunkt des Entstehens NJW 1960, 982
—, aufgedruckte Preise BB 1963, 11 und 319
—, auf Zugaben WRP 1963, 165
—, Auslandsgeschäfte Wettbewerb 1958, 40
—, Auszeichnungspreis GRUR 1969, 620 = WRP 1969, 492
—, Barzahlungsrabatte als Geschäftsbedingungen Betrieb 1961, 731

R

R

—, Beschaffung personaleigener Geschäftsfahrzeuge und RabG BB 1969, 1246
—, Bruttopreise und RabG Wettbewerb 1958, 78
—, Bruttopreisliste und RabG Wettbewerb 1958, 78
—, Buchhandel WRP 1958, 131
—, durch Abrundung von Pfennigbeträgen? Wettbewerb 1965, 30
—, Doppelgebinde WRP 1969, 164; 1970, 30
—, durch Inzahlungsnahme gebrauchter Gegenstände (Überbewertung) Wettbewerb 1961, 18; s. auch Einzelfälle/Inzahlungnahme
—, erst ab bestimmten Summen (z. B. ab 50,— DM) Wettbewerb 1957, 68
—, gespaltene Rabatte WRP 1958, 12
—, Gewährung durch Dritte GRUR 1960, 495 = WRP 1960, 280; BB 1967, 92
—, Gutscheinwerbung und RabG Wettbewerb 1955, 31; 1957, 128; 1960, 78
—, Handelsüblichkeit WRP 1956, 214; 1958, 132
—, Handwerkliche Betriebe, Anwendung des RabG? WRP 1962, 155
—, Kaufscheinhandel WRP 1959, 329
—, Konsumgenossenschaften Betrieb 1951, 267
—, Letztverbraucher (Begriff) WRP 1962, 203
—, Letzte Verbraucher Betrieb 1955, 40; WRP 1962, 203 und 294; JR 1963, 216
—, Landwirte, keine Letztverbraucher GRUR 1961, 370
—, Listenpreise, Unterbietung der — und — WRP 1958, 29; MA 1958, 795; Betrieb 1959, 1431; BB 1958, 892; 1959, 392 und 901; GRUR 1959, 518; WRP 1962, 112 und 403; BB 1963, 429 = Betrieb 1963, 579; WRP 1965, 187; BB 1967, 974
—, Markenartikel, Bindung bei — NJW 1953, 1129 und 1459
—, Normalpreis und Preisauszeichnung WRP 1970, 374
—, Personalrabatt bei preisgebundener Ware BB 1961, 467
—, Rabatt = Preisbestandteile, keine Geschäfts- oder Zahlungsbedingungen NJW 1953, 1456; MA 1954, 411 und 812; JR 1958, 596; MA 1959, 32; 1960, 614; WRP 1961, 176
—, Preisbindung und RabG MA 1960, 614
—, Preissenkung, Allgemeine — und Rabattverstoß NJW 1952, 348; WuW 1953, 777; BB 1954, 822; NJW 1953, 1267; 1959, 1974; GRUR 1959, 331; 1961, 367; WRP 1961, 223
—, Preissenkung in % GRUR 1953, 248; s. im übrigen Rabatt/%-Fälle
—, Probepackungen zu ermäßigten Preisen WRP 1955, 41 und 250; Wettbewerb 1955, 51; 1956, 9
—, RabG und UWG BB 1969, 1249
—, rabattrechtliche Beurteilung nach dem, wie es der Verkehr ansieht GRUR 1963, 557
—, rabattrechtlicher Normalpreis Wettbewerb 1962, 49
—, Sachleistungen BB 1951, 975
—, Sondernachlässe bei Preisbindungen WRP 1967, 367
—, Sondernachlässe und Preisdiskriminierung WRP 1955, 179
—, und Ausspielung Wettbewerb 1961, 6
—, und Konsumvereine WRP 1957, 358
—, und Preisvergleich Betrieb 1964, 1215
—, und Treuevergütung BB 1955, 845; WRP 1957, 91

—, unterschiedlicher Rabatt und Kartellverstoß BB 1966, 598
—, Verhältnis zur Zugabe WRP 1957, 69
—, Verkäufer und Rabattgewährer müssen identisch sein WRP 1960, 280
—, Vermittlungsprovision BB 1967, 92
—, Versprechen, wenn Abnahmetermine noch nicht feststehen Wettbewerb 1956, 39
—, Zahlungsbedingungen BB 1956, 944

Rabattfälle/Nach Empfänger

—, für Angehörige eines Industriewerkes Wettbewerb 1955, 59 und 68
—, für neue Abonnenten BB 1968, 606
—, für Benzinkäufer Wettbewerb 1958, 47
—, für branchefremde Wiederverkäufer (BGH) GRUR 1969, 362 = WRP 1969, 200; Wettbewerb 1970, 4
—, für branchefremde Einzelhändler als Letztverbraucher GRUR 1968, 595
—, Behördenrabatt Wettbewerb 1957, 112 und 127; Gutachten Nr. 4/1958
—, für Dauerkunden Wettbewerb 1969, 11
—, für Fahrzeughalter Wettbewerb 1956, 26
—, für Fahrschüler BB 1968, 926; WRP 1968, 380; 1965, 229; Wettbewerb 1962, 84
—, für Gutscheininhaber WRP 1959, 185
—, für Kinderreiche Wettbewerb 1955, 42
—, für Klöster Wettbewerb 1956, 50
—, für Kaufscheinkunden BB 1960, 802; 1963, 1195
—, für Krankenhäuser Wettbewerb 1956, 50
—, für neue Leser BB 1968, 606
—, für neue Mitarbeiter des Lieferanten Wettbewerb 1955, 84
—, für Mitarbeiter eines Versandhauses WRP 1964, 247
—, für Mitglieder des »Sozialwerk« WRP 1960, 243
—, für neue Kunden (Portoanteil) WRP 1958, 27
—, für Reiterfreunde Wettbewerb 1963, 47
—, für Sammelbesteller Wettbewerb 1963, 19
—, für Schnelleser Wettbewerb 1955, 22
—, für Schüler Wettbewerb 1961, 18
—, für Siedler Wettbewerb 1955, 59; 1959, 19
—, für Sportler Wettbewerb 1955, 60
—, für Sportlehrer Wettbewerb 1955, 60
—, für Stammkunden BB 1957, 629; Wettbewerb 1963, 48
—, für Stadtkundschaft Wettbewerb 1956, 15
—, für bestimmte Verbraucherkreise JW 1935, 2386; WRP 1956, 51
—, für Vereine MA 1953; 109; Gutachten Nr. 3/1956
—, für Werksangehörige Wettbewerb 1956, 106; 1961, 56

Rabattfälle/Nach gewährendem Unternehmen

—, durch C+C-Betriebe WRP 1967, 36
—, durch Elektroindustrie BB 1964, 482
—, durch Fahrschulen Wettbewerb 1962, 84; WRP 1965, 229; 1968, 380; BB 1968, 926
—, durch Hersteller (Treuevergütungen) Wettbewerb 1956, 27

R

—, durch Konsumgenossenschaften WRP 1966, 57; Konsumvereine WRP 1957, 358
—, durch Reisebüros WRP 1967, 224
—, durch Schulbuchhandel BB 1965, 561
—, durch Tankstellen BB 1968, 265; 1969, 73
—, Tankstellenrabatte und GWB BB 1969, 73
—, durch Versandhandel Wettbewerb 1957, 29; ebenso: Versandhäuser
—, durch Warenhäuser BB 1961, 991; 1964, 1231

Rabattfälle/Nach Anlaß
—, ab Einkauf von über 100,— DM Wettbewerb 1955, 50
—, bei Auslaufmodellen BB 1964, 780
—, bei Büromaschinen BB 1964, 105; NJW 1965, 641
—, bei Dienstleistungen (Fahrschule) BB 1968, 888
—, bei Jahresumsatz von ... DM Wettbewerb 1956, 27
—, bei Jubiläum Wettbewerb 1958, 96; WRP 1970, 149
—, Karitative Zwecke Wettbewerb 1964, 18
—, Konkurrenzausschluß Wettbewerb 1956, 32
—, Krankheit, Verzicht auf Teilzahlungsrate bei — Wettbewerb 1961, 10
—, Mehrfachpackungen BB 1966, 643; 1965, 1245 und 1253; 1969, 651; WRP 1970, 30
—, Listenverkauf NJW 1962, 93
—, Listenpreise WRP 1958, 29; GRUR 1959, 551 = WRP 1959, 220; GRUR 1960, 337; WRP 1962, 17; 1965, 187; BB 1966, 974
—, Neueröffnung eines Geschäftes Wettbewerb 1959, 92
—, Prospektverkauf NJW 1962, 93
—, Preisgebundene Ware WRP 1959, 7; 1961, 166; BB 1961, 467
—, Räumungsverkauf Wettbewerb 1960, 13
—, Reifen für Kfz Wettbewerb 1956, 26
—, im Reiseverkehr WRP 1957, 224
—, bei Sammelbestellungen WRP 1957, 85
—, bei Vorführgeräten Wettbewerb 1964, 40
—, bei Vorkasse WRP 1965, 119

Rabatt/Rabattverstoßfragen
—, Aufgedruckte Preise und Discounthändler BB 1963, 11
—, Ausschluß eines — durch neutralisierende Erklärungen GRUR 1959, 520
—, bei Fehlen der Ware, wenn nur Preislisten vorhanden sind WRP 1958, 29; MA 1958, 795; NJW 1960, 303; GRUR 1960, 337; WRP 1961, 14
—, durch Großhandelsverkauf an Letztverbraucher WRP 1968, 440
—, durch Gutscheinwerbung Wettbewerb 1955, 31; 1957, 128; 1960, 78
—, durch Weitergabe von Agenturverträgen? WRP 1969, 334
—, im Kunden-Kaufscheinwesen WRP 1967, 327
—, und Nichtigkeit nach § 138 BGB? WRP 1964, 231
—, wenn Normalpreis nicht genannt ist GRUR 1961, 367 = WRP 1961, 223
—, Teilnahme des Verbrauchers an — des Unternehmers? NJW 1964, 2258
—, und aufgedruckte Preise NJW 1963, 627
—, durch Vergleich mit Listenpreise? **bejaht:** WRP 1958, 29; GRUR 1959, 518; BB 1959, 392 und 901; WRP 1962, 403; Wettbewerb 1962, 79; WuW/E OLG 330; **verneint:** MA 1958, 795; BB 1958, 892; Be-

trieb 1959, 1431; NJW 1963, 1527; WRP 1962, 112; (offen gelassen:) BB 1963, 429
—, durch Vergleich mit empfohlenem Richtpreis? BB 1963, 319 und 579; NJW 1963, 527 und 1527; WRP 1963, 370; BB 1964, 145

Rabatt/Einzelfälle

—, Abonnements für Zeitungen GRUR 1969, 227
—, Anzeigenschecks Wettbewerb 1955, 31
—, Anzeigenaufträge MA 1953, 285
—, Ausschluß der Konkurrenz Wettbewerb 1956, 32
—, Auslandsgeschäfte Wettbewerb 1958, 40
—, Ausländischer Einzelhändler und Ankündigung im Inland Wettbewerb 1958, 94
—, Barzahlungsrabatte bei Preisbindung WRP 1961, 176
—, Barzahlungsrabatte von Versandhäusern Wettbewerb 1957, 29
—, Benzinkauf Wettbewerb 1958, 47; BB 1969, 73
—, Blickfang durch Rabattzins Wettbewerb 1962, 29
—, branchefremde Gewerbetreibende Wettbewerb 1968, 31 = BB 1969, 292
—, Darlehnsgewährung, zinslos Wettbewerb 1955, 57
—, Doppelgebinde WRP 1969, 164; 1970, 30; NJW 1970, 1607
—, Einführungspreis Wettbewerb 1957, 43
—, Einführungspreis bei Zeitungen GRUR 1969, 227
—, Erlaß einer Teilzahlungsrate Wettbewerb 1957, 30; 1961, 10
—, Großrabatte (»Ungeahnte —«) Wettbewerb 1960, 57
—, Gewährung von Großhandelspreisen Wettbewerb 1960, 35
—, Gutscheinwerbung BB 1955, 195; Wettbewerb 1955, 31; 1957, 128; 1960, 78; Betrieb 1969, 72
—, Gutscheine des Herstellers BB 1968, 649
—, Höhere Preisnachlässe Wettbewerb 1964, 44
—, hinausgeschobene Zahlungsziele Wettbewerb 1956, 117
—, Inzahlungnahme Betrieb 1952, 164; Wettbewerb 1956, 16 und 119; 1958, 96; NJW 1960, 2246; WRP 1961, 374; Wettbewerb 1961, 21 und 22; WRP 1963, 97 und 374; (Radiogerät, Trockenrasierer:) Wettbewerb 1955, 31; (Pelze:) Wettbewerb 1957, 127; (Löschgerät:) Wettbewerb 1958, 15; (gebrauchte Kfz:) Wettbewerb 1961, 31; (Überbewertung der in Zahlung genommenen Gegenstände:) Wettbewerb 1961, 18; BB 1961, 12; (Kravatten:) Wettbewerb 1963, 39; (»Selbst die ältesten ...«:) Wettbewerb 1958, 96
—, Jubiläumsverkäufe Wettbewerb 1955, 77; 1958, 96; WRP 1970, 149
—, kartonweiser Verkauf Wettbewerb 1958, 21
—, Käufergemeinschaften BB 1961, 153
—, für jeden 10. Käufer Wettbewerb 1967, 46
—, Kreditgewährung ohne Teilzahlungsaufschlag Wettbewerb 1955, 73; 1957, 18
—, Käufe an Lager eines anderen Händlers und Bedeutung der dort angebrachten Preisauszeichnung WRP 1969, 120
—, lange Teilzahlungszeiten Wettbewerb 1956, 19
—, Listenpreis, »Weit unter —« Wettbewerb 1957, 43; WRP 1965, 187
—, in Marken Wettbewerb 1967, 50
—, Markenware MA 1952, 78; 1954, 812

R

—, Mehrfachpackungen (Strümpfe) mit Einzelpreisaufdruck WRP 1969, 391
—, Möbelrabatt (BGH) GRUR 1964, 274 = WRP 1964, 248
—, bei Mitwirkung Dritter Betrieb 1967, 1355
—, Möbelverkauf an Wiederverkäufer nach Letztverbraucherpreisen WRP 1962, 280
—, »ohne Anzahlung« GRUR 1954, 29, 74 und 353
—, personaleigene Kfz BB 1969, 1246
—, 2 Preise an der Ware (Richtpreis, Verkaufspreis) BB 1963, 1235
—, Preisauszeichnung im Möbelmusterlager und — GRUR 1969, 620 = WRP 1969, 492
—, preisgebundene Markenware MA 1952, 78; 1953, 109; WRP 1959, 7; 1961, 166; BB 1961, 467
—, Preisvergleich Betrieb 1964, 1215
—, Probelieferungen an neue Kunden WRP 1958, 27
—, Provisionsverzicht WRP 1963, 98
—, Provisionsverrechnung auf den Kaufpreis GRUR 1968, 266 = WRP 1968, 106
—, Provisionsversprechen Wettbewerb 1957, 66; WRP 1959, 280
—, Provisionszahlungen an Ärzte und Ingenieure Wettbewerb 1965, 26
—, Ratenzahlungen und Rabatt Gutachten Nr. 3/1961; ohne Aufschlag GRUR 1952, 280; s. Teilzahlung ohne Aufschlag
—, Reinigung von 2 Kleidungsstücken Wettbewerb 1962, 46
—, Reiseverkehr Wettbewerb 1957, 224
—, Rabattsparen Wettbewerb 1957, 66
—, Rabattversprechen auf die Preise eines Konkurrenten NJW 1969, 1258
—, Sammelgutscheine BB 1970, 689
—, Skonti und Barrabatte Betrieb 1951, 267; WRP 1956, 39
—, Sonderpreise Wettbewerb 1955, 24; 1958, 29; WRP 1959, 185; Wettbewerb 1961, 64
—, Sportartikel Wettbewerb 1956, 119
—, Stiftung von Geldbeträgen Wettbewerb 1957, 92
—, Tankstellen Wettbewerb 1958, 47; WRP 1968, 157; BB 1969, 73
—, Treuevergütungen Wettbewerb 1957, 91; BB 1955, 845
—, verschiedene Preise für die gleiche Ware BB 1960, 576
—, »Statt Rabatt« Wettbewerb 1955, 18
—, für unfallfreies Fahren 10 % Wettbewerb 1957, 92
—, Verarbeiter-Nachlaß GRUR 1954, 36
—, Verlosung von Einkaufsgutscheinen, die in Zahlung genommen werden Wettbewerb 1965, 25
—, Vorkasse WRP 1965, 119
—, Werbepreis Wettbewerb 1957, 43
—, Werbefernsehen und Konzernrabatt WRP 1965, 191
—, Werbewoche einer Fahrschule NJW 1970, 2298
—, Wohnwagen und Anhänger Wettbewerb 1966, 30
—, Zeitungsabonnement (10 Wochen) GRUR 1969, 227
—, Zugabe und — WRP 1957, 69
—, Zuteilung von Schecks BB 1955, 195
Rabatt/Fälle, ausgedrückt in Prozenten Wettbewerb 1955, 57; GRUR 1953, 248; GRUR 1965, 551
—, »bis zu ... % Nachlaß« Wettbewerb 1962, 20; WRP 1964, 91; 1966, 184; BB 1966, 383
—, »Bis ... % unter Ladenpreis« Wettbewerb 1959, 92; WRP 1963, 370
—, »ca .. % Nachlaß« WRP 1959, 330

—, »Fast ... % Einsparung« Wettbewerb 1960, 67
—, »mit ... % Rabatt« Wettbewerb 1960, 24
—, »Preisnachlaß von ... %« Wettbewerb 1959, 79
—, 4 % für Eigenbedarf der Einzelhändler GRUR 1968, 603
—, 5 % Sonderrabatt Wettbewerb 1963, 8
—, »5 % Winterrabatt« Wettbewerb 1964, 22
—, »10 % Rabatt« NJW 1953, 348 und 832; Wettbewerb 1955, 31; 1961, 28; GRUR 1961, 367 = WRP 1961, 223; Wettbewerb 1966, 46; (auf Preise des Konkurrenten:) NJW 1969, 1258
—, 10% bei unfallfreiem Fahren Wettbewerb 1957, 92
—, »... % auf alle Artikel der Weihnachtspreisliste« Wettbewerb 1957, 90
—, 10 % bei »kartonweise Kauf« Wettbewerb 1958, 21
—, 10 % Sonderrabatt im SSV Wettbewerb 1966, 46
—, »Fast 10 % Einsparung« Wettbewerb 1960, 67
—, »15 % auf alle Waren« Wettbewerb 1955, 23
—, 20 % Nachlaß Wettbewerb 1959, 79; WRP 1959, 330; Wettbewerb 1955, 31 und 92; WRP 1964, 91
—, 20 % unter Listenpreis GRUR 1965, 551
—, 20% unter empfohlenen Richtpreis WRP 1964, 393; Betrieb 1965, 171
—, 25 % Nachlaß Wettbewerb 1956, 15; BB 1964, 240
—, 30 % für Vorführgeräte Wettbewerb 1958, 95
—, 30 % »auf alle Waren« Wettbewerb 1970, 11
—, 33 % (»Bis zu —«) Wettbewerb 1962, 20; BB 1966, 383; WRP 1966, 184
—, 40 % (»— können Sie sparen«) BGHZ 49, 325 = GRUR 1968, 443 = WRP 1968, 199
—, 50 % bei Räumungsverkauf Wettbewerb 1960, 13
—, 75 % Wettbewerb 1956, 69
Rabattkartell WuW 1968, 627 und 833; NJW 1968, 1037
Radkappe (BGH) GRUR 1962, 537 = WRP 1962, 334
Radschutz (BGH) GRUR 1954, 337
Rahmen, »Über den — hinaus« Wettbewerb 1957, 70
RAL-Bestimmungen und UWG Wettbewerb 1955, 87; WRP 1958, 181
Rasierschaum—Rasierpinsel, Systemvergleich Wettbewerb 1966, 9
Rate, »Erste Rate in 6 Wochen« Wettbewerb 1959, 67
Ratio-Markt I (BGH) GRUR 1968, 1966, 323 = WRP 1966, 257
Ratio-Markt I (BGH) GRUR 1968, 106 = WRP 1967, 405
—, II (BGH) GRUR 1968, 600
—, III (BGH) GRUR 1968, 603
Ratiosystem Wettbewerb 1964, 31
Räumen, »Um mein Lager zu —« Wettbewerb 1957, 20
Räumung, Totalräumung Wettbewerb 1959, 77
Räumungsverkauf Gutachten Nr. 1 bis 4/1962 und Nr. 1/1964; Nr. 4/1965; BB 1966, 6
—, aufeinanderfolgende — WRP 1963, 94
—, mit »alle Waren ... % billiger« BB 1969, 1452
—, Anzeigen mit doppelten Preisen Wettbewerb 1966, 4
—, Ausscheiden eines Gesellschafters Gutachten Nr. 4/1965
—, Ausverkaufs-Musteranordnung für Rheinland-Pfalz WRP 1966, 241
—, Ausverkauf und Vollstreckungs-

R

verfahren WRP 1963, 24; BB 1964, 202
—, bei Geschäftsaufgabe Betrieb 1969, 1230; (bei Aufgabe einer Warengattung:) Gutachten Nr. 1/1964
—, durch Discountverkauf WRP 1962, 101
—, mit Eröffnungsverkauf Wettbewerb 1958, 78
—, und Eröffnung eines neuen Geschäfts durch nahe Angehörige vor Beendigung des — SchlHA 1963, 16
—, in Saisonartikeln vor Schlußverkäufen BB 1967, 61; eines Saisonbetriebes Gutachten Nr. 6/1954
—, in 2 Abschnitten Wettbewerb 1958, 61
—, mit anschließender Versteigerung WRP 1963, 24
—, Restposten Gutachten Nr. 1/1951
—, »Solange der Vorrat reicht« BB 1961, 915
—, Sperrfrist, auch bei Änderung der Vertriebsart Gutachten Nr. 1/1962; BB 1964, 1402; Gutachten Nr. 3/1966
—, Sperrfristverletzung, wenn Tochter das neue Geschäft eröffnet BB 1965, 1245
—, Totalausverkauf Wettbewerb 1958, 61; 1960, 20
—, und gleichzeitige Versteigerung BB 1970, 98; WRP 1970, 83
—, Untersagung unzulässiger — durch Polizei und Verwaltung WRP 1965, 164
—, und Geschäftsübergabe BB 1962, 318
—, vorzeitiger Beginn Wettbewerb 1957, 63 und 127
—, »Wir brauchen Platz« Wettbewerb 1963, 32
Rechenautomaten BB 1968, 106
Rechenprogramme, Schutz elektronischer — BB 1967, 945; Betrieb 1969, 247; WRP 1969, 96
—, Urheberrecht und Wettbewerbsrecht WRP 1969, 96; GRUR 1968, 679
Rechnungslegung, Gesetz über die Rechnungslegung bestimmter Unternehmer und Konzerne (Publizitätsgesetz) BB 1969, 1097; (bezgl. einer GmbH:) BB 1970, 949
Rechtsanwalt und § 1 UWG NJW 1967, 873
Rechtsauffassung, Geänderte — und rückwirkende Anwendung BB 1969, 1408
Rechtsauskunft in Zeitschriften NJW 1966, 841
Rechtsberatung durch Fachzeitschriften GRUR 1957, 226 = WRP 1957, 154
Rechtsbruch, Verstoß gegen wertneutrale Vorschriften noch kein — nach § 1 UWG GRUR 1963, 578 = WRP 1963, 330
Rechtswidrigkeit, die neue Lehre von der — im Zivilrecht WRP 1969, 260 Anm. 1
Recrin (BGH) GRUR 1969, 607 = WRP 1969, 345
Redaktionell gestaltete Anzeigen und Interessentenwerbung WRP 1963, 17; 1969, 497; 1971, 36
Red white (BGH) GRUR 1969, 345 = WRP 1969, 149
Reformhaus Wettbewerb 1956, 21
Regalmiete MA 1953, 130; WRP 1965, 107
Regensburger Karmelitengeist (BGH) GRUR 1956, 558 = WRP 1957, 24
Regie, »In eigener —« Wettbewerb 1956, 28
REI-Chemie (BGH) GRUR 1957, 561 = WRP 1957, 269
Regisseur, Schutz der Leistungen des — GRUR 1962, 561

Re-Import von preisgebundenen Markenartikeln WRP 1963, 69, 262 und 275; MA 1969, 1; 1966, 28
Re-Importverbot MA 1961, 115 und 103; NJW 1961, 385; GRUR 1961, 256
Re-Importvereinbarungen WuW 1968, 573
Reine Daunen Wettbewerb 1955, 38
Reine Konfitüren BB 1966, 1078
Reinigung, Spezial— BB 1968, 315
Reinigungsbetriebe, Sonderveranstaltungen bei — Wettbewerb 1962, 24
Reinigung unseres Modellagers Wettbewerb 1957, 65
Reisebüro BB 1966, 475
Reiseverkäufer (BGH) GRUR 1963, 434 = WRP 1963, 240
Reiterfreunde Wettbewerb 1963, 47
Reklame vor Konkurrenzveranstaltungen Wettbewerb 1960, 43
Reprint (BGH) BGHZ 51, 41 = GRUR 1969, 186 = WRP 1969, 108
Restaurant »Balkan« BB 1967, 1101
Restegeschäft Wettbewerb 1955, 27
Restehaus Wettbewerb 1955, 27
Restetage WRP 1963, 349
Restposten Wettbewerb 1955, 46 und 56
Resteverkauf WRP 1963, 349
—, und Abschnittsverkauf WRP 1963, 349; Wettbewerb 1963, 4
Revue WRP 1955, 105; GRUR 1957, 284 = WRP 1957, 184
Rheinkaffee (BGH) BGHZ 50, 207 = GRUR 1968, 707 = WRP 1968, 330
Rhenodur (BGH) GRUR 1967, 600 = WRP 1967, 315
Rheumalind (BGH) GRUR 1969, 538
Richtig, »Reinigt —« Wettbewerb 1965, 27
Richtpreise, Allgemeines WRP 1963, 370; 1964, 310; MA 1965, 637; BB 1966, 383
—, als Mondpreise Wettbewerb 1966, 36; s. im übrigen Preisempfehlung
—, Angabe, daß sie nicht eingehalten werden WRP 1963, 20
—, Angabe »... % unter —«, wenn dies allgemein so gehandhabt wird BB 1963, 63 = JZ 1963, 372; BB 1963, 63
—, Bezugnahme auf — BB 1962, 302; Wettbewerb 1965, 6; Betrieb 1968, 1944
—, Rabatt auf — BB 1967, 974
—, Unterbieten des empfohlenen — Wettbewerb 1962, 81
—, überhöhte — BB 1967, 107
—, und Discountpreis BB 1963, 1235
—, und Rabattgesetz BB 1963, 319
—, »20 % unter empfohlenen —« Zusammenstellung Wettbewerb 1966, 21; Wettbewerb 1968, 47; ferner: NJW 1953, 1267; MA 1958, 795; GRUR 1959, 314 und 551
—, 20 % unter dem empfohlenen Richtpreis (BGH) BGHZ 42, 134 = GRUR 1965, 96 = WRP 1964, 370
—, »10 % unter —« WRP 1962, 97
—, 25 % unter — BB 1967, 974
—, 40 % unter — BB 1968, 350
Richtpreiswerbung I (BGH) BGHZ 45, 115 = GRUR 1966, 327 = WRP 1966, 172
—, II (BGH) GRUR 1966, 333 = WRP 1966, 179
—, III (BGH) GRUR 1966, 686 = WRP 1966, 354
Riesenangebot Wettbewerb 1956, 46
Riesenauswahl WRP 1955, 246
Rinderbesamung (BGH) BGHZ 42, 318 = GRUR 1965, 267 = WRP 1965, 117
—, II (BGH) GRUR 1968, 159 = WRP 1967, 399
Rippenstreckmetall (BGH) GRUR 1961, 189 = WRP 1961, 79

R

—, II (BGH) BGHZ 42, 151 = GRUR 1965, 146 = WRP 1964, 415
Risiko, »Ohne —« Wettbewerb 1957, 128; 1967, 49
Rohrbogenwerk (BGH) GRUR 1954, 70
Romanabdruck, gleichzeitiger — GRUR 1965, 689
Rösterei (Groß—) Wettbewerb 1955, 63
Rückgaberecht bei Lebensmitteln Wettbewerb 1956, 25
Rückkauf durch Fabriken WRP 1956, 247
Rücklizenzen GRUR 1968, 30 und 406
Rückvergütung, genossenschaftliche — (Großhandel, Preisbindung) Literaturhinweise BB 1965, 433
Rückvergütung bei Genossenschaften WRP 1964, 14; BB 1966, 344; NJW 1964, 889
—, und Werbung Betrieb 1965, 1805
Rückvergütungssensation Wettbewerb 1960, 6
Rule of reason Wettbewerb 1956, 25; WuW 1970, 319
Rügenwalder Teewurst (BGH) GRUR 1956, 270 = WRP 1956, 127
Rum, Echter — WRP 1964, 134; BB 1964, 618
Rum-Verschnitt (BGH) GRUR 1967, 30 = WRP 1966, 375
Rundflug Wettbewerb 1963, 30
Rundfunkanstalten (Fernsehanstalten) und Wettbewerb WRP 1968, 189; WRP 1958, 51
Rundschreiben einer Wirtschaftsorganisation und Eingriff in den eingerichteten und ausgeübten Gewerbebetrieb MDR 1956, 745

S

Saatgut BB 1963, 490
Saatgut und Prüfungsverfahren WRP 1961, 217
Saatgutgesetz und Sortenschutzgesetz (20. 5. 1968) BGBl. I S. 429
Saatgutverkehrsgesetz GRUR 1968, 359
Saatgutwerbung WRP 1961, 216
Sachkunde WRP 1958, 262
Sachspenden Wettbewerb 1959, 81
Sachverständiger, Werbung von öffentlich bestelltem — WRP 1955, 241; BB 1968, 315; WRP 1968, 111
—, Handeln zu Wettbewerbszwecken GRUR 1952, 523
Salon Wettbewerb 1960, 59
Sammelbesteller NJW 1960, 1839; BB 1960, 837; 1961, 197, 732 und 1030; NJW 1962, 1548; 1963, 279 und 895, 620 und 895; NJW 1963, 279
—, (BGH) GRUR 1963, 578 = WRP 1963, 330
Sammelgutscheine BB 1970, 689
Samo (BGH) GRUR 1967, 495 = WRP 1967, 269
Saunabaden Wettbewerb 1969, 14
Sanifa (BGH) BGHZ 29, 344 = GRUR 1959, 340 = WRP 1959, 154
Satellitensendungen, Schutz der — GRUR Int. 1970, 303
Sauerland-Immobilien BB 1966, 1248
Saxophon (BGH) GRUR 1966, 617 = WRP 1966, 397
Schadensersatz bei Verletzung von Art. 85 EWGV AWD 1966, 239
Schallplatten (BGH) BGHZ 46, 74 = GRUR 1967, 158 = WRP 1967, 54; WRP 1970, 435
—, Verlagserzeugnisse BB 1965, 1250
—, Wiedergabe durch Lautsprecher GRUR 1954, 216 und 302
—, Markenware GRUR 1968, 57; BB 1970, 414
—, Preisbindung bei — GRUR 1967, 158; 1970, 322; BB 1970, 414 = MDR 1970, 396
—, Zweigleisiger Vertrieb WRP 1970, 174
Schallplattenangebot Wettbewerb 1959, 47
Schaufenster Wettbewerb 1957, 121; 1960, 44
Schaufensteranlagen BB 1956, 650
Schaufenstergestaltung WRP 1955, 87; Betrieb 1966, 24
—, und Nachahmung BB 1952, 758
Schaufenstermiete (Fremdwerbung) Wettbewerb 1955, 70; MA 1953, 777; 1961, 745; BB 1964, 1024; Wettbewerb 1965, 4
Schaufensterwettbewerb Wettbewerb 1957, 121; WRP 1958, 48; 1959, 21
Schaumwein WRP 1960, 309
Schauspielerwerbung Wettbewerb 1958, 9
Scheckkarte BB 1969, 199
—, als Werbung Wettbewerb 1958, 69
Scheck-Wechsel-Deckung NJW 1968, 1867
Scheck- und Wechselreiterei BB 1968, 1179
Scheckverkehr mit Minderjährigen BB 1965, 689
Schiedsklauseln, In Gesellschaftssatzungen BB 1970, 1076
Schlagwort, Firmenbestandteile als — Wettbewerb 1957, 27; WRP 1959, 357
—, Werbung durch — Wettbewerb 1963, 41
Schleichbezug GRUR 1968, 692
Schleichwerbung MA 1965, 813
—, durch redaktionell gestaltete Anzeigen, s. diese; WRP 1969, 45
—, im Fernsehen BB 1970, 463; UFITA 1956, 23
Schlepper, Vertrieb durch — Gutachten Nr. 1/1961
Schleuderpreise (BGH) GRUR 1960, 331 = WRP 1960, 157

S

—, als Lockmittel Wettbewerb 1955, 33
Schloß in der Werbung Wettbewerb 1959, 37
Schlußverkäufe (SSV und WSV) s. auch Sonderveranstaltungen
—, Anzeigenwerbung vor — Wettbewerb 1960, 69; WRP 1967, 191 und 335
—, Anzeigen mit doppelten Preisen Wettbewerb 1966, 4
—, Außenwerbung WRP 1962, 346
—, in Badeorten WRP 1968, 353
—, beim Versandhandel BB 1964, 329
—, durch Saisonbetriebe Wettbewerb 1955, 60
—, Feinkosthändler Wettbewerb 1955, 30
—, für Kinderwagen Wettbewerb 1955, 75
—, in Saisonartikeln vor der Zeit BB 1967, 61
—, Katalogversendung WRP 1964, 378
—, in Kurorten WRP 1968, 353
—, Nachschieben von Waren Betrieb 1952, 588
—, Plakatwerbung vor — Wettbewerb 1957, 26
—, Preisgegenüberstellungen Gutachten Nr. 6/1959; BB 1961, 78
—, Räumungsverkauf kurz vor — Wettbewerb 1955, 49
—, Rechtsfragen BB 1961, 78; Betrieb 1957, 649
—, Resteverkauf WRP 1963, 349; Wettbewerb 1963, 4
—, Richtlinien für die Werbung vor und nach — Wettbewerb 1958, 62
—, Saisonbetriebe Wettbewerb 1955, 60
—, Sonderangebote vor — BB 1960, 757; WRP 1970, 159
—, Sonderangebote als Sonderveranstaltung Betrieb 1960, 1015
—, und Angebot regulärer Ware Wettbewerb 1963, 45
—, und Sonderangebote Wettbewerb 1955, 89; Betrieb 1964, 1015
—, Schlußverkaufsware zu gleichen (normalen) Preisen Wettbewerb 1958, 32
—, Unterschied von vorweggenommenem — und Preissenkung WRP 1958, 251
—, Verkauf vor Ausverkaufsbeginn Wettbewerb 1957, 127
—, Versteigerung während des — WRP 1970, 83
—, Versteigerung und Ausverkauf Wettbewerb 1957, 119
—, Vorspiegelung eines Schlußverkaufs Betrieb 1961, 62; WRP 1961, 275
—, vorweggenommener — Betrieb 1950, 358; Gutachten Nr. 2/1954; Wettbewerb 1955, 48 und 50; 1957, 18, 64 und 77; 1958, 7 und 251; 1959, 87; WRP 1959, 357; Wettbewerb 1960, 52; 1961, 61; BB 1965, 884; WRP 1969, 76; 1970, 159; GRUR 1970, 188; (Eindruck eines —:) GRUR 1970, 478
—, Vorwegnahme und Preissenkung WRP 1958, 251
—, Vorwegnahme und Verlängerung Wettbewerb 1955, 48, 50 und 60
—, Warenangebot Wettbewerb 1958, 37
—, Warenkatalog des — (SSV) Wettbewerb 1957, 119
—, Werbung vor und nach — WRP 1967, 191
—, Werbung während des — WRP 1967, 335
—, Wintermäntel im SSV WRP 1958, 36
Schmarotzen an fremder Arbeitsleistung WRP 1960, 105; MDR 1968, 848
Schmierdienst, Kostenloser — Wettbewerb 1959, 59

S

Schmiergelder BB 1952, 775
—, Auslegung des § 14 UWG BB 1969, 520
—, als Verkaufshilfe (Hersteller an Verkäufer des Handels:) WRP 1969, 362
—, »entschleierte« — MuW 1931, 488 und 612; WRP 1965, 130
—, für Angestellte Wettbewerb 1955, 31; 1956, 59
—, für Einzelhändler in Form von Gewinnen WRP 1955, 190
—, Herausgabe von — WRP 1963, 136; BB 1968, 1197; NJW 1957, 1243
—, im Wettbewerb Wettbewerb 1958, 20; Betrieb 1962, 1397
—, »Unkostenbeitrag« bei Auftragserteilung Wettbewerb 1957, 34
Schneeballsystem Betrieb 1950, 481; Gutachten Nr. 8/1950; BB 1951, 712; GRUR 1951, 326; 1952, 42 und 585; BGHSt. 2, 79 = GRUR 1952, 235; GRUR 1953, 196; NJW 1954, 393; BGHZ 15, 357 = GRUR 1955, 346 = WRP 1955, 14; WuW 1955, 503
Schnellsohlerei Rheinland BB 1968, 309
Schölermann (Familie) (BGH) GRUR 1961, 138 = WRP 1961, 92
Schornsteinauskleidung (BGH) GRUR 1969, 283 = WRP 1969, 113
Scholl (BGH) BGHZ 42, 44 = GRUR 1965, 33 = WRP 1964, 386
Schrankwand (BGH) GRUR 1967, 433 = WRP 1967, 186
Schraubenfabrik WRP 1960, 322
Schraubenmutterpresse (BGH) GRUR 1955, 390
Schreibmaschinenverkauf, Sittenwidriger — MDR 1963, 1009
Schriftform bei Preisbindungsverträgen BB 1954, 762; MA 1966, 499; WuW1969, 274 und 279; s. im übrigen dort
—, Bezugnahme auf Lieferbedingungen, Teilnichtigkeit: BB 1969, 648; gänzliche — BB 1969, 1060
Schuhbar NJW 1964, 512
Schuhbörse BB 1964, 1144
Schuhhaus, »Größtes —« Wettbewerb 1960, 20
Schuhmarkt-Bilanz Wettbewerb 1969, 48
Schuldenübernahme bei Möbelkauf Wettbewerb 1969, 33
Schulungskurse für Angestellte des Kundenbetriebes Wettbewerb 1956, 30
Schund- und Schmutzaktion WRP 1957, 76
Schutzfähigkeit von Format und Plazierung von Anzeigen Wettbewerb 1956, 32
Schutzgesetz, § 1 UWG — für Käufer? WRP 1964, 24 = NJW 1964, 501
Schutzrechtsverkauf und Undurchführbarkeit des Vertrages GRUR 1970, 331
Schwardtmann (BGH) GRUR 1958, 144 = WRP 1958, 46
Schwarze Listen (BGH) BGHZ 8, 142 = GRUR 1953, 130
Schwedengurte BB 1966, 1077
Schweigen als Genehmigung BB 1964, 1069
Schweizer, bei Käse MDR 1963, 987; BB 1963, 1276; 1965, 925
Schwerbeschädigtenbetrieb (BGH) GRUR 1968, 44 = WRP 1967, 357
Schwerbeschädigten Werkstätten Wettbewerb 1969, 47
Schwerbeschädigtenarbeit Wettbewerb 1957, 86
Schwerbeschädigtenware WRP 1962, 174
Schwierige Zeiten Wettbewerb 1957, 58
Schwindelfirmen und ihre Bekämpfung Wettbewerb 1957, 86

S

Schwindler am Werk Wettbewerb 1958, 81
Schwindelunternehmen, Warnung vor — durch Presseinformation GRUR 1968, 645; WRP 1970, 159
Schwört auf ... Wettbewerb 1957, 67
Scotch Whisky (BGH) BGHZ 51, 295 = GRUR 1969, 280 = WRP 1969, 197
Seit ... Wettbewerb 1955, 68 und 72; 1956, 23
Seide, Perlon — WRP 1968, 161
Sekt, gezuckerter — BB 1964, 446
—, Verwendung französischer Fremdworte für deutschen — WRP 1970, 357 = NJW 1970, 2105
Sektkellerei BB 1961, 501
Sektwerbung (BGH) GRUR 1960, 563 = WRP 1960, 238
Selbstbedienungsgeschäft, Anforderungen an die Voraussetzungen eines — BB 1970, 1274; WRP 1971, 47
Selbstbedienungsgroßhandel WRP 1964, 139; s. auch C+C-Betriebe
Selbstbedienungsgroßhändler (BGH) BGHZ 37, 30 = GRUR 1962, 426 = WRP 1962, 306
Selbstbelieferung, Vorbehalt termingerechter — in Bestätigungsschreiben BB 1968, 398 und 443
Selbstkosten, Preisangebot unter — WRP 1966, 411
—, Verkauf unter — BB 1953, 297; WuW 1953, 387; BB 1965, 1369; 1968, 314; 1964, 659; WRP 1965, 438; 1969, 172, 173; (Benzin:) WRP 1970, 314 = BB 1970, 1151; BB 1970, 1319
—, Schutz vor Verkäufen unter — WRP 1969, 172
Selbstätig Betrieb 1951, 75
Selbstverständlichkeiten in der Werbung WRP 1955, 151 und 241; Wettbewerb 1955, 71; 1956, 34; 1958, 55; WRP 1962, 129
Sensationelles Angebot Wettbewerb 1958, 43
Sensationelle Neuentdeckung Wettbewerb 1958, 5
Serienmäßige Fertigstellung Wettbewerb 1956, 72
Serienmarke (Serienzeichen) MuW XXII, 129; WRP 1961, 251; 1968, 372; 1967, 361; GRUR 1969, 40; Mitt. 1969, 15; BB 1970, 97
—, und Ausstattungsschutz WRP 1968, 369
—, und Verwechslungsgefahr WRP 1970, 111; NJW 1968, 2191; GRUR 1970, 85
Service-Gesellschaft Wettbewerb 1964, 39
Sex-Prospekte als Beilage NJW 1970, 1457 = GRUR 1970, 557
Shortening (BGH) GRUR 1966, 676 = WRP 1966, 254
Sicherungsübereignungen im Kreditwesen BB 1969, 725
—, und Verwertung BB 1970, 541
Siegel, Stadt— in der Werbung Wettbewerb 1957, 101
Signal (BGH) BGHZ 51, 21 = GRUR 1969, 308 = WRP 1969, 68
Sihl (BGH) GRUR 1969, 357 = WRP 1969, 235
Silberal-Legierung Wettbewerb 1955, 55 und 83
Simili-Schmuck (BGH) GRUR 1960, 244 = WRP 1960, 72
Sinnbild, als Alleinstellung? BB 1965, 393
Sirax (BGH) GRUR 1967, 660 = WRP 1967, 361
Siroset (BGH) GRUR 1967, 304 = WRP 1967, 90
Sitte, i. S. des § 1 UWG WRP 1964, 65; 1965, 35
—, guten Sitten JZ 1964, 283; Betrieb 1956, 789; Mitt. 1959, 280; BB 1963, 1385

—, Vertrag über die Grenzen der — GRUR 1949, 145
Sittenverstoß gegen wertneutrale Vorschriften BB 1962, 392
Sittenwidrigkeit und Verschulden GRUR 1950, 130; NJW 1955, 1684
Sittenwidriger Wettbewerb NJW 1952, 1005; GRUR 1955, 541 = WRP 1955, 206; Wettbewerb 1964, 13; WRP 1965, 35
Skai cubana (BGH) GRUR 1967, 315 = WRP 1967, 212
Sklavische Nachbildung (Nachbau) Wettbewerb 1956, 89 und 124; WRP 1956, 333; BB 1967, 257; GRUR Ausl. 1965, 341
—, und Ausstattungsschutz WRP 1962, 176
—, Behandlung durch das RG GRUR 1928, 430
—, kopierte Reklame MA 1966, 559
—, und freier Stand der Technik JR 1968, 324
—, von Kunstschätzen GRUR 1966, 503
—, und § 1 UWG JR 1965, 6
—, eines nicht geschützten technischen Erzeugnisses WRP 1960, 220
Skonti, Brutto- und Nettoberechnung BB 1968, 201
—, bei Mehrwertsteuer BB 1968, 119; Bekanntgabe des BWM v. 9. 4. 1968 Sammelblatt 1968, 488
—, bei preisgebundener Markenware WRP 1959, 7
—, bei Vorauszahlungen Wettbewerb 1959, 32
Snuff WRP 1966, 229
Solange der Vorrat reicht WRP 1970, 159
Solingen, Herkunfts- und Qualitätsbezeichnung Betrieb 1957, 88
Solidarität, Appell an — Wettbewerb 1963, 39
Sommerpreis im Pelzhandel Wettbewerb 1957, 95
Sonderangebot, Abgrenzung zu Sonderveranstaltung Wettbewerb 1956, 78
—, einmaliges — WuW 1953, 777
—, vor Schlußverkäufen BB 1960, 757; WRP 1969, 421
—, »der Woche« bei Schlußverkäufen WRP 1969, 421, 426
—, Sondernachlässe und Preisbindung WRP 1967, 367
—, und Lockvogelangebot WRP 1970, 314
Sonderveranstaltung (BGH) GRUR 1958, 395 = WRP 1958, 185
—, II (BGH) GRUR 1962, 42 = WRP 1961, 275
Sonderveranstaltung JR 1953, 208; WuW 1953, 526; Wettbewerb 1955, 96; WRP 1955, 123 und 129; Wettbewerb 1961, 62; GRUR 1962, 42 = WRP 1961, 275; WRP 1963, 61; Betrieb 1961, 62; 1963, 889; BB 1963, 494; Betrieb 1964, 1015
—, Allgemeines Wettbewerb 1959, 18 und 48; WRP 1959, 42
—, Abschnittsverkäufe Wettbewerb 1964, 48
—, Abschnittsverkäufe und Räumungsverkauf Wettbewerb 1960, 34
—, Armbanduhren zu 4/5 Preis Wettbewerb 1960, 56
—, Ausverkäufe WRP 1964, 225
—, Ausverkaufsrecht und Zulässigkeit WRP 1965, 358
—, Ausverkauf nach Räumungsverkauf Wettbewerb 1960, 4
—, Ausscheiden eines Gesellschafters BB 1969, 650
—, bei Benzinverkauf unter Einstandspreis WRP 1970, 314 = BB 1970, 1151

S

—, bei Möbelveranstaltungen (»nur 1 Woche«) WRP 1961, 86
—, bei Reinigungsbetrieben Wettbewerb 1962, 24
—, bei Versandhandel BB 1964, 329; WRP 1964, 378
—, beim Wandergewerbe WRP 1962, 138
—, »500 Beleuchtungskörper« Wettbewerb 1963, 32
—, besondere Verkaufsveranstaltung WRP 1957, 365
—, bloße Musterschau Wettbewerb 1957, 92
—, »Besondere Kaufvorteile« Wettbewerb 1962, 76
—, »Bis zu 20 % herabgesetzt« WRP 1964, 91
—, Bundeswerbewoche BB 1961, 1144
—, »Demnächst vorübergehend geschlossen« Wettbewerb 1961, 66
—, »3 billige Tage« Wettbewerb 1958, 24
—, eines Schneiders Wettbewerb 1960, 45
—, Eindruck eines Schlußverkaufs, ohne es zu sein WRP 1961, 275 = GRUR 1962, 42; Wettbewerb 1957, 102
—, »Einmalige Einkaufsgelegenheit für Brautleute« Wettbewerb 1962, 71
—, Eröffnungsverkauf Gutachten Nr. 14/1950; Wettbewerb 1955, 67; 1961, 18
—, Eröffnungswerbung Wettbewerb 1962, 70
—, für Lebensmittel WRP 1956, 50
—, Geschäftsaufgabe, aber außerhalb des Niederlassungsortes Wettbewerb 1958, 36
—, »Großer Ledermantelverkauf« Wettbewerb 1958, 56
—, »Großer Resteverkauf« Wettbewerb 1963, 8
—, »Großer Sonderverkauf« Wettbewerb 1957, 120
—, »Großveranstaltung« WRP 1957, 83
—, »Heute, Montag, und morgen, Dienstag« Wettbewerb 1958, 24
—, »Heute und morgen« Wettbewerb 1957, 128
—, Hinweise auf Umbau Wettbewerb 1961, 60; (auf Erweiterungsbau:) Wettbewerb 1957, 126
—, »Jetzt kaufen, heißt sparen« Wettbewerb 1957, 126
—, Jubiläumsverkauf bei Geschäftsübernahme Wettbewerb 1958, 38
—, Jubiläumsverkauf und preisgebundene Ware Wettbewerb 1958, 70
—, Jubiläums-Möbelveranstaltung Wettbewerb 1959, 87
—, kurzfristig WRP 1963, 61
—, Möbelversteigerung WRP 1963, 94 = NdsRpfl. 1963, 86
—, Musterschau Wettbewerb 1957, 92
—, nach Geschäftsumbau Wettbewerb 1955, 67
—, Nachsaison Wettbewerb 1957, 67
—, »Nur kurzfristig« Wettbewerb 1963, 20
—, Preissensation Nr. 1 Wettbewerb 1970, 15
—, »Persianer Sonderwoche« Wettbewerb 1957, 17
—, Plakatwerbung vor SSV Wettbewerb 1957, 26
—, »30 % billiger« BB 1969, 1452
—, Räumungsverkauf und Eröffnungsverkauf Wettbewerb 1958, 78
—, Räumungsverkauf eines Herstellers für Letztverbraucher Wettbewerb 1956, 93
—, Reklame erweckt Eindruck einer — Wettbewerb 1957, 102
—, Resteverkauf Wettbewerb 1963, 4; (innerhalb eines SSV oder WSV:)

S

WRP 1963, 349; Wettbewerb 1963, 4
—, Resteverkauf 4 Wochen vor Schlußverkäufen WRP 1970, 159
—, Schlußverkäufe und gleichzeitiges Angebot regulärer Ware Wettbewerb 1963, 45
—, »So billig nur jetzt« Wettbewerb 1958, 21
—, »Sommerfest der kleinen Preise« Wettbewerb 1955, 30
—, Sommerwaren, Verkauf von — Wettbewerb 1968, 20
—, Sonderangebote und — WRP 1955, 96, 123 und 125; WuW 1955, 380; WRP 1962, 115; WRP 1969, 421 und 497; GRUR 1959, 309
—, während der Karenzzeit von 2 Wochen vor Beginn von Schlußverkäufen WRP 1969, 426; 1970, 75
—, wegen Teilrenovierung Wettbewerb 1960, 46
—, Sonderregelung in Bädern und Kurorten Wettbewerb 1960, 24
—, Sonderverkauf (»Großer —«) Wettbewerb 1957, 120
—, »Sondervorteile bis März« Wettbewerb 1963, 20; 1958, 64
—, Sonderwoche Wettbewerb 1957, 17
—, Sperrfrist bei Verkauf des Unternehmens und Gesellschafterwechsel Wettbewerb 1956, 50
—, Sperrfrist und Zwangsvollstrekkung BB 1963, 837; 1964, 202
—, Sperrjahr bei Räumungsverkauf Wettbewerb 1956, 80
—, Teilausverkauf Wettbewerb 1966, 8
—, Totalausverkauf Wettbewerb 1960, 20
—, Totalausverkauf in 2 Abschnitten Wettbewerb 1958, 63
—, »Um Platz zu schaffen« Wettbewerb 1958, 16
—, »Um unser Lager in diesen Artikeln zu räumen« Wettbewerb 1957, 20
—, und Angebot Wettbewerb 1956, 78; WRP 1958, 123, 125
—, und Einführungsangebote und Nebenleistungen Wettbewerb 1966, 12
—, und Lockvogelangebot WRP 1970, 314 = BB 1970, 1151
—, und prozentuale Preisankündigung BB 1964, 16
—, »Unsere Läger laden ein« Wettbewerb 1955, 49
—, Verbot der — gilt für Hersteller und Großhändler, die an Letztverbraucher verkaufen Wettbewerb 1962, 84
—, Verbot gilt nicht für Leistungen Wettbewerb 1962, 24
—, Verlängerung des SSV Wettbewerb 1955, 48; 1959, 38
—, Versandhandel macht Reklame WRP 1957, 365
—, Voraussetzung der Annahme einer — GRUR 1966, 216 = WRP 1966, 438
—, Vorweggenommener Ausverkauf (»Jetzt zu außerordentlichen Preisen«) Wettbewerb 1955, 48; 1957, 18 und 64; 1958, 7; 1961, 61; WRP 1959, 357; 1969, 421
—, vorzeitiger Beginn eines Räumungsverkaufs Wettbewerb 1957, 63
—, Wandergewerbeveranstaltungen Wettbewerb 1957, 40; WRP 1957, 17; Wettbewerb 1958, 30; 1961, 15
—, Wanderlager-Ausverkäufe WRP 1964, 225
—, wegen Geschäftsaufgabe außerhalb der Niederlassung Wettbewerb 1958, 36
—, »Wegen Umbau« Wettbewerb 1961, 56

S

—, Weihnachtssonderangebot Wettbewerb 1958, 40
—, weil Herstellerfirma ihren Betrieb eingestellt hat Wettbewerb 1956, 104
—, Werbung anläßlich von Schlußverkäufen und — WRP 1967, 335
—, Werbemonat im Handwerk Wettbewerb 1957, 55
—, Werbewochen für gewerbliche Leistungen (Färberei) Wettbewerb 1957, 26; (bei Fahrschulen:) NJW 1970, 2298
—, Werkshandel BB 1955, 878; Wettbewerb 1955, 55
—, Wiederholungsverkauf (»Großer —«) Wettbewerb 1957, 41
—, »Wir brauchen Platz« Wettbewerb 1966, 45
—, »Wir räumen außergewöhnliche Preisermäßigung ein« Wettbewerb 1966, 45
—, »Wir ziehen um« Wettbewerb 1961, 36
—, 10 jähriger Jubiläumsverkauf Wettbewerb 1957, 92
—, Zoologische Werbewoche Wettbewerb 1958, 24
Sonntag, Zeitungsverkauf an — BB 1965, 1290
Sonntagsruhe und Kfz.-Waschanlage BB 1968, 402
Sorgfaltpflichten bei neuen Warenbezeichnungen WRP 1960, 79
—, bei Auskunftserteilung WRP 1960, 55
Sortenschutzrecht BB 1968, 1140; GRUR 1968, 24 und 359
—, Neuheitsbegriff im — GRUR 1968, 474
—, Climax (BGH) GRUR 1964, 682 = MDR 1964, 736
Sozietät eines Rechtsanwalts mit Wirtschaftsprüfer BB 1968, 353
Spanischer Champagner WRP 1961, 204
Spalttabletten (BGH) BGHZ 23, 184 = GRUR 1957, 355 = WRP 1955, 288
Sparen »Hilft —« Wettbewerb 1958, 13
—, »Sie —« Wettbewerb 1958, 48
—, »Spart 35 % Kosten« Wettbewerb 1968, 35
—, »40 % können Sie —« (BGH) BGHZ 49, 325 = GRUR 1968, 443 = WRP 1968, 199
Sparkasse, Gebrauch des Wortes — BB 1967, 1017
Sparmarken Wettbewerb 1959, 71
SPAR (BGH) BGHZ 37, 194 = GRUR 1963, 43 = WRP 1962, 373
Speicher, als Firmenzusatz BB 1964, 1143; WRP 1967, 204
Spendenabonnement Wettbewerb 1969, 32
Spendenaufruf Wettbewerb 1968, 33
Sperre BB 1965, 560; s. auch Boykott
Spezialfabrik Wettbewerb 1957, 37
Spezialhaus, Führendes — Wettbewerb 1955, 37; 1956, 73; 1961, 63
Spezialisierungskartelle nach der neuen Vorschrift des § 5 a GWB BB 1969, 1066 und 1070
Spezialisiertes Geschäft WRP 1962, 171
Spezialist, »Der — bietet mehr« BB 1968, 887; WRP 1968, 447
—, »Der — leistet mehr« WRP 1968, 447
Spezialisten, »hergestellt von —« Wettbewerb 1957, 89
Spezialprodukte und ihre Bezeichnung BGHZ 27, 1 = GRUR 1958, 444 = WRP 1958, 140 und 178
Spezialreinigung GRUR 1968, 387; MDR 1968, 383
Spezialsalz (BGH) BGHZ 46, 305 =

GRUR 1967, 362 = WRP 1967, 216
Spezialverkäufer Wettbewerb 1958, 29
Spezialwerkstatt, Anerkannte — Wettbewerb 1961, 39
Spezialzeitschrift, »Größte —« WRP 1963, 62
Spiegel WRP 1955, 109
—, (BGH) BGHZ 21, 85 = GRUR 1957, 29 = WRP 1956, 275
Spielautomaten (BGH) BGHZ 51, 55 = GRUR 1969, 230
Spikes, Werbung für — Wettbewerb 1968, 20
Spitze, »An der —« Wettbewerb 1956, 102; 1958, 3
Spitzenerzeugnis GRUR 1961, 538 = WRP 1961, 214 = NJW 1961, 1526
Spitzengewächs Wettbewerb 1956, 120
Spitzenleistung Wettbewerb 1959, 20; 1961, 26
Spitzenstellung, Werbung mit einer —, die nur für eine einzelne Eigenschaft der Ware besteht BB 1970, 775 = GRUR 1970, 425 = WRP 1970, 306
Sportartikelmesse (BGH) BGHZ 52, 65 = GRUR 1969, 629 = WRP 1969, 373
Sportleder Wettbewerb 1959, 21
Sprachbegriffe, Neue — GRUR 1968, 248
Sprachgebrauch, Allgemeiner deutscher — im Heilmittelwerberecht WRP 1969, 214, 366 und 473; NJW 1970, 1976; (BGH:) BB 1970, 1069 und 1111 = Betrieb 1970, 1680 = NJW 1970, 1967 = WRP 1970, 391
—, und willkürliche Verwendung WRP 1969, 202
Sprechstunden, eines Gewerbetreibenden GRUR 1962, 582
Spritzgußmaschine (BGH) BGHZ 21, 8 = GRUR 1956, 409 und GRUR 1961, 482 = WRP 1961, 212
Stadtfriseur, »Der —« Wettbewerb 1963, 46
Stadtsiegel in der Werbung Wettbewerb 1957, 101
STAGMA/Indeta (BGH) BGHZ 15, 339 = GRUR 1955, 351
Stammkunden, Sonderangebote für — BB 1953, 57 und 628
—, bei bestimmten Verbraucherkreisen Wettbewerb 1963, 48
Standardausführung und Nachahmung WRP 1967, 462
Standesauffassung und Werbung GRUR 1959, 35 = WRP 1958, 242
Standesrecht, Gesetz- und Sittenwidrigkeit WRP 1962, 380
—, der Verbände WRP 1960, 257
Standeswidrigkeit als Wettbewerbsverstoß BB 1965, 884
—, und Schadensersatz Wettbewerb 1955, 43
—, und Ausnutzung durch einen Dritten GRUR 1961, 288 = WRP 1961, 113
Star Wettbewerb 1956, 48
Star-Revue (BGH) GRUR 1957, 275 = WRP 1957, 184
Statistik, Amtliche — in der Werbung Wettbewerb 1959, 3
Statt . . . Wettbewerb 1955, 18
—, »— Blumen« GRUR 1968, 705
—, »— Rabatt« Wettbewerb 1955, 18
Steinhäger (BGH) GRUR 1957, 128 = WRP 1957, 74
Stellenwechsel, Verschweigen gegenüber der Kundschaft MDR 1970, 395
Sterilisatoren (BGH) GRUR 1955, 487 = WRP 1955, 162
Sternbild (BGH) GRUR 1960, 126 = WRP 1959, 351
Steuerberater GRUR 1968, 296
Steuerbilanz, Bedeutung für die Handelsbilanz BB 1969, 501
Stiftung, als Firmenzusatz NJW 1964, 1231; BB 1964, 1146

S

—, als Rabattverstoß Wettbewerb 1957, 92
Stickmuster (BGH) GRUR 1958, 346 = WRP 1958, 210
Stille Gesellschaft mit »eigener GmbH« GmbHRdsch. 1970, 155
Stillegung eines Geschäftsbetriebes, zeitweilige — und Kennzeichnungsschutz GRUR 1962, 419 = WRP 1962, 366
Stimmrechtsbindungen BB 1967, 975
Stockwerk, für Kellergeschoß WRP 1961, 272
Stoff, als Begriff des Patentrechts Mitt. 1970, 169
Stoffe, Warenzeichen für — WRP 1957, 338
Strafgebühren, bei Finanzierungen BB 1968, 1219
Straßeneigentümer BB 1963, 483
Straßenhändler, Ausschluß bei Preisbindung WRP 1958, 88
Straßenpassanten, Ansprechen von — NJW 1955, 146; GRUR 1960, 431 = WRP 1960, 155; BB 1965, 174; (auf Bahnhöfen:) BB 1970, 1275
Straßenwerbung, Verteilung von Werbezetteln GRUR 1967, 391
—, Verteilung von Glückslosen WRP 1962, 92
Streichhölzer, Werbung für — WRP 1964, 352
—, Preisunterschreitung BB 1963, 1276
Strickmoden, Wiener — Wettbewerb 1955, 80
Stromunterbrechung (BGH) BGHZ 29, 65 = GRUR 1959, 282
Strumpfzentrale (BGH) GRUR 1962, 647 = WRP 1962, 372
Stubenhändler (BGH) GRUR 1967, 104 = WRP 1967, 21
—, Bierhändler BB 1966, 1321
Stubenläden, Ausschließliche Bierbezugsverpflichtung von — WRP 1965, 179
Studio WRP 1955, 184
—, Klangbild — Wettbewerb 1955, 89
Stuttgarter Wochenblatt (BGH) BGHZ 51, 236 = GRUR 1969, 287 = WRP 1969, 193
Suggestivaufruf BB 1968, 441
Suggestivwerbung Betrieb 1954, 736; WRP 1968, 357; Betrieb 1966, 1121 und 1171
Sunpearl (BGH) GRUR 1955, 579 = WRP 1955, 218
—, II (BGH) GRUR 1960, 130
Sultan (BGH) GRUR 1957, 222 = WRP 1957, 239
Super, Verwendung des Wortes — noch keine Alleinstellung BB 1963, 1234
Superkraftstoff WRP 1960, 308
Superlative WRP 1955, 151; NJW 1955, 330; GRUR 1955, 54
Superlativreklame und anreißerische Reklame BB 1968, 1399
Superlativwerbung als Alleinstellungswerbung WRP 1962, 65; Betrieb 1954, 736; NJW 1956, 1900; 1970, 1351; JR 1953, 205; NJW 1955, 330; BB 1953, 958
Superleistung Wettbewerb 1961, 26
Supermarkt Gutachten Nr. 4/1962; JMBl. NRW 1963, 283; BB 1963, 1399; NJW 1964, 160; (für Ladengeschäft:) WRP 1964, 57; (für Ladengeschäft mit 10 Filialen:) WRP 1964, 58; (gutachtliche Äußerung:) WRP 1964, 59; (als Firmenzusatz:) WRP 1967, 204
—, bisherige Rechtsgrundsätze WRP 1968, 365
—, und Frage der Nebenware WRP 1968, 365
Süßbier (BGH) GRUR 1960, 240 = WRP 1960, 127
Süßwarenhaus WRP 1963, 145 = NJW 1963, 1064 = NdsRpfl. 1963, 135
Suwa-Werbung (BGH) BGHZ 23, 365

= GRUR 1957, 365 = WRP 1957, 134
Symbolwerbung WRP 1967, 2

Syndikus AnwBl. 1954, 52
Systemvergleich, s. vergleichende Werbung, Systemvergleich

T

Tabakwerbung (Tropische Sonne) Wettbewerb 1956, 90
Tabu I (BGH) BGHZ 24, 239 = GRUR 1957, 547 = WRP 1957, 266
—, III (BGH) BGHZ 24, 257 = GRUR 1957, 554 = WRP 1957, 264
Taeschner-Pertussin (BGH) BGHZ 23, 100 = GRUR 1957, 231
—, II (BGH) GRUR 1957, 352
Tankstelle, Wettbewerbsverbot, das auf Kfz.-Werkstatt ausgedehnt ist NJW 1969, 1662
—, Preissenkung durch Selbstbedienung der — BB 1969, 1326
Tankstellendienstbarkeiten, Bewertung BB 1965, 1054
Tankstellenrabatte BB 1969, 73; WRP 1970, 415
Tankstellenverträge, Rechtsnatur WRP 1968, 186
—, und Ausschließlichkeitsbindungen BB 1968, 732 und 886; WRP 1968, 184
—, und Wettbewerbsbeschränkungen BB 1968, 725
—, und Rabattsystem BB 1970, 415
Tatsachenbehauptung und/oder Meinung NJW 1969, 2354; GRUR 1969, 371
Tauschgeschäfte Wettbewerb 1957, 82
Taxi-Bestellung (BGH) GRUR 1965, 361 = WRP 1965, 102
Taxiflüge (BGH) BGHZ 51, 61 = GRUR 1969, 429 = WRP 1969, 151
Teak, »Gold —« für Möbel BB 1961, 733
Teamarbeit von Handelsvertretern auf Messen BB 1969, 1062
Technischer Fortschritt BB 1970, 816
Technische Zeichnungen, Schutz — NJW 1963, 2120; 1966, 1301
Teilausverkauf Wettbewerb 1966, 8
Teilig, 15 — Kaffeeservice Wettbewerb 1960, 44
Teilrenovierung, Sonderangebot bei — Wettbewerb 1960, 45
Teilzahlung, Angabe nur der niedrigsten Rate Wettbewerb 1956, 51
—, Angabe nur der Anzahlungsrate Wettbewerb 1955, 24; 1957, 52
—, Anzahlungsbeträge als Irreführung Wettbewerb 1957, 52
—, Barzahlungsnachlaß in —geschäften Gutachten Nr. 3/1961; BB 1963, 453
—, Teilzahlungskredite Gutachten Nr. 2/1960
—, »Keine Anzahlung« GRUR 1954, 29 und 74; Wettbewerb 1956, 51; (»ohne Anzahlung«:) Gutachten Nr. 3/1951
—, »ohne Aufschlag« GRUR 1952, 380 und 431; Gutachten Nr. 3/1951 und Nr. 3/1953; GRUR 1953, 132; MDR 1953, 554; WRP 1955, 73; GRUR 1954, 353; Wettbewerb 1956, 64; 1957, 18; WRP 1959, 188; BB 1960, 191; GRUR 1959, 329; WRP 1962, 22
—, verschwiegener Teilzahlungsaufschlag Wettbewerb 1958, 92
—, Werbung mit Teilzahlungsrate WRP 1958, 55; Wettbewerb 1960, 44
—, Werbung für — WRP 1958, 55
Teilzahlungskauf (BGH) GRUR 1959, 329 = WRP 1959, 188
Teilzahlungspreis i. S. des AbzG BB 1970, 596
Telegrammadresse WRP 1955, 67; GRUR 1953, 527; GRUR 1955, 482 = WRP 1955, 98 und 102
Telephonläden BB 1963, 1441
Telephon-Nr., Angebote von Unternehmen unter — BB 1967, 93
Telephonwerbung Wettbewerb 1960, 16; 1961, 61; WRP 1961, 161; 1968, 452; BB 1968, 970; WRP

T

1969, 16; WRP 1970, 8; (BGH:) WRP 1970, 305 = GRUR 1970, 523 = NJW 1970, 1738; WRP 1970, 413
Telle-quelle-Klausel MuW 1933, 385; MA 1965, 824
Telex-Werbung WRP 1969, 16
Tempo BB 1964, 824
Tempotaschentücher BB 1964, 824
Teppichbezeichnungen Wettbewerb 1958, 61; (Orientteppich:) BB 1952, 479
Teppichfabrik Wettbewerb 1958, 6
Teppichgroßlager Wettbewerb 1961, 59
Teppichmuster WRP 1958, 125
Teppichschwindler am Werk Wettbewerb 1958, 81
Teppichverkauf, Freihändiger — Wettbewerb 1960, 1
Territorialitätsprinzip WuW 1967, 3
—, und EWG im Warenzeichenrecht GRUR Ausl. 1966, 305
Testergebnisse, Werbung mit — WRP 1964, 289
Testkäufe zur Überwachung der Preisbindung BB 1961, 577
Testpfaden, »Auf falschen —« WRP 1962, 295
Textilkennzeichnungsgesetz BGBl. I 1969 S. 279; BB 1969, 468; NJW 1969, 829; WRP 1970, 149
—, Haftung bei unrichtiger — BB 1969, 770
Textilmuster, Nachahmung von — NJW 1961, 2107; GRUR 1969, 292
Tiefenfurter Bauernbrot (BGH) GRUR 1956, 550 = WRP 1956, 251
Tierzüchtungen, Patentierbarkeit von — GRUR 1969, 644 und 692
Tintenkuli (BGH) BGHZ 24, 257 = GRUR 1957, 554 = WRP 1957, 304
Tipp Wettbewerb 1955, 68
—, »Mein —« WRP 1955, 78
—, »Für Sie getippt« Wettbewerb 1966, 18
Titel, von Tageszeitungen GRUR 1963, 378 = WRP 1963, 211
—, von Zeitschriften GRUR 1956, 376 = WRP 1956, 219
—, Filmtitel GRUR 1955, 435 und 436
Titelführung, Unbefugte — WRP 1964, 89
Titelschutz (Buchtitel:) WRP 1962, 412; (Lehrbücher:) GRUR 1952, 421; (Untertitel:) GRUR 1951, 445; (Zeitschrift und Warenzeichen:) GRUR 1963, 464; NJW 1970, 605; (urheberrechtlich:) GRUR 1958, 330
Toastschnitten (BGH) GRUR 1964, 325
Todesanzeigen, Unentgeltliche — GRUR 1954, 126
Tonband, Abhören von Gesprächen unter Kaufleuten BB 1964, 9
Tonbandaufnahme für Rundfunksendungen NJW 1963, 1742
Tonmöbel (BGH) GRUR 1958, 613 = WRP 1958, 316
Tosca (BGH) GRUR 1961, 280 = WRP 1961, 167
Tosca und die Folgen WRP 1961, 145; (Tosca:) WRP 1961, 167
Totalausverkauf Wettbewerb 1960, 20
Totengedenkmappen, Unbestellte Zusendung von — WRP 1962, 236
Trade practice rules BB 1954, 509
Transnationales Handelsrecht NJW 1969, 2229
Trauerhausbesuche WRP 1959, 49
—, für Bestattungsaufträge Wettbewerb 1966, 10
—, für Steinmetzarbeiten (4 Wochen später) Wettbewerb 1966, 10
Treuebände, verteilt von Buchgemeinschaften WRP 1963, 142

T

Treuhandgesellschaften, Neuere Entwicklung des Gesellschaftsrechts BB 1968, 1181
—, Bucheinsicht durch — BB 1963, 351 und 1080
—, und Preisschutz MA 1961, 841
Treuhandstelle des Reichspatentamtes BB 1968, 480
Treuepflicht des Handelsvertreters und Konkurrenzabsprachen GRUR 1968, 654 = WRP 1968, 184
Treuevergütung nach § 13 DVO z. RabG Wettbewerb 1956, 27; BGHZ 50, 207 = GRUR 1968, 707 = WRP 1968, 330; WRP 1957, 91
Tricoline (BGH) GRUR 1958, 437 = WRP 1958, 278
Trockenrasierer (BGH) GRUR 1962, 360
—, II (BGH) BGHZ 40, 135 = GRUR 1964, 154 = WRP 1963, 402
—, III (BGH) GRUR 1968, 272
Troika/Dreika (BGH) GRUR 1957, 126 = WRP 1957, 49
Trumpf WRP 1958, 31
Tuch-Bezeichnung Wettbewerb 1958, 71
Turbo GRUR 1970, 416
Typenbezeichnung, Original — durch andere Firmen BB 1966, 672; GRUR 1956, 553 = WRP 1957, 257

»& Co« beim Einzelkaufmann GRUR 1970, 32
»+« statt »&« in Firmen BB 1960, 1111
Über, »Stoffe — Stoffe« Wettbewerb 1955, 49
Übergrößen Wettbewerb 1961, 21
Überlegene Auswahl Wettbewerb 1956, 51
Übernahme bestellter Konkurrenzerzeugnisse bei Kaufabschluß NJW 1960, 1853 = GRUR 1960, 558 = WRP 1960, 235
Übersteigerung der Werbung (Einführungsangebote) WRP 1965, 438; GRUR 1953, 192 = MA 1954, 40
Übertragung eines Warenzeichens WRP 1958, 311
—, eines Leerzeichens BB 1966, 1167; MA 1965, 55
—, eines IR-Zeichens Mitt. 1968, 169
Uhrendoktor Wettbewerb 1956, 11
Ultra MA 1962, 738
Umbau, Hinweis auf — Wettbewerb 1962, 60
—, Räumungsverkauf wegen — Wettbewerb 1961, 56
Umsatzauskunft (BGH) GRUR 1965, 313 = WRP 1965, 104
Umsonst, »Jedes 7. Kleidungsstück —« Wettbewerb 1970, 10
Umsatzsteigerung Wettbewerb 1956, 48
Umstände, Besondere — i. S. des § 1 UWG BB 1960, 810; Gutachten Nr. 1/1953; Wettbewerb 1956, 14 und 44; WRP 1958, 367
Umstellung des Geschäfts NdsRpfl. 1963, 65
Umtauschaktion, Werbung für — GRUR 1954, 37; Wettbewerb 1960, 5; Betrieb 1965, 701
Umwandlungsgesetz (für Firmen) BB 1969, 1055 und 1344
Umwandlung, einer AG in eine GmbH BB 1970, 1330
Umwälzende Neuerung Wettbewerb 1955, 74
Unbefristete Garantie Wettbewerb 1956, 76
Unbestellte Ware, Zusendung — GRUR 1955, 594; Betrieb 1955, 890; BB 1955, 941; WRP 1955, 120; Wettbewerb 1955, 35 und 51; WRP 1957, 12; Wettbewerb 1959, 25 und 43; 1960, 29; GRUR 1960, 382; BB 1966, 432; WRP 1966, 161
—, bei späterer Abholung Wettbewerb 1955, 78
—, bei Bestehen von Geschäftsbeziehungen Wettbewerb 1961, 27
—, Mahnschreiben bei — Wettbewerb 1965, 26
—, nach vorheriger Prospektanforderung Wettbewerb 1963, 37
—, unbestellte Postkarten Wettbewerb 1955, 23
—, Deutschland-Verschlußmarke Wettbewerb 1961, 58
—, Zusendung per Nachnahme Wettbewerb 1964, 49
Und dergleichen (u. dgl.) GRUR 1925, 75
Underberg (BGH) GRUR 1957, 342
Unerreicht Wettbewerb 1955, 82; 1956, 63
—, »Viel nachgeahmt, doch —« Wettbewerb 1960, 8
Unfallkundendienst bei Autovermietung Wettbewerb 1961, 19; NJW 1970, 251
Unfallregulierung, Kostenlose — durch Mietwagenunternehmen WRP 1970, 72; NJW 1970, 251
Unglaublich OLGZ 70, 35
Union, als Firmenzusatz GRUR 1949, 161; BB 1967, 1100
UNIPLAST (BGH) GRUR 1966, 495 = WRP 1966, 369
Unklarheiten von Regeln allgemeiner Geschäftsbedingungen BB 1964, 8;

U

(von Verkehrsauffassung:) Betrieb 1970, 2009
Unkostenbeitrag bei Auftragserteilung Wettbewerb 1957, 34
Unrichtige Angaben bei mehrdeutigen Möglichkeiten BB 1964, 240
Unrichtige Behauptungen (in Roman) MDR 1964, 920
Unrichtigkeit, wenn keine Vorstellung besteht GRUR 1961, 361
Unsichtbares Haarnetz Wettbewerb 1956, 49
Unterbieten »Unterbiete« Wettbewerb 1962, 81
—, sittenwidriges — MuW 1930, 390 und 468
Unterbrechung der Benutzung und Erlöschen des Namensschutzes BB 1961, 93
Unterkunde (BGH) GRUR 1964, 263 = WRP 1964, 171; WRP 1970, 411
Unternehmen, Begriff nach GWB GRUR 1962, 449; BB 1964, 1107
—, der öffentlichen Hand BB 1963, 1404
—, Stillgelegte — und Wiederaufnahme WRP 1959, 276
—, »Lebendes« — WRP 1957, 270
Unternehmensberater (BGH) GRUR 1969, 368
Unternehmensgegenstand als Gesellschaftszweck (GmbH & Co KG) BB 1968, 268
Unternehmenskennzeichnungen bei Veräußerung BB 1966, 1121
Unternehmerrisiko und Preismechanismus WRP 1966, 46
Unternehmenszusammenschlüsse (Kartelle u. dgl.) WRP 1964, 108
Unterpreisverkauf re-importierter Ware BB 1969, 1060
Unterschieben von Ware Wettbewerb 1957, 124; WRP 1964, 287; GRUR 1969, 277 und 282; Wettbewerb 1967, 47; WRP 1970, 308 = GRUR 1970, 510
—, im Selbstbedienungsladen WRP 1964, 287
—, von Mietwagen BB 1965, 174
Unübertrefflich Wettbewerb 1957, 71; WRP 1957, 141
Unübertroffen Wettbewerb 1957, 118; 1955, 82; 1956, 46; BB 1970, 776
Unverbindlich Wettbewerb 1965, 41
Unvergleichlich Wettbewerb 1961, 59
Unwahrheit, relative — GRUR 1956, 502
Unwahrscheinlich Wettbewerb 1958, 80
Ur, für Altbier Wettbewerb 1963, 32; (uralt) MuW 1929, 415
Urheberrechtlich geschützte Inventurliste Wettbewerb 1964, 64
Urheberrecht in USA Mitt. 1962, 127
Urköl'sch (BGH) BGHZ 4, 97 = GRUR 1952, 511
Urlaub, Finanzierung des — Wettbewerb 1966, 1; (Tagesausflug:) WRP 1970, 120
Urteile, Mitteilung von — Wettbewerb 1958, 27
USA-Antitrustrecht WRP 1966, 49
US-Bestände Wettbewerb 1964, 32; BB 1964, 195
—, »Großer Verkauf in —« Wettbewerb 1957, 125

Veranstalterrecht GRUR 1968, 182
Verarbeiten von Stoffen Wettbewerb 1955, 29
Verarbeitung, Handwerkliche — Wettbewerb 1958, 34
Verband, als Firmenzusatz WRP 1955, 137
Verbandsempfehlung, s. Mittelstandsempfehlung
Verbandsnamen, Schutz des — Betrieb 1950, 299
Verbandsstrafe WRP 1959, 241
Verbandszeichen MuW 1931, 76; GRUR 1924, 6; MuW 1927/28, 114
—, Firmenzeichen durch — GRUR 1929, 49
Verblüffen, »Nicht —« Wettbewerb 1959, 58
Verbotsirrtum bei Ordnungswidrigkeiten nach dem GWB WRP 1966, 266
Verbraucher, Begriff NJW 1963, 1505; GRUR 1969, 571, 574
—, Förderung des Wettbewerbs der Lieferanten? BB 1963, 1153
—, Großverbraucher i. S. des § 9 Abs. 2 RabG GRUR 1968, 95
—, Handeln zu Wettbewerbszwecken BB 1963, 1153
Verbraucherempfehlungen BB 1966, 555
Verbraucherinteressen, Berücksichtigung der — in Fällen der vergleichenden Werbung GRUR 1970, 422 und 425
Verbraucherkreise, bestimmte — WRP 1959, 185
Verbrauchermärkte Discount 1969, 15
Verbraucherschutz und Wettbewerb GRUR 1969, 326; GRUR Int. 1970, 32
Verbraucherverbände GRUR 1969, 571, 575
—, Kritik an Gewerbeleistungen BB 1961, 613
—, Boykottaufruf durch — BB 1961, 613
—, Warenvergleich BB 1960, 949
Verbrauchervorstellungen BB 1966, 555 und 1683
—, Schutz der — BGHZ 28, 1 = GRUR 1959, 38 = WRP 1957, 337
—, Es bestehen keine klaren — GRUR 1961, 361 = WRP 1961, 154
Verbrauchervorurteile, s. Vorurteile
Verdienstspannen, Angabe des Verkäufers über — BB 1964, 237; (unrichtige Angaben über —:) NJW 1964, 811
Verdienstmöglichkeiten Wettbewerb 1957, 58
Vereinsstrafe WRP 1959, 241
Verfälschte Lebensmittel MDR 1969, 633
Verhaltensweise, Abgestimmte — im Kartellrecht BB 1970, 1148; (auf oligopolistischen Märkten:) GRUR Int. 1970, 311
Verkauf, an Firmenbezieher Wettbewerb 1961, 65
—, an jedermann WRP 1968, 378 und 430
—, Eröffnungsverkauf nach Umbau Wettbewerb 1955, 67
—, »Für Köln« Wettbewerb 1956, 8
—, Fabrik — Wettbewerb 1957, 37
—, »Großer Sonder-« Wettbewerb 1957, 120
—, »Nur an Gewerbetreibende« WRP 1965, 45
—, unter Einkaufspreis BB 1968, 314
—, unter Selbstkosten WuW 1955, 118; GRUR 1955, 442; WRP 1955, 61; WRP 1969, 172, 173
—, »Zum — freigegeben« Wettbewerb 1959, 80
Verkäuferprämien WRP 1964, 222; 1965, 130; Wettbewerb 1965, 2; WRP 1966, 154; (für Angestellte:) Wettbewerb 1958, 83

V

Verkaufsbüro Wettbewerb 1956, 91
Verkaufseinheiten, Handelsübliche — BB 1968, 692
Verkaufsgespräche, Unrichtige Angaben bei — WRP 1968, 332 = GRUR 1969, 51
Verkaufshäuser, »5 —« Wettbewerb 1961, 63
Verkaufshilfen WRP 1958, 188; 1969, 436; (Schmiergelder als —:) WRP 1969, 362; BB 54, 549
Verkaufskonto Wettbewerb 1957, 37
Verkaufslager Wettbewerb 1960, 50; BB 1964, 104
Verkaufsmesse Wettbewerb 1957, 10
Verkaufspersonal, Zurverfügungstellung von — Wettbewerb 1965, 4
Verkaufsstelle, — hessischer Möbelfabriken Wettbewerb 1956, 22
Verkaufssyndikate, nationale — WuW 1969, 45 und 52
Verkaufsveranstaltung, irreführende Werbung i. S. des § 4 UWG BB 1964, 1101
Verkaufsvitrinen, Überlassung von — Betrieb 1954, 885
Verkaufswettbewerb des Herstellers unter Verkäufern der Einzelhändler Wettbewerb 1963, 20
Verkehr, Geschäftlicher — mit Kunden (Begriff) BB 1963, 1438
Verkehrsanschauung im Markenrecht JZ 1969, 408
Verkehrsauffassung, Bedeutung der — bei § 3 UWG GRUR 1968, 248
—, im »Abklingen« GRUR 1968, 248
—, und Allgemeininteresse GRUR 1968, 248
Verkehrsgeltung bei Wörtern (Namen) des allgemeinen Sprachgebrauchs GRUR 1955, 586
Verkehrskreise, rechtlich beachtlicher Teil GRUR 1964, 38 = WRP 1963, 345; (10 % der beteiligten —:) WRP 1963, 318
Verkehrsregelungspläne (Straßen- und Güterverkehr) BB 1968, 261
Verkehrsverein, Handeln zu Wettbewerbszwecken? WRP 1963, 398
Verlag, Haftet der Inserent für Irrtümer oder Fehler? BB 1965, 1201
—, Wettbewerb 1959, 85
Verlagsbeilagen WRP 1969, 460
Verlagssonderseiten und Anzeigen WRP 1969, 460
Verleger WRP 1963, 410
Verlosen, Allgemeines Wettbewerb 1958, 13 und 15; 1959, 40; GRUR 1955, 585
—, kostenlose Wettbewerb 1957, 99
—, von Geldpreisen Wettbewerb 1960, 35
Verlosung WRP 1955, 46; Wettbewerb 1959, 40; 1966, 1
—, Gratis— zu Wettbewerbszwecken WRP 1962, 233; Wettbewerb 1957, 99; BB 1961, 915; 1966, 1320; Wettbewerb 1963, 5; 1967, 33; GRUR 1957, 384; 1959, 138, 544 und 606
—, Kostenlose — Wettbewerb 1957, 99
—, Koppelung mit Ware Wettbewerb 1970, 9 und 21
—, »Spiel ohne Nieten« Wettbewerb 1970, 9 und 35
—, schwindelhafte Ankündigung WRP 1963, 176
—, »VW zu 0,50 DM« Wettbewerb 1969, 7
Veröffentlichung von Gerichtsentscheidungen Wettbewerb 1955, 42; WRP 1956, 72 und 136
Verona-Gerät (BGH) GRUR 1964, 88
Verpackung, Abgepackte Ware mit ungraden Gewichten Wettbewerb 1966, 6
—, Kaffee Wettbewerb 1958, 72
—, und Warenzeichen MA 1963, 308; Mitt. 1965, 88

—, Nachahmung einer — Wettbewerb 1956, 19
—, Spielzeugauto Wettbewerb 1956, 84
—, Schreibmaschinenbänder Gutachten Nr. 1/1956
—, Schutz der — Mitt. 1969, 105
—, Senf in Gläsern Gutachten Nr. 2/ 1956; WRP 1956, 6
—, Tee in Blechdosen Wettbewerb 1955, 39
—, als Zugabe WRP 1969, 102; s. im übrigen Zugabe, Einzelfälle
Verpackungsformen, Übereinstimmung von — BB 1965, 600 = WRP 1965, 261 = GRUR 1966, 30
Versandhandel WRP 1955, 152 und 253
Versandbuchhandlung WRP 1959, 83
Verschenken von Originalware WuW 1955, 71; MA 1955, 87; GRUR 1955, 327; BGHZ 23, 365 = GRUR 1957, 365 = WRP 1957, 134; WRP 1963, 164; 1957, 364; BGHZ 43, 278 = GRUR 1965, 489 = WRP 1965, 223; BB 1963, 624; (massenhafte:) GRUR 1969, 295 = WRP 1969, 155; (2000 Brote:) Wettbewerb 1968, 13; NJW 1970, 1345; (10 000 Farbfilme:) GRUR 1970, 192; MA 1970, 286
—, durch Verteilung von Gutscheinen WRP 1962, 46
—, und Werbeware NJW 1966, 1289
—, Beurteilung nach § 1 UWG? GRUR 1970, 612
Verschweigen, Irreführung durch —, wenn Kennzeichnungspflicht besteht GRUR 1964, 269 = WRP 1964, 128
—, als Irreführung Wettbewerb 1956, 131
Verschnitt, »Kein —« BB 1964, 618; BB 1966, 1120
Versehrtenarbeit Wettbewerb 1957, 88
Versehrten-Betrieb (BGH) GRUR 1965, 485 = WRP 1965, 140
Versicherung, Abrechnung mit der — durch Mietwagenunternehmen BB 1968, 100
Versicherungsvermittlung und UWG VersR 1970, 252
Versteigerung, fingierte — Wettbewerb 1958, 34; 1962, 33
—, nach Ausverkauf Wettbewerb 1957, 119
Verteiler-Stelle Wettbewerb 1962, 19
Verteilung, kostenlose — eines Anzeigenblattes Wettbewerb 1957, 5
Vertragsbruch/Ausnutzen RGZ 148, 369 (4711); GRUR 1954, 349; 1956, 275; GRUR 1957, 219 = WRP 1957, 7; WRP 1960, 133; GRUR 1961, 328; WRP 1962, 306; MDR 1963, 766; WRP 1963, 275; NJW 1963, 1622; BB 1963, 789 und 954
Vertragsbruch/Verleiten Wettbewerb 1955, 45; 1969, 66; GRUR 1955, 21; GRUR 1956, 274 = WRP 1956, 162; Wettbewerb 1959, 66; NJW 1960, 1853; WRP 1962, 306; GRUR 1961, 328; WRP 1966, 64; 1967, 367; 1969, 378; BB 1963, 1078; (durch Geld an Angestellte:) WRP 1963, 376; (Angestellter soll interne Vorgänge mitteilen:) BB 1964, 193
Vertragsbrüchige Arbeitnehmer, Maßnahmen gegen — BB 1961, 756
Vertragshändler, Vortäuschung der Eigenschaft eines — Wettbewerb 1968, 23; (Opel:) Wettbewerb 1970, 26; (Werkstatt:) Wettbewerb 1970, 30
Vertragswerkstätten und GWB Betrieb 1961, 1379
Vertrauenssache, »Kauf ist —« Wettbewerb 1957, 20
Vertrauensverhältnis, Schutz nach § 1 UWG, wenn kein Geheimnis vor-

V

V

liegt GRUR 1964, 31 = WRP 1963, 333
Vertraulichkeit einer Mitteilung WRP 1959, 304
Vertreter im Nebenberuf WRP 1959, 280; BB 1966, 223, 224
Vertreterbesuch nach Gutscheinwerbung GRUR 1968, 648 = WRP 1968, 297
—, und Postwurfsendung WRP 1968, 160
Vertreterkollektiv und Falschreklame GRUR 1965, 621
Vertriebenenware, Werbung für — BB 1963, 1395
Vertriebsbindung, Literatur: *Lehm-Pfuhl* Schriftenreihe Nr. 22; WRP 1955, 6; s. auch Preisbindung
—, neuere Rechtsprechung WRP 1967, 249
—, als Absatzpolitik MA 1967, 383
—, bei nur empfohlenen Endverbraucherpreisen: Überwachung allein genügt nicht GRUR 1969, 222 = WRP 1969, 28
—, Erwerb im Ausland bei inländischwer Lückenlosigkeit WRP 1966, 67
—, internationale — GRUR 1969, 222
—, lückenlose —, für jedermann bindend? BB 1963, 1275
—, und Diskriminierungsverbot BB 1964, 781
—, und Alleinvertriebsvertrag NJW 1967, 1173
Vertriebsrecht, *Burmann,* 1970, Deutscher Fachschriften-Verlag
Vertriebsweg, Angaben über den — Gutachten Nr. 2/1965; BB 1968, 1173
Vertriebssysteme, Neue — BB 1963, 1437
Verwässerung, von Werbeschlagworten MA 1953, 278; BB 1963, 364 und 1234
Verwässerungsgefahr (für Firmen) GRUR 1951, 520; BGHZ 15, 107 = GRUR 1955, 300 = JZ 1955, 322 (*Bußmann*); WRP 1960, 285
—, für Firmenbestandteile GRUR 1960, 550 = WRP 1960, 285
—, für Warenzeichen GRUR 1952, 47; 1951, 416 und 520; 1955, 591; Betrieb 1966, 226
—, für Werbeschlagwort BB 1963, 364 und 1234
Verwässerungsschutz berühmte Marken WRP 1956, 73; GRUR 1953, 92; WRP 1957, 249; 1959, 93
Verwechslungsgefahr, wenn Post Sendungen verwechselt NJW 1961, 1774
—, bei beschreibenden Angaben WRP 1966, 154
—, von Zeitschriftentiteln GRUR 1963, 378 = WRP 1963, 211; NJW 1963, 2130
—, im Ausland MuW 1933, 332
—, im engeren Sinne GRUR 1968, 173
Verweigerung von Lieferung WRP 1966, 235
Verwertungsgesellschaft nach Urheberrechtsgesetz GRUR 1968, 32 und 86
Verzinken, Emaillefarben WRP 1955, 69
Verzug, durch Geschäftsbedingungen BB 1968, 269
Viel, »Viel können Sie sparen« Wettbewerb 1958, 35
Vitusulfal (BGH) BGHZ 34, 320 = GRUR 1961, 354 = WRP 1961, 228
Vita-Malz (BGH) GRUR 1966, 436 = WRP 1966, 310
Vitapur (BGH) BGHZ 46, 152 = GRUR 1967, 246
Volks-, Zusatz: — Gutachten Nr. 2/1951
Volksfeuerbestattung WRP 1959, 355

Volkswirtschaftlich wertvoll Wettbewerb 1960, 8
Vollendete Wettbewerb 1962, 76
Vollhygienisch Wettbewerb 1957, 106
Völlig, »— konkurrenzlos« GRUR 1961, 875
Vollkommenste, »Das —« Wettbewerb 1957, 31
Vollklavier Betrieb 1954, 649
Vollreinigung MDR 1963, 377; GRUR 1963, 204
Vollstreckungsschutz für Minderkaufleute BB 1966, 1007
Volltransparent GRUR 1953, 182
Vollzucker GRUR 1955, 254; Wettbewerb 1955, 66
Vorabgesetz, Auswirkung auf das Warenzeichengebiet GRUR 1968, 237; (Rechtsfragen:) GRUR 1970, 209
—, und Warenverzeichnis WRP 1967, 291
Voll-, Zusatz — GRUR 1955, 254
Vorabentscheidung nach Art. 177 EWGV MDR 1967, 445; 1968, 806
Voran (BGH) BGHZ 49, 325 = GRUR 1968, 443 = WRP 1968, 199
Vorbenutzung NJW 1968, 2103; Betrieb 1969, 81; GRUR 1969, 35; JR 1970, 172
—, offenkundige in Ostdeutschland BB 1968, 1053
Vorbenutzungsrecht bei Warenzeichen WRP 1967, 431
—, bei Patenten BB 1968, 849
Vorbeugungsmittel GRUR 1966, 493 = WRP 1966, 338
Vorführflaschen gratis Wettbewerb 1959, 65
Vorführgerät, Angebot als — Wettbewerb 1964, 40
Vorkalkulation BB 1964, 659
—, und Werberegeln WRP 1966, 366
Vorlagenfreibeuterei NJW 1960, 2000; WRP 1960, 277; 1957, 21; WRP 1964, 313
Vorlieferant, Anspruch auf Namensnennung, s. *Pastor* in *Reimer* S. 332
Vorm. Wettbewerb 1956, 34
—, »— Hauptstraße« Wettbewerb 1958, 26
Vorname, Warenzeichenrechtliche Unterscheidungskraft des — WRP 1969, 202
Vorrasur-Nachrasur (BGH) GRUR 1959, 130 = WRP 1959, 120
Vorrat, »Solange der — reicht« WRP 1970, 159; (irreführende Angaben über —:) WRP 1970, 314
Vorratswaren WRP 1958, 221
Vorratszeichen, Aufrechterhaltung GRUR 1970, 130; WRP 1970, 99
Vorrechtserklärung MA 1963, 351; GRUR 1968, 508
Vorsicht vor Nachahmungen Wettbewerb 1958, 20
Vorspann durch branchefremde Waren BGHZ 34, 264 = GRUR 1961, 588 = WRP 1961, 162
—, fremder Leistung vor eigener Ware BGHZ — wie vorstehend; WRP 1969, 342
Vorsprung durch Rechtsbruch GRUR 1964, 210 = WRP 1964, 85; NJW 1964, 447; GRUR 1967, 564
—, durch Ausnutzung des standeswidrigen Verhaltens eines Dritten GRUR 1961, 288 = WRP 1961, 113
Vorstellungen, Unsichere — des Publikums BB 1966, 1120
Vorteile, »—, die ... nicht bieten kann« Wettbewerb 1962, 83
Vortrag, mit anschließendem Imbiß Wettbewerb 1957, 49
Vorurteile der Verbraucher und deren Schutz GRUR 1969, 277, 280 und 282; Betrieb 1969, 779
Vorvertrag und Verhandlungen BB 1966, 669
Vorzüge, die ins Gewicht fallen Wettbewerb 1960, 58
—, »Sichtbare —« Wettbewerb 1964, 17

W

Wagenwaschen bei Tankstellen Wettbewerb 1959, 7
Wagenwaschplatz (BGH) GRUR 1964, 509
Wahl, »II —« Wettbewerb 1955, 28; 1958, 32
—, »II —, noch erste Klasse« Wettbewerb 1958, 32
—, »I —« Wettbewerb 1956, 103; WRP 1968, 36
Wahre Angaben, wenn Unrichtigkeit i. S. des § 3 UWG besteht NJW 1965, 1008
Wahrheit der Werbung und neue Sprachbegriffe GRUR 1968, 248
Wahrnehmung berechtigter Interessen WRP 1955, 186 und 251; 1957, 91
Wallis, für Schokolade Wettbewerb 1958, 24
Wandergewerbe, Sonderveranstaltungen WRP 1962, 138
Wandergewerbeschau für Markenartikel BB 1950, 821
Wandergewerbeveranstaltungen § 65 a GewO: BT-Drucksache 266/68 v. 17. 5. 1968; Gesetz v. 7. 10. 1968 (BGBl. I S. 1065); BB 1968, 727; Gutachten Nr. 3/1965
Wanderlager, Ausverkauf WRP 1964, 225 und 305
—, Begriff BB 1965, 1333; Gutachten Nr. 3/1965
—, »neuzeitliches —« WRP 1965, 383
—, Werbung WuW 1953, 777; GRUR 1968, 693
Warenabgabe, Unentgeltliche — GRUR 1952, 428; WRP 1963, 164
Warenangebot WRP 1955, 150; Wettbewerb 1958, 37
—, getarntes — GRUR 1968, 382 = WRP 1967, 363
Warenbeschreibende Angaben und warenzeichenmäßige Benutzung GRUR 1970, 305 und 419
Warenbezeichnung, fremdsprachige — WRP 1960, 106
—, Irreführung durch WRP 1961, 268
—, mehrdeutige — GRUR 1955, 251 = WRP 1955, 64
—, und Ausstattungsschutz WRP 1960, 31
Warengläubiger und Kreditgläubiger, Kollision BB 1969, 1106
Warengleichartigkeit GRUR 1957, 126 = WRP 1957, 49; GRUR 1927/1928, 377; Mitt. 1964, 166; BB 1970, 940 = GRUR 1970, 552; BB 1970, 1283
—, neuartige Waren und — MA 1962, 581
—, Grenzen der — GRUR 1968, 498
—, Rechtsprechungsübersicht BB 1970, 1283
Warenhaus, Begriff BB 1961, 991
Warenhersteller, Haftung gegenüber dem Letztverbraucher BB 1964, 231 und 319; 1965, 439; VersR 1965, 928; Betrieb 1965, 1620; BB 1967, 1091; JZ 1968, 494; JuS 1968, 345; DRiZ 1968, 266; Betrieb 1968, 1611; JR 1968, 287; JuS 1969, 208; NJW 1969, 269, 582 und 1754; JZ 1969, 391; (in USA:) BB 1968, 1020
—, Haftung ohne Verschulden? BB 1966, 173
—, Ergebnisse des 47. Juristentages BB 1968, 1132
Warenkennzeichnung, Ablauf der Gestattung — GRUR 1963, 485 = WRP 1963, 206
Warenkredit (BGH) BGHZ 13, 33 = GRUR 1954, 342
Warenprobe Gutachten Nr. 6/1950; Wettbewerb 1958, 58; (massenweise:) BGHZ 23, 365 = GRUR 1957, 365 = WRP 1957, 134; s. auch Massenverteilung von Ware
—, gleichzeitige Abgabe von eigenen und fremden — GRUR 1950, 588; 1951, 149; Wettbewerb 1966, 17

—, kostenlose WRP 1962, 46; 1963, 164
—, nicht erkennbare GRUR 1951, 49
—, 5 Liter Benzin Wettbewerb 1963, 29
—, im Kaffee-Versandhandel WRP 1955, 253
Warenrückvergütung, Charakter BB 1965, 965
—, Allgemeines NJW 1962, 352; 1964, 889; BB 1966, 346 und 423
—, genossenschaftliche — BB 1966, 344; NJW 1964, 889; BB 1971, 61
—, und Diskriminierungsverbot WRP 1963, 285
—, und Preisbindung NJW 1965, 135; Betrieb 1965, 1127
Warentest/Literatur WRP 1959, 344; JZ 1960, 434; BB 1960, 949; 1961, 613; WRP 1962, 359; MA 1962, 283; GRUR 1962, 611 und 640; NJW 1962, 1177; 1963, 986 und 1022 und 1801; Zeitschrift für wissenschaftliche Forschung 1962, 271; WRP 1963, 109 und 149; BB 1963, 1027 und 1029; Betrieb 1963, 55; MA 1963, 3, 112 und 972; *v. Richthofen,* Diss. Köln 1963; GRUR Ausl. 1964, 196; BB 1964, 405 und 1154; MDR 1964, 374; GRUR 1965, 219; WRP 1964, 289, 343 und 363; 1965, 135 und 199; BB 1968, 635
Warentest/BGH: GRUR 1966, 386 = WRP 1966, 215
Warentest/Allgemeines RG JW 1937, 376; BB 1960, 952; 1961, 460; JZ 1961, 380; GRUR 1962, 611; WRP 1962, 176 = MDR 1962, 741; BB 1962, 317 und 935; 1963, 831 und 1029; WRP 1963, 109 und 149; 1964, 310, 311 und 363; 1965, 199
Warentest, Allgemeine Fragen WRP 1956, 61; GRUR 1962, 611
—, anlehnende — WRP 1956, 244
—, Abschließendes Urteil und Eingriff in den eingerichteten und ausgeübten Gewerbebetrieb GRUR 1952, 410; BB 1960, 953; 1963, 1029
—, Auswahl der Waren MA 1963, 319; NJW 1963, 986 und 1801
—, Auswertung BB 1963, 1027
—, bei Handwerksbetrieben (Metzgerei) BB 1964, 1448
—, Beweislast WRP 1963, 294
—, Bezugnahme und ihre Erfordernisse GRUR 1964, 208 = WRP 1964, 237; BB 1963, 250 und 1234
—, der nicht zu Wettbewerbszwecken vorgenommen wird BB 1962, 364
—, Fälle: Leuchtskalenwaagen (JZ 1961, 380); Anzüge (WRP 1963, 27; WRP 1963, 177 = BB 1962, 317 = MDR 1962, 741); Waschmaschine (BB 1962, 935); Preiskalkulation (BB 1963, 831)
—, Grundsätze MA 1966, 453
—, Hersteller, der gut abgekommen ist: Hat er Verwendungsbefugnis? GRUR 1963, 437 = BB 1963, 363; BB 1963, 1031; WRP 1963, 27; 1964, 237 und 289; BB 1963, 250 und 1234
—, indirekte — WRP 1956, 293
—, Informationsinteresse des Verbrauchers NJW 1963, 987
—, Kritik am Gewerbebetrieb VersR 1966, 297 und 1189; (an Makler:) NJW 1967, 390
—, Neutralitätserfordernis BB 1960, 953; JZ 1960, 434; WRP 1959, 346; BB 1963, 460, 831 und 1029
—, ohne bestimmte Bezugnahme Wettbewerb 1955, 85
—, Pflichten des Testkäufers MDR 1965, 133
—, Rechtsgrundlagen gegen — § 1 UWG, §§ 823, 824 BGB? NJW 1963, 1802, 1803
—, öffentliche-vergleichende — Betrieb 1963, 55
—, Schadensersatz bezgl. gewerteter

W

Erzeugnisse NJW 1963, 987; Betrieb 1962, 364; BB 1962, 935
—, Testzeitschriften, Verkauf in großen Mengen WRP 1965, 144
—, und Recht am eingerichteten und ausgeübten Gewerbebetrieb NJW 1963, 1801
—, und freie Meinungsäußerung NJW 1964, 595
—, und Markttransparenz BB 1962, 105
—, und Presse MA 1965, 376; WRP 1965, 227; 1962, 301
—, in den USA GRUR Ausl. 1963, 193
—, Verbot von Testkäufen NJW 1962, 1969; WRP 1964, 310; 1965, 228
—, vergleichende — WRP 1962, 359; 1963, 109 und 149; Betrieb 1963, 55; NJW 1963, 1801; (Zulässigkeit:) MA 1963, 487
—, Veröffentlichung von — NJW 1962, 1177; MDR 1962, 741; NJW 1964, 595 und 1804; BB 1966, 1320; (durch Verbände:) WRP 1959, 344; (durch andere:) WRP 1963, 27; (Abwehr der Veröffentlichung:) WRP 1963, 154
—, Veröffentlichung und Haftung MA 1968, 3
—, von Verbraucherverbänden WRP 1962, 301
—, Wahrnehmung der Verbraucherinteressen durch Dritte NJW 1963, 987
—, Warenauswahl MA 1963, 319; NJW 1964, 986 und 1801
—, Werbung mit — WRP 1964, 289; Betrieb 1967, 1074; 1968, 635
—, Werturteile, gedeckt durch Informationsinteresse BB 1963, 1029
Warenunterschiebung Wettbewerb 1967, 47
Warenursprung, nach EWG-Recht, Begriffsbestimmung VO (EWG) Nr. 802/68 L 148/1 Amtsblatt d. Eur. Gem.
Warenvergleich, Zulässigkeit MA 1962, 283; WRP 1966, 375
—, durch Verbraucherverbände BB 1960, 949; WRP 1962, 301
—, durch Vertreter nach Wechsel zur Konkurrenzfirma BB 1960, 1302
Warenverpackung als Warenzeichen BB 1964, 530
Warenverteilung, Gratis — von Papiertüchern WRP 1962, 46; 1957, 134
Warenverzeichnis, Nach dem Vorabgesetz WRP 1967, 291; BB 1969, 9
Warenvorrat und Werbung Gutachten Nr. 5/1951; BB 1952, 959; WRP 1955, 150
Warenzeichen, für Arzneimittel WRP 1955, 224; BGHZ 50, 77 = GRUR 1968, 550 = WRP 1968, 298
—, ausländische —, Schutz im Inland WRP 1969, 209
—, Anmeldung eines im Ausland bestehenden — im Inland NJW 1969, 1534
—, Annäherung, unlautere WRP 1968, 125
—, Abstandsrechtsprechung des BGH GRUR 1963, 607
—, berühmte — NJW 1964, 1606
—, Bewertung von — Mitt. 1965, 81
—, beschreibende Angaben GRUR 1963, 513
—, Benutzung im Verkehr MA 1961, 977
—, Benutzungszwang; s. diesen
—, und seine Umgehung WRP 1969, 178
—, und seine Übereinstimmung mit der Eintragung GRUR 1970, 166
—, »Die nicht eingetragenen —« GRUR 1929, 413; MuW 1930, 100
—, mit Doppelsinn MA 1967, 159

W

—, Erneuerungsmarken WRP 1967, 107
—, Erneuerungsmarken und Widerspruchsrecht WRP 1967, 429
—, Farbenschutz im — GRUR 1927, 211
—, Farbenzusammenstellung und — GRUR 1962, 587
—, Figur in Farben und Umfang des Schutzes BB 1966, 469
—, als Firma einer GmbH? GmbH-Rdsch. 1967, 49
—, Gattungsnamen, Vom — zum Gattungsnamen MA 1967, 392
—, Geographische Orts- und Gebietsbezeichnungen als Wortzeichen Betrieb 1960, 1485
—, Gleichartigkeit (Waren—) MuW 1927/28, 377; Mitt. 1964, 166; (Richtlinien für die Abgrenzung:) GRUR 1968, 498; (Begriff:) GRUR 1964, 186; (Rechtsprechung:) BB 1970, 1277
—, Gruppenbenutzung MA 1964, 531
—, Handel mit — MuW 1932, 169
—, »von Haus aus«, Kennzeichnungskraft — GRUR 1970, 353
—, Hörzeichen als — GRUR 1928, 781; 1930, 496
—, Inlandsverletzung durch Auslandswerbung WRP 1968, 209
—, Kollision mit älterem Firmenzeichen GRUR 1969, 357 = WRP 1969, 235
—, Löschungsklage gegen Leerübertragung GRUR 1962, 557
—, Leerübertragung BB 1966, 1167
—, Markenschutz durch presserechtliche Gegendarstellung BB 1962, 82
—, Monopolmißbrauch durch — BB 1950, 125
—, Motivschutz WRP 1964, 111 und 145
—, Olympische Spiele und — BB 1966, 1172; Betrieb 1970, 1769 und 1820
—, Priorität, formelle — MA 1966, 260; (älteres Warenzeichen und jüngere Ausstattung:) BB 1970, 1150
—, Pfändung von — MuW 1927/28, 8; WRP 1959, 129
—, Rechtsprechungsübersicht NJW 1970, 1521
—, Rechtsübergang und dessen Nachweis BB 1968, 806
—, Schutz bei Einfuhr von Originalware BB 1964, 580
—, Schutz (wettbewerblicher —) bei Auslandsverletzungen AWD 1970, 21
—, Schutz gegen Importe bei gleichem — im In- und Ausland MA 1964, 187; BB 1964, 580
—, Schutz nach § 1 UWG gegen Beeinträchtigungen GRUR 1968, 581 = WRP 1968, 57
—, Sachfirma einer GmbH und — NJW 1968, 733
—, Schutz gegen im Ausland begangene Verletzungen AWD 1970, 211
—, Schutz vor Entfernungen WRP 1964, 259
—, Schutz von Teilen OLGZ 69, 26
—, Schutz vor Veränderungen WRP 1964, 257
—, Schwächungseinwand BB 1970, 225; MDR 1970, 306
—, Territorialitätsprinzip GRUR Ausl. 1964, 125; NJW 1964, 1596; GRUR Ausl. 1966, 305
—, Übertragung von — MuW XXVI, 237; GRUR 1928, 737; GRUR 1958, 606 = WRP 1958, 311; MDR 1968, 823; Betrieb 1968, 1808; NJW 1968, 2188; GRUR 1969, 43
—, Übertragung einer IR-Marke MA 1969, 27 und 71
—, Übertragung (Leer—) BB 1966, 1167
—, Verbrauch des — durch Inverkehrsetzen BB 1963, 490

W

—, Verbundgemeinschaften MA 1963, 496
—, Verkehrsgeltung und Verwechslungsgefahr GRUR 1970, 302
—, Verletzung durch ausländische Presseerzeugnisse WRP 1968, 209; (durch Firmenbestandteil:) GRUR 1955, 957
—, Verwechslungsgefahr für Arzneimittel WRP 1968, 298
—, und Widerspruchsverfahren GRUR 1970, 350
—, Vorbenutzungsrecht WRP 1967, 431; JR 1970, 172
—, Vornamen, Unterscheidungskraft WRP 1969, 202
—, Warennamen, Entwicklung eines — zum Warennamen GRUR 1929, 421
—, warenzeichenmäßiger Gebrauch Festschrift für *Nastelski* S. 319; (von warenbeschreibenden Angaben:) Mitt. 1970, 81; GRUR 1970, 305 und 419
—, Wortzeichen MA 1967, 668
—, Werbeverse als — MA 1965, 667
—, Warenverzeichnis nach dem Vorabgesetz WRP 1967, 291; BB 1968, 9
—, Zeitungstitel als — GRUR 1930, 330; MuW 1931, 486
—, Zahl als — GRUR 1930, 1015
Warnlisten Anw. Bl. 1952/53, 163; WuW 1953, 95; BGHZ 8, 142 = GRUR 1953, 130
Warnschild (BGH) BGHZ 43, 359 = WRP 1965, 612 = WRP 1965, 253
Warnung, vor direkt verkaufenden Herstellern WRP 1964, 158
—, vor Mitbewerbern Wettbewerb 1963, 2
Wartefristen im Wettbewerb (Grabsteinaufträge) BB 1967, 305
Warum? (»— auf schwankendem Seil?«) Wettbewerb 1962, 21
—, »— sich quälen?« Wettbewerb 1955, 78
—, »— so preiswert?« Wettbewerb 1958, 11
Waschanlage BB 1968, 402
—, und Sonntagsruhe BB 1968, 402
Waschkugel (BGH) GRUR 1967, 254 = WRP 1967, 274
Wäschestärkemittel (BGH) GRUR 1963, 371 = WRP 1963, 129
Wäscherei Wettbewerb 1959, 45
Waschmaschine Wettbewerb 1959, 85
—, Werbewoche Wettbewerb 1959, 60
Watte, Bezeichnungsvorschriften Wettbewerb 1955, 30
Wechselseiten in Zeitschriften WRP 1961, 50
Weck-Ringe Wettbewerb 1955, 31
Weg, »Der weiteste —« Wettbewerb 1955, 62
Weich, wie Wolle Wettbewerb 1955, 74
Weigerung der Weiterbelieferung Wettbewerb 1956, 26
Weihnachtsgeschenke, Wettbewerb 1956, 17
—, an Verkäuferinnen Wettbewerb 1956, 13
Weil, »—, deshalb . . .« Wettbewerb 1957, 81; GRUR 1957, 491 = 1957, 259
Wein, abgefüllt im Weinbaugebiet = Garantie für Qualität Wettbewerb 1965, 24
Weinbrand, französischer —, in Deutschland hergestellt BB 1964, 824
—, Werbung für — Wettbewerb 1961, 33
Weinetikettierung (BGH) GRUR 1962, 650 = WRP 1962, 330
Weinprobe und Kaufzwang WRP 1967, 416
Weinsauerkraut Wettbewerb 1964, 31
Weiße Wochen Wettbewerb 1958, 61
Weiteste Weg (»Der — lohnt sich«) Wettbewerb 1955, 62

Weizenkeimöl (BGH) GRUR 1964, 392 = WRP 1964, 204
Wella-Perla (BGH) GRUR 1958, 604 = WRP 1958, 118
Wellaform (BGH) GRUR 1957, 491 = WRP 1957, 259
Weltbekannt Wettbewerb 1957, 75
Weltklasse WRP 1958, 217
Weltmarke GRUR 1952, 321; Wettbewerb 1957, 56
Wellpappe, Faltkiste Wettbewerb 1957, 40
Weltpatente Wettbewerb 1956, 63
Weltruf GRUR 1951, 82; Wettbewerb 1957, 75
—, »Von —« Wettbewerb 1965, 28
Wenige, »Nur — Tage« Wettbewerb 1968, 14
Weniger, »für — Geld« Wettbewerb 1954, 6; 1959, 8
—, »Kostet — als ...« Wettbewerb 1958, 40
Werbeagenturen, *Heider,* Das Recht der Werbeagenturen 1964; WuW 1962, 260; WRP 1969, 305; 1970, 1
—, Preislistentreue der — WRP 1969, 305; 1970, 102 und 104
—, Rechtstellung WRP 1969, 305
—, Verfahren im Anzeigengeschäft BB 1970, 772
—, und Werbevermittler, Verhalten zu den Gewerbetreibenden BB 1970, 773
Werbeanlagen und Baugenehmigung WRP 1961, 287
Werbefahrer (BGH) GRUR 1965, 155 = WRP 1965, 110
Werbefahrten, in der Rechtsprechung der OLG WRP 1970, 208
—, Unzulässigkeit WRP 1969, 209; NJW 1969, 754; GRUR 1970, 431; BB 1968, 1134; WRP 1969, 167
—, zu Ausflugslokalen mit Fahrtkosten, aber — NJW 1969, 754; WRP 1969, 167
—, mit Gratisverlosungen GRUR 1962, 461; 1967, 254 und 461; 1970, 428
—, ganztätige Omnibusfahrten und — GRUR 1970, 93; WRP 1970, 75
Werbefilm (BGH) GRUR 1966, 390 = WRP 1966, 275
Werbefilme, Herstellung BB 1966, 302
—, und Mängelhaftung WRP 1966, 275
Werbegaben Betrieb 1949, 621; GRUR 1951, 428; MA 1953, 95; WRP 1955, 141; 1963, 164
—, durch Banken WRP 1957, 261
Werbegeschenke: Puderdose: Wettbewerb 1965, 27; 1/2 Pf. Bohnenkaffee: WRP 1964, 283; BB 1965, 179; Butter: WRP 1966, 69; Suppenhühner: WRP 1966, 103; Gutscheine für Limonaden: WRP 1966, 107;
Feuerzeug: WRP 1958, 302 = GRUR 1959, 31; Schokolade: WRP 1962, 302; Rauchwaren: WRP 1963, 302; Bewirtung: Wettbewerb 1957, 47; Volkswagen mit Garage: Wettbewerb 1957, 68; Kinderfoto: GRUR 1968, 94; Puppen: WRP 1968, 72; Ehrenkarten: JR 1963, 4; Foto zum Geburtstag: Wettbewerb 1958, 90; echte Ledertasche: GRUR 1965, 103
—, Angebot von — als Muster Wettbewerb 1957, 90
—, und psychologischer Kaufzwang Wettbewerb 1966, 5
Werbehaus BB 1964, 572
Werbehilfen des Herstellers Wettbewerb 1956, 29
Werbeidee, Schutz der — MA 1951, 10; 1954, 324; Wettbewerb 1955, 31; WRP 1955, 28 und 171; BGHZ 18, 176 = GRUR 1955, 598 = WRP 1955, 280; WRP 1957, 45; 1968, 411; Betrieb 1969, 1337; WRP 1970, 125

W

Werbemaßnahmen, Schutz von — WRP 1956, 93; MA 1965, 15
Werbematerial i. S. des HWG WRP 1966, 110
Werbemethoden, neuartige — und Unlauterkeit NJW 1952, 684; Betrieb 1955, 913; WRP 1965, 434; 1968, 141
Werbemittel, Schutz von — WRP 1957, 45; MA 1965, 15
—, Nachahmung von WRP 1957, 45
Werbemonat Wettbewerb 1957, 55
Werbeprämien GRUR 1969, 415 = MDR 1969, 551
—, an Laienwerber Gutachten Nr. 1/1953; MA 1955, 9; NJW 1957, 187; WRP 1958, 321 und 369; 1959, 81; BB 1969, 292; Betrieb 1969, 880; WRP 1969, 286; GRUR 1969, 415
Werbepreisrätsel Wettbewerb 1960, 47
Werberecht und Wettbewerbsrecht WRP 1966, 81
Werberecht der Wirtschaft, *Burmann*, E.-Schmidt-Verlag, 1970
Werbeschild an Bundesstraßen WRP 1960, 223
Werbesprüche, Schutz von — Wettbewerb 1957, 118; WRP 1958, 340; 1959, 62; UFITA 1969, 290; Betrieb 1969, 1637
—, als Geschäftszeichen WRP 1967, 29
—, Urheberrechtsfragen Betrieb 1969, 1637; BB 1966, 996
—, Werbung mit — *Arguint*, 1958, Basel; MA 1955, 601; Wettbewerb 1958, 26 und 57, 118; 1958, 340; BB 1964, 447
Werbeveranstaltungen, Allgemeines JR 1963, 4; s. auch Werbegeschenke
—, Ausflugsfahrten mit — WRP 1968, 406; 1970, 27, 32 und 35; (Rechtsprechungsübersicht:) WRP 1970, 293 und 408
—, Anlocken durch Geschenke JR 1963, 4; BB 1964, 1358 und 1359; 1965, 406, 179 und 561
—, bei der Einladung bleibt offen, wofür geworben wird WRP 1964, 51; 1966, 103 und 69; 1967, 457; BB 1965, 561
—, »Bühnen- und Filmerleben« Wettbewerb 1963, 10
—, Geschenke bei —, s. Werbegeschenke; (Grundsätzliches:) WRP 1966, 69
—, Gewinnchance einer Urlaubsreise Betrieb 1965, 1172
—, im Kino WRP 1962, 301; 1965, 436; BB 1965, 720
—, Irreführende Einladungen zu — WRP 1962, 233; 1964, 51; JR 1963, 4
—, mit Fahrten ins Blaue WRP 1964, 285
—, mit Verlosungen WRP 1964, 409; JR 1963, 4
—, »neuzeitliches« Wanderlager WRP 1965, 383
—, Omnibusfahrten, s. diese
—, »Überraschungen« Wettbewerb 1957, 47
—, und psychologischer Kaufzwang Wettbewerb 1966, 5
—, Verkauf bei — zulässig WRP 1964, 244; BB 1968, 142
—, Verwendung irreführender Plakette mit Hinweis auf 50 DM-Gewinn Wettbewerb 1963, 10
—, Wann sind die in Aussicht gestellten Vorteile (Geschenke) nicht mehr geringfügig? WRP 1967, 274
—, Wanderlager (Begriff) BB 1965, 1333
Werbevergleiche GRUR 1969, 522, s. auch vergleichende Werbung
Werbeverse Wettbewerb 1957, 118; 1958, 26; UFITA 1969, 290; (als Warenzeichen:) MA 1965, 667
Werbewagen (BGH) GRUR 1965, 315 = WRP 1965, 95

W

Werbewoche Wettbewerb 1958, 24; WRP 1970, 397
Werbezettel, Verteilung von — auf Straßen WRP 1967, 391
—, am Scheibenwischer Wettbewerb 1959, 41
Werbung, »Werbung und ihre Lehre« MuW 1930, 426
—, anlehnende — WRP 1958, 86
—, Auslandswerbung, unlautere, und ihre Bekämpfung MA 1952, 88
—, Außen — an Gebäuden WRP 1967, 26
—, mit Äußerungen Dritter MA 1955, 307
—, von Ärzten WRP 1970, 39
—, bezugsnehmende, s. Werbung/Bezugsnehmende Werbung
—, beim Wandergewerbe, im Verhältnis zur — von Ortsansässigen WRP 1956, 129
—, bei Stationierungsstreitkräften BB 1966, 262
—, »Bis« — WRP 1962, 22; BB 1964, 16
—, Buchwerbung (Anspreisung von Büchern) WRP 1957, 205
—, des Straßeneigentümers BB 1963, 483
—, Deutscher Unternehmer im Ausland Betrieb 1964, 1801
—, durch persönliche Reklame WRP 1956, 72
—, durch Schulen Wettbewerb 1955, 62
—, durch Zahnheilkundige WRP 1956, 103
—, bei Fernsehübertragung von Sportveranstaltungen WRP 1970, 190
—, eines Handelsvertreters WRP 1959, 327
—, internationale Verhaltensregeln und — GRUR Int. 1968, 44
—, einer Käufervereinigung WRP 1959, 147
—, für Konkurrenzerzeugnisse Wettbewerb 1957, 49
—, Fremdwerbung als Eigen— BB 1964, 1023
—, für Weinbrand Wettbewerb 1961, 33
—, gefühlsbetonte — WRP 1970, 37; s. im übrigen Gefühlsbetonte Werbung
—, gleiche — für mehrere Konkurrenten Wettbewerb 1956, 10
—, gleichzeitige — für die Konkurrenz Wettbewerb 1957, 49
—, herabsetzende — WRP 1957, 9
—, in Betrieben BB 1967, 330
—, in Fachkreisen WRP 1957, 334
—, in Fachzeitschriften WRP 1957, 299
—, in Fernsprechbüchern WRP 1956, 101
—, im Häute- und Fellhandel Wettbewerb 1959, 51
—, kopierte — MA 1966, 559
—, auf Lohntüten Wettbewerb 1957, 48
—, mehrdeutige — WRP 1970, 268; Betrieb 1967, 935
—, mit Mitgliederzahlen GRUR 1961, 284 = WRP 1961, 120
—, im Möbelhandel WRP 1959, 87
—, in Kundenzeitschriften Wettbewerb 1968, 34
—, in negativer Form WRP 1959, 48
—, in Schulen Wettbewerb 1960, 9
—, im Versandhandel WRP 1955, 152
—, im Lebensmittelrecht MA 1954, 220
—, mit Laienwerbern WRP 1958, 321 und 369; Wettbewerb 1958, 91
—, mit Bezeichnungen, die den Eindruck einer höheren Qualität vermitteln BB 1965, 721
—, mit Behördenerlaß WRP 1956, 304
—, mit gerichtlichem Unterlassungsgebot oder Entscheidungen Wett-

W

bewerb 1961, 54; Gutachten Nr. 3/ 1962; WRP 1968, 75
—, mit Gütezeichen Betrieb 1962, 234
—, mit Hinweis auf die Werbungskosten der Konkurrenz Wettbewerb 1960, 65
—, mit Hinweis auf die DM-Aufwertung Wettbewerb 1957, 122; 1961, 61
—, mit Kundenzeitschriften Wettbewerb 1957, 114
—, mit Leserzahlen WRP 1960, 98
—, Mischanzeigen Gutachten Nr. 3/1952
—, Preissteigerungen in der — Wettbewerb 1957, 58
—, Sportplatz-WRP 1970, 190
—, redaktionelle — MA 1953, 33; s. auch redaktionelle Anzeigen
—, Schauspieler — Wettbewerb 1958, 9
—, strafbare — NJW 1965, 265
—, Telephonwerbung, s. diese
—, unter Hinweis auf Warenbestände Wettbewerb 1956, 110
—, unterschwellige — Int. Wettbewerb 1970, 1
—, unter Fernsprech-Nummer Wettbewerb 1957, 63
—, Übersteigerung der — GRUR 1962, 439
—, Verdeckung fremder — durch eigene BB 1963, 709 und 1274
—, vor Konkurrenzgeschäften WRP 1955, 45; Wettbewerb 1955, 86; WRP 1968, 141; (vor Konkurrenzveranstaltungen:) Wettbewerb 1960, 43
—, Werbeagentur und — WRP 1961, 244
—, Werbeprämien WRP 1958, 321
—, Werbesprüche, die keine Namensfunktion haben WRP 1958, 340
—, Werbeverse Wettbewerb 1957, 118; 1958, 26
—, zweifelhafte Rechtsauskünfte, — mit ihnen GRUR 1954, 164
—, Zahlenangaben Wettbewerb 1955, 89; 1956, 10; 1957, 16

Werbung/Bezugnehmende Werbung
Betrieb 1951, 813; WRP 1961, 70; Wettbewerb 1966, 10
—, anreißerische — WRP 1959, 325
—, auf Listenpreise NJW 1962, 111
—, die nicht als solche erkennbar ist WRP 1963, 17
—, erkennbare Bezugnahme WRP 1960, 178
—, kritisierende — Wettbewerb 1966, 10
—, mit Abbildung menschlicher Organe (Herz) NJW 1962, 40
—, mit Gründungsjahr BB 1962, 734
—, persönliche — Wettbewerb 1962, 76

Werbung/Vergleichende Werbung
—, Literatur: Gesamtübersicht und Bearbeitung bis 31. 12. 1969: *Eichmann,* Vergleichende Werbung, Carl Heymanns Verlag, 1969; Neuere: Int. Wettbewerb 1970, 15; (in internationaler Sicht:) Int. Wettbewerb 1970, 9 und 13; (neuere Rechtsprechung:) BB 1969, 1319; WRP 1969, 169 = GRUR 1969, 333; WRP 1969, 169; GRUR 1969, 283 = WRP 1969, 113; GRUR 1969, 522; s. im übrigen nachst. hinreichender Anlaß
—, Aufeinanderfolgende Anzeigen in Tageszeitungen MDR 1962, 59; WRP 1967, 289
—, Auflagenzahlen einer Zeitschrift, Gegenüberstellung mit Konkurrenzzeitungen Wettbewerb 1970, 1; BB 1970, 1974
—, Abwehrvergleich Wettbewerb 1960, 48; BB 1963, 1234
—, abstrakter Systemvergleich und Hinweis auf Mitbewerber GRUR 1967, 30; WRP 1970, 265

—, bei Zeitungen Wettbewerb 1958, 89
—, bei Bierabsatz Wettbewerb 1962, 73
—, bei Markenbutter Wettbewerb 1963, 45
—, »Bis 25 % billiger« Wettbewerb 1962, 22
—, diskriminierende — Wettbewerb 1958, 2; GRUR 1964, 208 = WRP 1964, 237
—, durch Einzelhändler BB 1968, 1353
—, »Einzige Sauna in . . mit Anerkennung« BB 1965, 721
—, Faßbier/Flaschenbier Wettbewerb 1958, 10
—, Fortschrittsvergleich GRUR 1961, 85 = WRP 1961, 43; BB 1961, 113
—, freies Benzin und Markenbezin Wettbewerb 1961, 10
—, Herabsetzung Wettbewerb 1957, 84
—, Hervorhebung eigener Vorzüge BB 1968, 1134; (Vergleich mit eigenen Erzeugnissen:) WRP 1970, 180
—, hinreichender Anlaß zu einer — GRUR 1964, 36; BGHZ 49, 325 = GRUR 1968, 443 = WRP 1968, 119; GRUR 1969, 283 = WRP 1969, 113; GRUR 1970, 422; WRP 1970, 264; BB 1970, 1369
—, Hinweis auf früheren eigenen Preis und Konkurrenten WRP 1970, 180
—, Holz und künstliches Furnier BB 1965, 470
—, in internationaler Sicht Int. Wettbewerb 1970, 9 und 13
—, Komparativwerbung Wettbewerb 1954, 2 und 6; 1959, 3 und 17
—, notwendiger Warenvergleich WRP 1961, 43
—, Notwendigkeit der Erkennbarkeit des betroffenen Dritten GRUR 1970, 425
—, Preisvergleiche Wettbewerb 1960, 10 und 28; GRUR 1964, 208; GRUR 1970, 422; WRP 1970, 267
—, Qualitätsvergleich Wettbewerb 1962, 74
—, in der Schweiz AWD 1970, 266
—, Sektwerbung MDR 1964, 240
—, Sparen Wettbewerb 1960, 49
—, Superlativreklame JR 1953, 205; Wettbewerb 1955, 18; s. auch diese
—, Systemvergleich Gutachten Nr. 9/1950; GRUR 1952, 416 und 582; NJW 1953, 87; WRP 1955, 33 und 131; Wettbewerb 1955, 53; 1957, 22; 1958, 49; WRP 1958, 148; GRUR 1958, 486 = WRP 1958, 237; WRP 1960, 306; Wettbewerb 1960, 41; 1961, 54; WRP 1967, 311; MDR 1962, 59 und 289
—, herabsetzender — Wettbewerb 1956, 67; 1957, 22
—, und Hinweis auf Mitbewerber WRP 1970, 265; GRUR 1967, 30
—, uneigentlicher — WRP 1957, 141
—, Versandhandel/Einzelhandel WRP 1957, 361
—, Wahrnehmung berechtigter Interessen BB 1961, 1222
—, Tatsachenvergleich GRUR 1969, 522
—, Verkauf aus dem Koffer? Wettbewerb 1962, 22
Werk Wettbewerb 1963, 46; BB 1964, 1102 und 1144; WRP 1964, 391; WRP 1966, 361; BB 1966, 1246; 1969, 1194
—, Jalousie— JMBl. NRW 1968, 114 = BB 1968, 311
—, Papierwerk WRP 1960, 348
—, Verarbeitungs— Wettbewerb 1957, 62
Werke WRP 1964, 391; BB 1965, 803
Werksbüchereien und Büchereitantiemen BB 1966, 1427
Werkshandel Wettbewerb 1955, 55; 1956, 14

W

W

—, als Sonderveranstaltung Wettbewerb 1955, 55
Werkswohnung, Räumung der — BB 1968, 551
Wertfoto NJW 1968, 2381
Wertrabatt GRUR 1969, 225
Wertreklame GRUR 1928, 532
Wertschein als Trostpreis Wettbewerb 1956, 43
Wertsicherungsklauseln BB 1964, 1015; Betrieb 1969 Beil. 18/69
Werturteile, gewerbeschädigende — NJW 1966, 2097; WRP 1966, 383 = GRUR 1966, 693 (*Fischkötter*) = JZ 1967, 177 (*Kübler*)
—, geschäftsschädigende WRP 1961, 283
—, und Tatsachen WRP 1967, 4
—, »volkswirtschaftlich wertvoll« Wettbewerb 1960, 8
Westfalenzeitung (BGH) GRUR 1956, 238 = WRP 1956, 229
Westenberg (BGH) GRUR 1957, 219 = WRP 1957, 7
Wettbewerb, Begriff GRUR 1965, 288
—, Grundbegriffe WuW 1962, 461
—, Leistungswettbewerb Betrieb 1967, 1883; WuW 1955, 421; WRP 1955, 1
—, freie Meinungsäußerung und — NJW 1969, 2358
—, durch Rundschreiben an Vertreter? BB 1968, 100
—, Fotowettbewerb Wettbewerb 1957, 50
—, im Ausland GRUR 1955, 411 = WRP 1955, 43; s. auch Ausland
—, und Publizistik Wettbewerb 1957, 51
—, Welt — WRP 1956, 126
—, »zu Zwecken des —« Festschrift für *Nipperdey* S. 283 ff.
—, wirksamer — WRP 1968, 211
—, bei Fernsehinterview GRUR 1964, 208 = WRP 1964, 237
Wettbewerbsbegriff für UWG und GWB, *Knöpfle* Carl Heymanns Verlag, 1966; WuW 1970, 395
Wettbewerbsabreden mit technischen Angestellten NJW 1969, 1985
—, nach Beendigung des Handelsvertreterverhältnisses BB 1969, 504
Wettbewerbsbehinderung durch Empfehlungen GRUR 1951, 112
Wettbewerbsbeschränkungen, s. auch Wettbewerbsverbote
—, als Inhalt von Dienstverträgen BB 1961, 589
—, und EWG-Recht BB 1969, 980
—, unbefristete in Pachtverträgen BB 1964, 819
Wettbewerbsbeschränkende Wirkung der Ausgleichszahlung an Handelsvertreter Betrieb 1963, 323
Wettbewerbsfördernde Bedingungen WRP 1968, 206
Wettbewerbsfreiheit nach dem GG BB 1964, 663
Wettbewerbshandlung, durch gezielte Presseinformation GRUR 1968, 645; JR 1970, 370
Wettbewerbsklauseln zwischen Anwälten NJW 1963, 1310
Wettbewerbsordnungen von Wirtschaftsverbänden BB 1962, 644
Wettbewerbsregeln WuW 1955, 588; WRP 1955, 259; Wettbewerb 1955, 96; WuW 1960, 593; MA 1969, 170; WuW 1970, 195
—, Anmeldung BB 1963, 527
—, Auslegung Wettbewerb 1956, 121
—, Automatenbetriebe BB 1968, 998
—, Bauindustrie MA 1969, 170
—, Bürobedarf BB 1966, 998
—, der Verbände WRP 1956, 149; 1958, 66
—, Deutscher Makler WRP 1963, 390
—, Diätetische Lebensmittelindustrie BB 1964, 659
—, Diskriminierung durch — WRP 1967, 379

—, Diskriminierungsverbot durch — WRP 1967, 379
—, für deutschen Kohleneinzelhandel BB 1965, 1336; WuW 1955, 719
—, Gerichtsstandsvereinbarungen Betrieb 1968, 427
—, Inhalt, zulässiger Inhalt WuW 1970, 195
—, Kraftfahrzeughandel Bundesanzeiger Nr. 84 S. 3, 1963 719
—, Kraftfahrlehrer BB 1966, 1122
—, Markenspirituosen-Industrie WuW 1969, 133; WRP 1968, 437
—, und Kundenzeitschriften WuW 1969, 155
—, Rechtsbeeinträchtigung durch — BB 1968, 804
—, Vertragsstrafevereinbarungen in — Betrieb 1968, 427
—, Wirtschaftsverbände WRP 1958, 66

Wettbewerbsschutz durch Vermieter NJW 1963, 1678

Wettbewerbsverbote/Wettbewerbsbeschränkungen, *Giese– v. Brunn,* 1950, Frankfurt; WRP 1957, 336; Betrieb 1967, 1852; 1969, 1105; (und GWB:) BB 1970, 946; (bei Unternehmensveräußerungen:) Betrieb 1970, 1305; WRP 1971, 58
—, Agenturvertrag WRP 1956, 166
—, bei Ärzten NJW 1970, 1974
—, bei Anwälten NJW 1963, 1310
—, Auslegung, enge — notwendig BB 1969, 362
—, Ausscheiden aus der oHG und Fortfall des — Wettbewerb 1955, 54
—, für Angestellte BB 1968, 1129; 1969, 1751; (technische Angestellte:) NJW 1969, 1985; BB 1954, 501; 1967, 1251; (hochbesoldete Angestellte:) NJW 1964, 317 = BB 1969, 313; BArbG NJW 1969, 678; BB 1970, 259 und 309; Betrieb 1969, 1105; NJW 1969, 1751; (i. R. des § 60 Abs. 1 HGB:) NJW 1970, 1941; (für Filialleiter:) Betrieb 1970, 1645
—, gewerbliche Arbeitnehmer WRP 1970, 136 und 55; (Anrechnung auf Karenzentschädigung:) BB 1970, 890
—, für Bierverkaufsfahrer Betrieb 1970, 929
—, dingliche Belastungen und — (Inhalt einer Grunddienstbarkeit:) BB 1961, 589; NJW 1964, 804; NJW 1965, 2138; Rpfl. 1969, 1
—, freie Berufe NJW 1954, 453; NJW 1971, 126
—, gesellschaftsrechtliche — WRP 1962, 189; Betrieb 1964, 431; NJW 1963, 1338; BB 1963, 1067
—, für Handelsgehilfen und Handelsvertreter: BB 1960, 1261; 1961, 1351; 1962, 1106 und 1108; 1966, 496; (Bierverleger:) BB 1963, 1194; NJW 1967, 1821; Betrieb 1968, 1996 und 1895; WM 1969, 1122; WRP 1969, 85
—, Fortfall des Interesses des Arbeitgebers NJW 1969, 676
—, im Konzern und bei Kooperation BB 1970, 584
—, Karenzentschädigung, Fortfall der — bei vertragwidrigem Verhalten Betrieb 1970, 1790
—, in Lizenzverträgen BB 1963, 1042
—, bei Tankstellen WRP 1969, 411
—, für angestellte Wirtschaftsprüfer GRUR 1969, 228 = WRP 1968, 365
—, Werklieferungsverträge und — WuW 1968, 16
—, Zeit nach Beendigung des Arbeitsverhältnisses und hierfür vereinbarte — WRP 1970, 56
—, für Bierverleger, der Handelsvertreter ist BB 1963, 1194
—, für Gesellschafter, s. gesellschafts-

W

rechtliche; WRP 1957, 336; 1963, 177; BB 1963, 1067; JuS 1963, 384; NJW 1963, 1338; NJW 1961, 147; (Treuepflichten:) NJW 1961, 1998; BB 1970, 946
—, genossenschaftliche — WRP 1958, 248
—, bei Maklern BB 1970, 1975
—, in Pachtverträgen WRP 1964, 314; (in unbefristeten —:) BB 1964, 819
—, mit Inlandswirkung BB 1961, 157
—, nach Vertragsschluß BB 1969, 107
—, bei Rechtsanwälten AnwBl. 1970, 133
—, Rückkehrverbot nach Praxistausch WRP 1955, 192
—, Rückzahlung gezahlter Karenzentschädigung nach Verstoß Betrieb 1968, 2041
—, Schriftform WuW 1969, 384
—, und Kartellvertrag BB 1970, 946
—, und § 1 UWG WuW 1961, 323
—, und Karenzentschädigung BB 1969, 273
—, und Verfallklausel RdA 1970, 39
—, Verhältnis § 112 HGB und § 1 UWG WuW 1969, 143; BB 1970, 946
—, während des Arbeits(Beschäftigungs)verhältnisses BB 1968, 1287; GRUR 1969, 369, 370
Wettbewerbsvereinbarungen, Zwischen Ärzten NJW 1970, 1974
Wettbewerbsverfälschungen WuW 1963, 477
Wettbewerblicher Zeichenschutz bei Auslandsverletzungen AWD 1970, 21
Wettbewerbszweck und geschäftliche Handlungen NJW 1954, 129
—, Handeln zu — eines Fachverbandes zur Mitgliederwerbung GRUR 1968, 205
—, filmkritische Bemerkungen zu — GRUR 1968, 314 = WRP 1968, 188
Whisky, Scotch — (BGH) GRUR 1969, 277 und 282
—, Verbrauchererwartungen GRUR 1969, 277 und 282
White Horse (BGH) GRUR 1966, 267
Wie, »So preisgünstig —« Wettbewerb 1958, 84
—, »— vor 30 Jahren« Wettbewerb 1955, 29
—, »— Waschleder« Wettbewerb 1967, 40
Wiedereröffnung nach Totalausverkauf Wettbewerb 1960, 20
Wiederverkäufer (BGH) BGHZ 50, 169 = GRUR 1968, 595 = WRP 1968, 440
Wiener Pelzmoden Wettbewerb 1963, 11
—, Strickwaren Wettbewerb 1955, 80
Wickel (BGH) GRUR 1965, 431
Wiese, »Auf der grünen —« WRP 1970, 182
Wildnerz Wettbewerb 1957, 109
Wintermantel im SSV WRP 1958, 36
Wirklich Wettbewerb 1957, 80
WIR-Rabatt (BGH) GRUR 1960, 495 = WRP 1960, 280
Wirtschaftliches Bauen Wettbewerb 1958, 82
Wirtschaftsprüfer (BGH) GRUR 1969, 228 = WRP 1968, 365
—, Haftung aus § 826 BGB Betrieb 1956, 1149
—, Recht der — BB 1961, 761
Wirtschaftsingenieur BB 1961, 727
Wirtschaftsprüfungsgesellschaften BB 1961, 1284
Wirtschaftsrecht, Rechtsprechung des BVerfG JurA 1970, 589; BB 1970 Beilage zu Heft 25
Wirtschaftsverbände, Recht auf Aufnahme in — WRP 1955, 146; s. im übrigen *Pastor* in *Reimer* S. 264
Wissenschaft, »Im Dienste der —« Wettbewerb 1963, 2

W

Wissenschaftliche Erkenntnisse, Verwertung im Geschäftsverkehr MuW 1929, 98; WRP 1959, 33
Wissenschaftliche Gutachten in der Werbung WRP 1956, 121; Wettbewerb 1959, 83; WRP 1961, 79; Wettbewerb 1962, 20; GRUR 1961, 191; NJW 1961, 508 und 1919
Wissenschaftliche Tarnung einer Werbung GRUR 1952, 421
Wissenschaftliche Vorträge WRP 1955, 94
Witz und Satire in der Werbung Wettbewerb 1966, 10
WKS (BGH) — WKS-Möbel II GRUR 1967, 482
Woche, »Das Angebot der —« Wettbewerb 1957, 65
—, »Nur 1 —« WRP 1961, 86
—, »Weiße —« Wettbewerb 1958, 61
—, 98-Pfennig — Wettbewerb 1970, 34
Wohnungsvermietung und Kaufzwang WRP 1968, 9
Wolle, »Weich wie —« Wettbewerb 1955, 74
Wollerzeugnisse, Kennzeichnungen BB 1962, 199
Wollig Wettbewerb 1959, 6; WRP 1955, 152
Wollqualität Wettbewerb 1956, 78
Wolltype Wettbewerb 1957, 32
Wollweberei Wettbewerb 1964, 51
Wortzeichen, Auswahl und Eintragung MA 1967, 668
Wunder Wettbewerb 1958, 24
WZ ges. gesch. Wettbewerb 1956, 128

Z

Zahl, der Schutz der bloßen — MuW XXVI, 67
Zahl 55 (BGH) GRUR 1955, 411 = WRP 1955, 43
Zahle jedem ... Wettbewerb 1955, 44
Zahlen, Schutz von Zahlen MuW XXII, 35
Zahlen und Buchstaben WRP 1956, 199
Zahlungsangaben in der Werbung Wettbewerb 1955, 89; 1956, 10
Zählkassetten (BGH) BGHZ 11, 129 = GRUR 1954, 121
Zahnbürsten (BGH) GRUR 1961, 288 = WRP 1961, 113
Zahnprothesen-Pflegemittel (BGH) GRUR 1963, 197
Zahnrad (BGH) GRUR 1958, 610 = WRP 1958, 314
Zeitliche Begrenzung, eines Angebots WRP 1970, 159
Zeitschrift, Drittgrößte — der Welt WRP 1963, 62
Zeitschriften, Artikel und Urheberrecht UFITA 1969, 324
—, Erstverkaufstag WRP 1956, 44
—, Kostenlose Verteilung von — (Anzeigenblatt) WRP 1956, 132; BB 1969, 290
—, Kundenzeitschrift WRP 1955, 38; 1963, 410; Wettbewerb 1964, 47; WRP 1965, 112
Zeitschriftentitel WRP 1955, 139; 1956, 219 und 275; GRUR 1957, 275 = WRP 1957, 184; Wettbewerb 1957, 16 und 51; WRP 1960, 47; BB 1961, 1023; NJW 1963, 2130
—, Abkürzungen eines — und Verwendung durch andere Zeitungen GRUR 1968, 259 = WRP 1968, 180
—, »Das Auto« NJW 1951, 76
—, Elektro-Technik GRUR 1952, 38
—, Fachzeitschriften WRP 1958, 282
—, »neu« GRUR 1951, 517
—, »Revue« WRP 1955, 109
—, Schutz früherer — WRP 1960, 47
—, als Warenzeichen WRP 1970, 140; GRUR 1970, 141 und 143
Zeitschriftenverkauf an Sonntagen BB 1965, 1290
Zeitschriftenwerbung Wettbewerb 1957, 14, 115, 122; BB 1964, 1401
—, mit Auflagenhöhe BB 1968, 439; WRP 1968, 279; BB 1970, 1274
—, mit Auflagensteigerung BB 1968, 440
—, mit Bezieherzahlen BB 1964, 1401
—, mit Gesamtauflagen BB 1965, 1243; GRUR 1968, 433 = WRP 1968, 279
—, mit »Größte« BB 1968, 441
—, mit Leseranalysen BB 1964, 145
—, mit »unabhängige« BB 1968, 441
—, mit unrichtigen Angaben über den Werber (Student) MDR 1960, 270
—, mit Verbreitungsgebiet BB 1968, 442
Zeitungen, s. Zeitschriften
—, Gratislieferung von — WRP 1957, 227
Zeitungsartikel, abgekürzter — und Verwechslungsgefahr WRP 1968, 180
—, mit Bildern Wettbewerb 1957, 51
Zeitungstitel, s. Zeitschriftentitel
Zeitungswerbung, s. Zeitschriftenwerbung
Zentrale GRUR 1949, 300; Wettbewerb 1957, 55; BB 1963, 1281 und 1398; 1964, 572; 1966, 1243, 1244; 1968, 311 und 312; MDR 1969, 578; Zusammenstellung der DJHT und Literaturangabe: BB 1965, 303; (BGH) GRUR 1960, 379 = WRP 1960, 161
—, als Firmenzusatz BB 1963, 1281
—, Fleischzentrale BB 1965, 803
—, Funkzentrale GRUR 1969, 119
—, Goldzentrale BB 1968, 312
—, Maschinenzentrale BB 1966, 1243

—, Mitfahrerzentrale NJW 1962, 1207
—, Strumpfzentrale WRP 1962, 372
—, Taxizentrale BB 1966, 1244
Zentralschloßanlagen (BGH) GRUR 1968, 49 = WRP 1968, 54
Zentrum, als Firmenzusatz BB 1963, 1398; MDR 1969, 578
—, Autozentrum MDR 1969, 578
—, Einkaufszentrum Wettbewerb 1964, 46; BB 1966, 1244; MDR 1969, 578
—, Kfz.-Diagnose-Zentrum Wettbewerb 1968, 38; BB 1971, 237
Zigarettenautomaten, Aufstellung bei Gastwirten unter Preisbindungsvereinbarung WRP 1970, 22
Zigarrenverkauf unter Banderolenpreis Wettbewerb 1966, 28
Zinsen, Straf — im Kreditgewerbe BB 1968, 1219
—, 25 % — für Darlehen JMBl. NRW 1964, 101 = BB 1964, 1061
ZinsVO, Neue — für Banken BB 1966, 759
Zitierfreiheit (BGH) BGHZ 50, 147 = GRUR 1968, 607
—, GRUR 1958, 477; 1968, 607; UFITA 1969, 324; NJW 1968, 1857; JZ 1969, 193
Zubehör, handelsübliches — BB 1963, 295 und 664; WRP 1964, 295
—, Notwendiges — Wettbewerb 1955, 73
—, Schlüsselrohlinge GRUR 1968, 49 = WRP 1968, 54
Zuchtperlen, Echte — GRUR 1970, 611
Züchtungen (Pflanzen, Tiere) GRUR 1969, 644
Zucker, Voll— Wettbewerb 1955, 66
Zugabe, Literatur: BB 1952, 556; WRP 1955, 199; 1957, 69; BB 1962, 356; WRP 1968, 254
—, Begriff WRP 1955, 255; 1970, 296 und 338
—, Rechtsprechung/Rechtsprechungsübersicht: BGHZ 11, 186 = GRUR 1954, 167; BGHZ 21, 261 = GRUR 1954, 175; GRUR 1954, 175; WRP 1955, 27 und 199; 1968, 254; 1969, 10; NJW 1970, 1405
—, Verbot von — im Ausland WuW 1954, 716
Zugabe/Rechtsfragen
—, Abhängigkeit der — von der Hauptware WRP 1963, 414
—, als Geschäftsbedingung Betrieb 1961, 731
—, Anschein der Unentgeltlichkeit WRP 1963, 414
—, auf ausdrückliches Verlangen Wettbewerb 1961, 18
—, Einführungsgeschenke, Waschmittel an der Haustür Wettbewerb 1962, 5
—, Geringfügigkeit: Allgemeines: GRUR 1952, 428 (25 Pf.); MA 1953, 158 (20 Pf.); WRP 1962, 305
—, Geringfügigkeit, Bewertung WRP 1957, 142 und 147; Wettbewerb 1957, 42 und 129
—, Geringfügigkeit noch bei 15—20 Pf. WRP 1965, 115
—, Genossenschaftliche Rückvergütung WRP 1964, 10
—, Geschäftsgrundlage, — von Gutscheinen als — WRP 1958, 153
—, Gratiszugabe WRP 1958, 30
—, Gutscheinpunkte Wettbewerb 1955, 35; 1956, 95; WRP 1957, 134 und 139; Wettbewerb 1959, 63
—, Käufer bezahlt die Zugabe Wettbewerb 1964, 34
—, kein Unterschied zwischen — und Werbegabe WRP 1958, 251
—, Kleinigkeiten, geringfügige — WRP 1957, 55; BGHZ 11 261 = GRUR 1954, 175; WRP 1957, 147; WRP 1955, 27
—, Kopplungsgeschäfte NJW 1961, 1207; WRP 1962, 200
—, bei Mehrfachpackungen BB 1966, 8
—, Nebenleistungen BB 1964, 491

Z

—, Preisbindung und — WRP 1959, 7; MA 1960, 614
—, Rechtswirksamkeit des verstoßenden Vertrages NJW 1955, 386
—, Sammelzugaben WRP 1955, 166; 1956, 297
—, Scheinentgelt NJW 1961, 1207; BB 1963, 1154
—, Unentgeltlichkeit, Beurteilung nach Auffassung der angesprochenen Verkehrskreise BB 1965, 1327
—, und EWG-Länder MA 1966, 390
—, Unterschied zu Werbegabe? WRP 1958, 251
—, Verhältnis der ZugVO zum RabG WRP 1957, 69
—, Verpackung als — WRP 1969, 102
—, Warenautomaten und — Wettbewerb 1959, 6
—, Wechselseiten in Zeitschriften WRP 1961, 50
—, ZugVO und § 1 UWG WRP 1962, 305

Zugabe/Handelsüblichkeit Gutachten der Reichswirtschaftskammer GRUR 1936, 30; WRP 1956, 214 und 243; 1959, 118; 1962, 304; 1964, 295; BB 1964, 490; NJW 1964, 1274; BB 1968, 1451

Zugabe/Einzelfälle
—, Abholung und Zustellung frei Haus Wettbewerb 1956, 72
—, Abschmieren bei Ölwechsel Wettbewerb 1967, 33
—, Agenturvertrag, Verstoß durch Weitergabe eines —? WRP 1969, 337
—, Änderungsarbeiten bei Fertigkleidung WRP 1955, 239; 1960, 136; Wettbewerb 1960, 18
—, Anrechnung von Parkgebühren Wettbewerb 1956, 31
—, Armbanduhr BB 1950, 52; WRP 1961, 52; Wettbewerb 1961, 18
—, Aschenbecher WRP 1966, 218; (aus Metall bei Probelieferung:) GRUR 1968, 649 = WRP 1968, 196; (für Gastwirtsgewerbe:) Wettbewerb 1957, 42; WRP 1966, 218; BB 1966, 96; 1968, 264
—, Aufbewahrung von Pelzwaren WRP 1968, 266
—, Aufhängen von Gardinen Wettbewerb 1958, 7
—, Aufsteller GRUR 1968, 56; BB 1967, 1057
—, Aufstellung von Kühlschränken WRP 1959, 224
—, Auskunft, Rat und Empfehlung MuW 1932, 371
—, Ausspielung GRUR 1932, 556
—, Autoinspektion BB 1968, 926
—, Autoversicherung ZfV 1955, 58, 137 und 194
—, beigepackte Gutscheine NJW 1963, 537
—, beigepackte Warenprobe Wettbewerb 1966, 29
—, Bezugscheinhefte Gutachten Nr. 6/1952
—, Bezugsscheinhefte Wettbewerb 1961, 22
—, 4 Blechdosen bei Probierpackung von Kaffee GRUR 1969, 299
—, Bierlieferung und Mobiliarüberlassung Wettbewerb 1959, 77
—, Bilder MA 1952, 104; JZ 1954, 533
—, Bohnenkaffee Wettbewerb 1958, 56; WRP 1959, 118
—, Briefmarken Wettbewerb 1960, 14
—, Buchzündhölzer bei Tabakwaren BB 1952, 786; WRP 1956, 255
—, Display-Artikel mit Zweitnutzen WRP 1967, 282; 1968, 117; 1969, 247 und 250
—, Empfehlungen MuW 1932, 371
—, Einführungsgeschenke Wettbewerb 1962, 5
—, Erholungsreisen, Vermittelt durch Reisebüro Wettbewerb 1955, 52; 1961, 12

—, Erlaß einer Teilzahlungsrate Wettbewerb 1957, 30
—, Erstattung von Anreise- und Übernachtungskosten Wettbewerb 1966, 8; WRP 1968, 459
—, Erstattung von Fahrgeldern NJW 1970, 1134; (Fahrtkosten:) WRP 1968, 459
—, Erstattung von Fernsprechgebühren Wettbewerb 1956, 14
—, Fahrgelderstattung WRP 1968, 459; NJW 1970, 1134; (im Großhandel:) Wettbewerb 1957, 56; (beim Wareneinkauf in der Stadt:) WRP 1970, 182; s. auch kostenlose Fahrten
—, Formalitäten Wettbewerb 1959, 23
—, Fotokurse Wettbewerb 1959, 31
—, Garantie RWP-Blattei 4, D, II, 58; Gutachten Nr. 2/1950
—, Garantie, 25 jährige — WRP 1958, 151
—, Garantieerfüllung Wettbewerb 1957, 55
—, gebührenfreies Parken bei Benzinabnahme Wettbewerb 1968, 48
—, Geldzugaben bei Vertragsschluß BB 1968, 726
—, Gesamtpreis bei Fahrschulen BB 1967, 345
—, Geschenke zur Geschäftseröffnung Wettbewerb 1963, 32
—, Geschenkpackungen Wettbewerb 1958, 39
—, »1 Fahrt geschenkt« Wettbewerb 1970, 3
—, Gläser mit Firmenaufdruck Wettbewerb 1956, 38
—, Goldfische Gutachten Nr. 7/1952
—, »Gratis-Zugabe« Betrieb 1952, 444; WRP 1958, 30
—, Gutschein bei Neueinführung GRUR 1957, 363 = WRP 1957, 139
—, Gutschein für Führerscheinkosten bei Moped Wettbewerb 1962, 30
—, Gutschein zu Neujahr (1 Jahr Kunde) Wettbewerb 1958, 80
—, Gutschein für Probetasse Kaffee Wettbewerb 1957, 12
—, Gutschein und ZugVO WuW 1953, 640; GRUR 1953, 109; WRP 1955, 255
—, Gutscheinpunkte Wettbewerb 1955, 35; 1956, 95; Wettbewerb 1956, 139; 1959, 63; BGHZ 23, 365 = GRUR 1957, 365 = WRP 1957, 134
—, Handwaschseife WRP 1955, 27
—, Handwerkliche Nebenleistungen Wettbewerb 1956, 94; 1958, 87
—, Herrenhemden für 50 Pfennige Wettbewerb 1968, 24
—, »jeder 10. erhält« Wettbewerb 1956, 60
—, Kaffeedosen BB 1968, 1450; GRUR 1969, 299 = WRP 1969, 26 = NJW 1969, 134; WRP 1969, 102; Wettbewerb 1970, 4
—, Kaffeelot Wettbewerb 1957, 42
—, Kaffeemühle Wettbewerb 1961, 4
—, Kartenspiele mit Reklameaufdruck Wettbewerb 1956, 115
—, Kfz.-Überprüfung bei Tanken von 500 Litern Wettbewerb 1966, 11
—, Klarsichtdose (bei Kaffee) Wettbewerb 1958, 72
—, Klarsichtdose (für Tee) Wettbewerb 1955, 39
—, Kopplungsgeschäfte, offene NJW 1961, 1207; WRP 1962, 200
—, Kosmetikbehandlung und Beratung Wettbewerb 1965, 129
—, Sylvesterkarpfen mit echtem 20-Mark-Goldstück Wettbewerb 1957, 101
—, Kredite, Verbotene — WRP 1956, 328
—, Kulturbeutel Wettbewerb 1958, 56
—, Kundenbeförderung, s. Zugabe, Kostenlose Fahrten
—, Kunde, »Jeder 250. — ein Präsent,

jeder 500. — eine Minute kostenlos einkaufen« Wettbewerb 1961, 16
—, Kundendienst MA 1962, 94; Wettbewerb 1964, 9
—, Kundenzeitschrift MA 1952, 558; Betrieb 1952, 737; BB 1963, 697; WuW 1954, 266; MA 1953, 408; BGHZ 11, 286 = GRUR 1954, 167; JZ 1954, 536; WRP 1955, 38; BB 1955, 1039; MA 1962, 94; WRP 1963, 410; 1967, 276; BB 1966, 93
—, Kunststoffkanister MDR 1961, 328 = NJW 1961, 413
—, Laternen, St.-Martins — für Kinder Betrieb 1950, 516
—, Laufmaschenreparatur Wettbewerb 1959, 55
—, Leistungen, Kostenlose — bei Garantieerfüllung Wettbewerb 1957, 55
—, Mengenzugabe an Letztverbraucher Wettbewerb 1957, 45
—, Mietwagenunternehmen und Finanzierungsvermittlung WRP 1970, 72
—, Mietwagenunternehmen und Unfallregulierung NJW 1970, 251
—, Modenschau NJW 1959, 2213
—, Moselfahrt Gutachten Nr. 6/1952
—, Nachträglicher Preisnachlaß Wettbewerb 1956, 81
—, Nachträgliche Vereinbarung eines Bonus Wettbewerb 1959, 63
—, Nähen und Aufhängen von Gardinen Wettbewerb 1958, 7
—, »Ohne Aufschlag« WRP 1963, 284
—, Osterhasen WRP 1958, 188
—, Parken, frei bei Treibstoffabnahme Wettbewerb 1968, 48
—, Plastikbecher für Kaffee WRP 1962, 414
—, Plastikbeutel Wettbewerb 1959, 78
—, Plastiklot für Kaffee Wettbewerb 1957, 42
—, Prämierung pünktlicher Zahlungen Wettbewerb 1955, 76
—, Präsent bei Auftragserteilung Wettbewerb 1962, 25
—, Preisnachlaß, nachträglicher — Wettbewerb 1956, 81
—, Preiswettbewerb, Kostenloser — NJW 1959, 2213
—, Probeaufstellung eines Fernsehgerätes Wettbewerb 1964, 22
—, Probehefte WRP 1957, 261
—, Rasierklingen Wettbewerb 1957, 111
—, Ratenzahlungen ohne Aufschlag GRUR 1952, 380; WRP 1963, 284
—, Redaktionelle Zugaben MA 1953, 33; s. auch Anzeigen
—, Redaktioneller Raum für Anzeigenaufgabe Wettbewerb 1961, 37; Wettbewerb 1958, 8
—, Reinigung von Bettfedern WRP 1955, 138
—, Reisegutscheine MA 1954, 14 und 22; BGHZ 11, 274 = GRUR 1954, 170
—, Röntgen-Kontrolle bei Schuhkauf Wettbewerb 1955, 90
—, Rückvergütung, genossenschaftliche WRP 1964, 10
—, Rundflug Wettbewerb 1963, 30
—, Sammelgutscheine BB 1951, 73; Wettbewerb 1955, 83; GRUR 1957, 378 = WRP 1957, 54
—, Sammelzugaben MA 1952, 246; WuW 1953, 264; BGHZ 11, 261 = GRUR 1954, 175; WRP 1955, 166 und 297; GRUR 1957, 380 = WRP 1957, 142; WRP 1957, 129; GRUR 1954, 461
—, Schallplatten Wettbewerb 1955, 38; 1960, 58
—, Jeder 10. Besucher eine Schallplatte Wettbewerb 1956, 60
—, Scheinentgelt NJW 1961, 1207 = MDR 1961, 388; BB 1963, 1154

—, Schlachtplatte Wettbewerb 1955, 38
—, Schmuckdose für Kaffee BB 1963, 664 und 1154
—, Schnittmuster BB 1961, 1071
—, Schokoladenanhänger Wettbewerb 1957, 43
—, Schreibmaschine mit Armbanduhr WRP 1961, 53; Wettbewerb 1961, 18
—, Schreibmaschinenbänder in Aschenbechern Wettbewerb 1956, 5
—, Senf in Henkelgläsern oder Kochtöpfen Wettbewerb 1956, 6
—, Ski-Verkauf mit Versicherungsschutz Wettbewerb 1962, 25
—, Sparkarte Wettbewerb 1957, 30
—, Stundung des Kaufpreises WuW 1954, 606
—, Taschentuchbeutel WRP 1956, 269 und 284
—, Teedosen WRP 1956, 142
—, Teilzahlung ohne Aufschlag BB 1960, 191; Wettbewerb 1961, 15; WRP 1955, 73; s. im übrigen Teilzahlung
—, Teilzahlungen, übermäßig lange — Wettbewerb 1956, 19
—, Teppichbodenverlegung Wettbewerb 1966, 20
—, Thermosflaschen Wettbewerb 1958, 80
—, Tragtaschen Wettbewerb 1961, 25
—, Tragtaschen für Schuhe Wettbewerb 1959, 23
—, Treuebände bei Buchgemeinschaften WRP 1963, 142
—, Trinkgläser mit Firmenaufdruck Wettbewerb 1956, 38
—, Trinkwasser durch Bunkerboote Wettbewerb 1966, 15
—, Überführung neuer Autos Wettbewerb 1961, 16
—, Überholung einer Uhr Wettbewerb 1957, 32
—, Überlassung eines VW an Fahrschüler Wettbewerb 1955, 92
—, Unentgeltlicher Dreimonatsbezug Wettbewerb 1958, 8
—, Verkaufshilfen als Zugabe BB 1954, 549; WRP 1958, 188 (Osterhasen); WRP 1969, 436
—, Verkaufsvitrinen, Überlassung von —Betrieb 1954, 885
—, Verlagsbeilagen WRP 1969, 460
—, Verlagssonderseiten, s. Verlagsbeilagen
—, Verlosung als Zugabe WRP 1969, 102; Wettbewerb 1966, 19; 1970, 35
—, Verlosung bei Gebrauchtwagenhändler (»14 Tage Mittelmeer«) Wettbewerb 1966, 1
—, Verlosung eines Schweins durch Brauerei Wettbewerb 1961, 42
—, Verpackung in Brennstoffkanister WRP 1961, 48; (Allgemeines:) GRUR 1954, 213; WRP 1956, 269
—, Versicherungsschutz Wettbewerb 1960, 6; Betrieb 1951, 863
—, Vertreter im Nebenberuf BB 1966, 224
—, Verzehrgutscheine Wettbewerb 1966, 45
—, Warenprobe WRP 1955, 138, 139; Wettbewerb 1966, 29
—, Waschplatz bei Tankstellen BB 1964, 490; NJW 1964, 1274; WRP 1962, 303; BB 1962, 74
—, Wechselseiten in Zeitschriften WRP 1961, 50
—, Werbegaben Betrieb 1949, 621; MA 1953, 95; WRP 1955, 141
—, Wochenendbeilagen einer Zeitschrift NJW 1954, 925
—, Zahlungsbedingungen BB 1956, 944
—, Zahnpasta bei Zahnbürsten GRUR 1968, 53
—, 6 Zigaretten Wettbewerb 1957, 78
—, Zollerlaubnisschein für Ölöfen Wettbewerb 1959, 22

Z

—, Zündhölzer BB 1952, 786
Zugabe/»Kostenlose Fahrten«
—, Hin- und/oder Rückfahrt zum Geschäftslokal MDR 1957, 363; GRUR 1961, 300; BB 1966, 1284; WRP 1968, 226 und 379; (außerhalb der City:) NJW 1970, 2245
—, Allgemeines: Wettbewerb 1955, 56 und 117; WRP 1956, 13; 1957, 115 und 209; Wettbewerb 1957, 89; 1958, 88; 1961, 17; WRP 1963, 413; 1969, 213; NJW 1969, 2052; (kein Verstoß:) WRP 1957, 115 und 413; BB 1970, 225; 1963, 120; WRP 1970, 287 und 400; 1971, 55
—, von Fahrschülern WRP 1968, 379
—, zum Warenhaus außerhalb der Stadt NJW 1969, 2052; WRP 1970, 400
—, zur Messe Wettbewerb 1961, 9
—, zu Besichtigungen Wettbewerb 1956, 114; 1957, 89; WRP 1957, 115 und 209
—, von Möbelinteressenten BB 1968, 557
—, statt — Fahrgelderstattung WRP 1968, 459; 1970, 182 = NJW 1970, 1134; BB 1970, 225; WRP 1971, 94
—, Kundenflüge im werkseigenen Flugzeug Wettbewerb 1956, 26
Zugekaufte Ware, Kennzeichnung durch Fabrikmarke MA 1962, 499
Zusatzgeräte GRUR 1958, 343 = WRP 1958, 206
Zwangsversteigerung, Unlauterer Wettbewerb durch — WRP 1963, 373
Zweigleisiger Vertrieb und Preisbindung WRP 1962, 321; NJW 1970, 1661
Zweischrankentheorie WRP 1969, 218
Zweistufige Unternehmen und Preisbindung WRP 1956, 65
Zweiterfinder, »Der betrogene —« Mitt. 1969, 142
Zweitnutzen WRP 1969, 247, 250 und 251
Zwillingspackung (BGH) GRUR 1967, 292 = WRP 1967, 94
Zwischenbetriebliche Zusammenarbeit nach dem GWB BB 1968, 1216; NJW 1968, 2238
Zwischenprodukte und Patentschutz Mitt. 1969, 64; GRUR 1969, 443; BB 1970, 1021